个人品牌价值力

新女性创造社

薇安　商华　彭洁　主编

PERSONAL BRAND VALUE

华中科技大学出版社
http://press.hust.edu.cn
中国·武汉

图书在版编目(CIP)数据

个人品牌价值力/薇安,商华,彭洁主编.—武汉:华中科技大学出版社,2022.12
ISBN 978-7-5680-8870-1

Ⅰ.①个… Ⅱ.①薇… ②商… ③彭… Ⅲ.①品牌-企业管理 Ⅳ.①F273.2

中国版本图书馆 CIP 数据核字(2022)第 200748 号

个人品牌价值力
Geren Pinpai Jiazhili

薇安 商华 彭洁 主编

策划编辑:沈 柳
责任编辑:沈 柳
装帧设计:琥珀视觉
责任校对:李 琴
责任监印:朱 玢
出版发行:华中科技大学出版社(中国·武汉) 电话:(027)81321913
武汉市东湖新技术开发区华工科技园 邮编:430223
录 排:武汉蓝色匠心图文设计有限公司
印 刷:湖北新华印务有限公司
开 本:710mm×1000mm 1/16
印 张:18.5
字 数:275 千字
版 次:2022 年 12 月第 1 版第 1 次印刷
定 价:50.00 元

我们很荣幸能为这样一群卓尔不凡的个人品牌塑造者编写书籍。

我们想借用高瓴资本创始人张磊先生的一句话来描述价值力：

“在长期主义之路上，与伟大格局观者同行，做时间的朋友。”

如何理解个人品牌价值力？

我们可以先问问自己的个人品牌是否在创造真正的价值，这个价值能否帮助他人成就自己、有益于社会。

当你的能力被越多人使用，所创造的价值就越大，个人品牌价值力也就越强。

打造个人品牌价值力，需要的是长期的坚持和自律、持续而义无反顾的投入、开放而有原则地选择同频者。当然，最终我们都希望做幸福、快乐、喜爱自己，也被世界喜爱的人。

我们把这本书的主体内容分为起、承、转、合四个部分。

“起”的部分谈的是我们想要什么样的人生，有没有决心去赢得自己想要的前程。这是打造个人品牌价值力的起点。

“承”的部分，强调长期主义的信念。我们回忆一下毛主席说的话：“一个人做点好事并不难，难的是一辈子做好事。”

第三部分是“转”，这不是指转折，而是提醒我们转向，找到伟大的同行者，而伟大是需要彼此激发的。

最后是“合”——没有大爱，没有极致利他，个人价值的放大是有天花板的。我们并不需要牺牲者，只希望共同收获丰盛的生命。一个内心真正有力量的人，能照顾好世界，也能照顾好自己。

在编写过程中，我们被各位作者的文章一次次触动，持续反思。

我们问自己一个问题：我们有个人品牌价值力吗？

我们有价值，能为一些人提供服务，但毫无疑问，我们并没有个人品牌价值力——很少有人了解我们，因我们而发生改变。

那么，我们有勇气去打造自己的个人品牌价值力吗？

薇安　商华　彭洁

2022 年 11 月

目录 contents

第一章

解读个人品牌价值力

新女性创造社简介

新女性创造社成立于2020年，由全球新女性IP创业导师薇安创立，隶属于薇安成长商学院。它是致力于多维度打造新时代女性的核心竞争力，赋能女性通过打造个人品牌，实现有钱、更值钱的线上商业教育平台。

新女性创造社诞生于中国女性力量崛起、线上经济蓬勃发展的互联网时代，聚合了全世界来自各行业的创业者、职场高管、团队队长、线上自由工作者等等优秀女性。通过线上私域+社群+直播的形式，帮助用户解决在创业发展、业务增长上的难题。

新女性创造社不仅帮助女性打造个人品牌，还全力培养、孵化专业的个人品牌教练，为女性们提供在平台就业、创业的机会，被誉为个人品牌界的“西点军校”。

新女性创造社的使命：赋能全球一亿女性，成为有钱、更值钱的智慧新女性。

新女性创造社的愿景：成为全球第一的华人新女性IP共创平台。

新女性创造社的价值观：极致利他，彼此成就。

新女性创造社的宗旨：自信、独立、价值、智慧。

自信：相信自己，勇于突破。

独立：经济独立，赚钱能力。

价值：自身价值，他人价值。

智慧：智慧通透，幸福人生。

新女性创造社建立了完善的服务体系，并且拥有全网唯一的全部产品一对一陪跑服务。通过专业的个人品牌教练深度陪跑,帮助女性们打通线上商业思维,构建线上变现渠道,实现资源共享,共同打造一个有钱、更值钱的女性生态圈子。

新女性创造社的核心版块包括个人品牌核心能力升级、个人品牌私教陪跑赋能、全球个人品牌教练认证孵化、个人品牌事业合伙人、个人品牌流量资源,女性们不仅可以借助平台打造个人品牌,还可以直接在平台实现创业和就业。

个人品牌核心能力升级

新女性创造社拥有完善的线上教育知识体系,开设了“个人品牌创富营”“百万营销成交私房大课”“视频号年度直播营”“知识 IP 导师创业营”“全球个人品牌教练认证班”等多门百万级爆款课程,以及“销售演说大师班”“高维智慧游学”“私董会”等高端定制课。

全面提升女性在线上的商业思维、管理力、表达力、营销力、成交力等,全面提升女性的商业核心竞争力,激发女性内在潜能,才能打造出真正有市场商业价值的商业模式。

新女性创造社帮助个人放大自身的专业价值,从而创造更大的社会价值,推动企业发展,实现业绩倍增。

思维一变,市场一片。认知思维的提升,可以帮助女性实现从内到外的成长与突破。

个人品牌私教陪跑赋能

新女性创造社的会员体系分为创富学员、创富天使合伙人、超级天使合伙人、私董合伙人。

平台为所有会员都配备了专业的个人品牌教练，进行一对一陪跑赋能。

专业教练会因材施教，量身打造出最适合个人/企业的线上变现模式，并且督促其实操落地。

创富学员在课程学习期间，会有1名专业教练陪跑21天，赋能找到个人定位/产品，并且进行MVP实操。

创富天使合伙人会有专业教练深度赋能陪跑100天、线上陪伴式陪跑1年，辅导提升销售成交能力，实现可持续变现。

超级天使合伙人会有专业教练深度赋能陪跑1年，并且会有平台核心团队5对1专属赋能群来跟进指导。全方位量身打造个人品牌变现模式，并进行全网爆款产品的发售指导。

私董合伙人会由创始人薇安老师亲自赋能指导2年，平台核心团队贴心指导跟进。构建和优化顶层商业模式，并进行终身沟通。

全球个人品牌教练认证孵化

个人品牌创业是目前大势所趋的一种商业发展形式。想要帮助更多普通人打造个人品牌，那么就需要更多拥有专业能力的个人品牌教练。

新女性创造社投入大量的时间、资源，建立了一套通过国家知识版权认证的全球个人品牌教练认证体系，专门用来培育、孵化个人品牌教练。

女性们不仅可以学习最有效的个人品牌打造方法,还可以在平台上实现个人品牌教练创业与就业。

个人品牌事业合伙人

新女性创造社的使命与愿景是赋能全球一亿女性,成为有钱、更值钱的智慧新女性,成为全球第一的华人新女性 IP 共创平台。

个人的力量终究有限,因此我们吸引了全球有相同愿景、思维同频、认同教育的意义、坚持长期主义的优秀女性同行,共创教育事业,一起帮助更多的女性。

德国著名哲学家雅斯贝尔斯说:"教育的本质是一棵树摇动另一棵树,一朵云推动另一朵云,一个灵魂唤醒另一个灵魂。"

我们在一起,树立更多的自信、独立、有价值与智慧的新女性榜样。

个人品牌流量资源

新女性创造社有上百万名学员,主要是一二线城市 25 ~ 40 岁的优质都市女性,并且打通了社群、私域朋友圈、公众号、视频号、直播的流量闭环。

2022 年,新女性创造社成为微信视频号官方服务商,为我们的会员用户提供了最新的政策支持与最活跃的流量扶持。

所有的高端会员,也传承着"极致利他、彼此成就"的平台文化,真正实现了平台、企业、个体之间的资源扶持与共享。

新女性创造社 logo

新女性创造社的 logo 是字母 A 与 V 的结合。

A 与 V 取自创始人薇安老师的英文名 Viann，同时，A 代表头部、第一，V 代表胜利。

左下角的曲线有设计感，有女性气质，既代表自信上扬的嘴角，也代表新女性创造社一直在做正确、向上的事！

希望新女性创造社能吸引和影响越来越多的新女性，一起过有结果的一生。

薇安

全球新女性IP创业导师

10亿级商业模式营销专家

IP教练认证创始人

扫码加好友

薇安说“个人品牌价值力”

俞敏洪先生曾经说过一句经典的话：“很多人一辈子有两个追求：一个是有钱，一个是值钱。有钱的人不一定值钱，但值钱的人一定会有钱。”

多年前，我刚听到这句话时，觉得很有道理，但是并没有完全理解。随着我的创业道路越走越顺，同时帮助更多人活出自己想要的人生后，我越发意识到值钱对人的重要性。

2021 年 6 月，我成立了新女性创造社，致力于帮助全球一亿女性通过打造个人品牌，活出有钱、更值钱的人生。我直接就把方向定位在值钱上。是的，有钱很重要，但是让自己值钱更重要。

先和你说说我的故事吧。

2016 年，我还在一个世界 500 强公司做高管。那时的我，掌管着业务部门几十亿元的生意，虽然已经攀上了职场金字塔塔尖的位置，但我的内心无比渴望去探索新的生活方式。

多年来，我习惯了在职场打拼，习惯了周一出差、周五回家的日子，甚至习惯了身体状况每况愈下。随着孩子一天天长大，我却和他分隔千里。我不断思考，人生的意义是什么？如果离开了职场，我在这个社会还能发挥什么价值？

于是，我迈出了自我探索之路。我想，有这么多年丰富的职场经验，有没有可能我的这些经验对很多人有参考意义呢？我应该去试试，哪怕只有一个人愿意听我分享。基于这样简单的想法，我给自己定了一个目标：用 10 年去积累。为什么是 10 年？因为那时我估计已经退休了。退休之后，如果有一群人愿意听我说，那人生该多有意义？

在工作之余，我开通了微信公众号“薇安说”，通过文字分享成长智慧。白天，我全力以赴工作；晚上下班后，就写文章。写着写着，我的文章被越来越多人喜欢，《人民日报》等多家媒体也不断转载，影响了千万读者。就这样，仅用了一年多时间，我就有50多万粉丝了。

后来，多家出版社主动邀我出书，我的第一本畅销书《迭代》在2018年孕育而生，我也因为这本书成为“当当网年度影响力作家”。

我每天都在后台收到大量粉丝的留言，他们有各种各样的问题需要被解决。光看文章是不够的，我得为他们做点事。

于是，我成立了薇安成长商学院，推出了我的线上和线下课程体系。一开始，我教学员提升演讲能力；后来，我又传授沟通能力。事实上，表达和沟通能力真的是人生中非常重要的能力，人生的种种不如意也在很大概率上源于这两方面能力的欠缺。

在我的带教下，很多人取得了立竿见影的效果。他们变得自信，在事业上“开挂”，人际关系也处理得更好。仅靠口碑相传，就有上万学员付费来跟我学习，而我在这个过程中，越来越清楚地看到了人生的价值所在。

2018年，我毅然放弃了数百万元年薪的工作，从职场高处谢幕，全心全意做教育。因为我觉得，唯有教育才是用生命影响生命，才能真正改变命运。

我原本计划用10年去开启人生下半场，但没想到，仅用了一年半就实现了。

但是故事讲到这里，只是画上了逗号，一切才刚刚开始。

在做教育的过程中，我发现了一个问题，那就是仅教技能是不够的。因为生活的难题往往按下葫芦浮起瓢，顾了这头就顾不了那头。

我做了上千次访谈，发现大部分的人都想解决一个共性问题，那就是如何能赚更多钱。对于创业老板而言，企业营收是生存的根本；对于职场人士而言，开启人生第二赛道刻不容缓；对于宝妈而言，既能带娃，又能摆脱手心向上的日子是终极之路。经济基础决定上层建筑，赚钱能力永远是一个人立足于世的最大底气。

恰逢2020年疫情暴发，在那段不能外出的日子里，我收到了无数微信和电话咨询，问题只有一个，那就是如何转型线上——出不去，不能营业，不能上班，很快就要弹尽粮绝了。

我干脆闭关了一个月，联合中信出版社出版了第二本畅销书《线上赚钱》。我把线上赚钱的一些方法毫无保留地做了分享，目的只有一个，就是帮助大家掌握线上创富的一系列方法。

我也推出了相关的课程，如“销售成交课”“个人品牌创业营”“导师创业营”。随着一门又一门重磅课程推出，我们的教育体系再一次更新迭代。我们帮助了上万名学员学会了线上营销成交的方法，让业绩得到了N倍增长，赋能诸多传统领域的创业者转型线上，开辟新的商业赛道。

其中一个学员的经历让我备受鼓舞。私董莎莎家在香港，她在深圳创办了一家海外房地产中介公司，2019年高歌猛进，生意规模高达6000万元。她原本打算在2020年大干一场，未承想，新年过后，她就再也无法踏进办公室一步。她被困在香港，痛苦万分，我就让她跟我学习打造个人品牌。在此之前，她的业务一直在线下，对线上经营一无所知。但她并没有迟疑，选择全身心投入学习。通过3个月的系统学习，她找到了自己全新的定位——财富能量女神。她成功地推出了自己的课程，并且招收了上百位学员。她对我说，以前一直觉得自己口才不好，从不敢想成为一名导师，更别提线上运营了。自从打造了个人品牌后，发现财富能量这个领域竟然是她发自骨子里热爱的，兴趣远超房地产经营。

打造个人品牌激发了她全部的热情。香港迟迟不能通关，她干脆关掉了深圳办公室，在家里重新创业。迄今为止，已经过去2年了，莎莎仍然无法离开香港，但是她已经通过打造个人品牌华丽转身，成为一名财富教练，仅在线上经营，每年的营收就超过百万元。

房地产业务从高处骤然跌入谷底，被迫关停，这对于莎莎这样的创业者而言，原本是一件深受打击的事，但她每次谈起，反而会感恩这段经历。她说，如果不是经历了这样的打击，她不会去用心打造个人品牌，就不可能找到自己擅长的东西，更不可能用一部手机就能实现年入百万元的营收。这一切都要感恩自己做对了选择。

受这两年大环境的影响，大家都不容易。有些人把一切归咎于宿命，而另一些人却在摔倒的地方变得更强大。掌握移动互联网打造个人品牌的方法，就如同为我们增添了一双翅膀，再也没有围墙禁锢我们，我们可以随时利用一部手机、一台电脑去与全世界沟通，传递有价值的信息，找到那些需要我们帮助的人。

正是因为有太多像莎莎这样的学员，通过打造个人品牌，实现人生的逆风翻盘，让我看到个人值钱的重要性，于是在 2021 年 6 月，我成立了新女性创造社。我把所有课程体系和赋能体系再次迭代，极度聚焦个人品牌打造。我希望我的平台能成为全球华人新女性首屈一指的 IP 打造平台，我也希望余生能赋能全球一亿女性，让她们拥有自信、独立、有价值和智慧的人生。

为此，我独创了全球独家个人品牌教练孵化认证体系。因为一个薇安老师不足以实现梦想，需要千千万万个薇安老师，才能点亮整个星空。培育一批优秀的个人品牌教练，通过赋能他人而让自己的生命意义非凡，这是我毕生要做的事。

从 2021 年 6 月开始，有上万名学员在新女性平台学习打造个人品牌，成功的案例数不胜数。更可喜的是，我们亦培育出近 50 位个人品牌教练。他们通过严格的考核、实战和晋升机制，走上了个人品牌教练的职业赛道。教练们自己做出了杰出的业绩，并且帮助私教学员取得成果。在整个教练支撑体系下，平台学员的突破可谓一年顶十年，硕果累累。

讲到这里，我们要再回到开头那个问题，一个人要怎么样才能值钱，要怎么样才能有价值?

带教了数十万学员，我发现大部分人都会被以下这些问题所困扰：

第一，没有目标感；

第二，找不到自身优势；

第三，觉得自己没有价值或低价值。

所以，当我们提出要打造个人品牌时，他们总会说，我什么都没有，什么都不会，怎么打造个人品牌？

提出这种疑问，一点也不奇怪，甚至我在2016年刚开始起步时，也是这样质疑自己的：我能帮别人解决什么问题？又有谁会愿意向我付费？有很长一段时间，我对自己完全没有信心，战战兢兢地收咨询费，只敢报价299元，为此还一度被前同事笑话。

所以，任何人否定自我价值时，我都觉得很正常，正所谓"不识庐山真面目，只缘身在此山中"。当我们去深入挖掘一个人的潜力时，会发现那些认为自己一无是处的人，浑身都是宝。那些他认为毫无价值的优势，对外界而言全是价值。

打造个人品牌为什么会让你价值倍增？

答案很简单，那就是你能够用你的专业帮助别人解决问题，你能够用你的能力为他人创造更大的收益。你能给别人带来价值，你自己当然就会值钱。所以，你根本不需要全能，你只需要在一个极为狭窄的领域里，做到专家水平，实实在在去解决别人的问题就够了。

因此，我们强调的是长板效应，没有人在乎你的学历，也没有人在乎你的年龄，更没有人在乎你的出身，人们在乎的是你的人品和专业能力，在乎的是你能够为他们做些什么。

大部分人为什么会忙忙碌碌，却一无所获？

一种情况是懒，他们把时间都浪费掉了，并没有拿得出手的本领；另一种情况是勤，他们把时间都用在了补短板上，样样都行，但是没有一样精。这两种都有问题，如果不做出调整，恐怕一生都将碌碌无为。

正确的做法是什么呢？

找定位，聚焦，发挥长板的优势，成为某个领域的专家。任何事情，只要聚焦都能做好。什么叫做好？在0.1%的领域做到100分，就是好。只有做到100分，你才能真正帮到别人，才有竞争力。如果你样样都是半碗水，你既不能帮到别人，也帮不到自己。

商业的本质就是极致利他。利他是一种态度，更是一种能力。光有态度，没有能力，不行；光有能力，没有态度，也不行。

在我们帮助学员打造个人品牌的过程中，大部分人都可以通过定位分析理论，找到有价值的定位。但是，也有部分学员，过去的确荒废了不少时间，暂时找不到定位。那怎么办？

要回答这个问题，我们先学会把时间线拉长。现代人的平均寿命是 80 岁，假设你现在 30 岁，到 80 岁还有 50 年，现在你想开始学一个新的技能，你认为这么长的时间，有什么技能是你学不会的吗？

从高中到本科到硕士再到博士，对一个领域从 0 认知到顶级专家，最长只需要 8 年。何况，现在掌握一项本领，根本不需要这么多年，依我的观察，通常花 9 ～ 12 个月就可以掌握。为什么？因为技术更新迭代飞速，再也不像过去一样，凭一个本领就可以吃一辈子。因为更新得快，所以上手的门槛就低。你掌握一项本领，可以吃 1 ～ 2 年的红利；然后再掌握新本领，再吃 1 ～ 2 年的红利。这就是学习创造财富的力量。

绝对不要拿“不懂”“不会”做借口，因为这根本不是理由，不懂就去学，不会就去做。边学边做，不就会了吗？

另外，还有非常重要的一点，我叫它成功经验迁移。如果你做成了一件事，那么你做下一件事也会相对容易成功。虽然事不一样，但是成功经验都是可以复制的。所以，我一直强调，失败不是成功之母，成功才是成功之母。我们每个人一定得让自己日常不断做成一些小事，这些事并不需要赚多少钱，只要实现了自我突破，收到他人的正向肯定就可以了。

在我刚开始打造个人品牌时，移动互联网对我而言是完全陌生的。我来自传统快消领域，和我现在做的完全八竿子打不着，可想而知当时的我有多么笨拙。

为了尽快上手，我付费加入了一个圈子，里面全部是打造个人品牌的创业者。和我不一样的是，他们都称得上是“老鸟”，在这个领域轻车熟路。我对他们说的很多术语犹如听天书，当时我心里别提多焦虑了，总是自惭形秽。后来，我转念一想，我的目标是以 10 年为单位的，急什么呢？笨就慢慢学吧。这么一想，我慢慢地放下了焦虑情绪，把和别人无谓的比较转向一点点的学习上手，就这样一步一个脚印，我成为公众号的大V，成为在线教育的佼佼者，成为线上营销的专家。在自己的节奏里不紧不慢地走着，再回头，已经走了很远了。

2022年3月，“薇安说”开始尝试做视频号电商直播，采用发售的方法，把私域、社群、短视频和直播打通。在这一块，我们算是新手，和以往一样，笨拙地开始，但是我们仅用了3个月，就实现了直播间GMV破千万、一场直播列于全网垂类第三名，并拿下视频号官方服务商资质。

说这些的目的不是想表明我们有多厉害，而是想告诉你，这个时代最值钱的能力就是学习力。你所掌握的技能也许很快就会过时，所以你要时刻在路上。一旦你敢于去尝试，你就会发现掌握新的知识易如反掌，而每当你解锁一项新本领，你就会更加自信、更加值钱。

你要坚信你是有价值的。你过往的知识和经验能帮到别人，你能成就别人，你就能成就自己。如果你过去没有积累，那么不用再纠结、后悔，从当下开始，去学习和解锁新技能。只要你对别人有价值，你就会重拾自信和自尊。

在赋能学员打造个人品牌的过程中，我独创了国家版权认证的PPTSS个人品牌变现闭环系统。我本人一直追求一种极简的方式，不仅生活上极简，做商业也喜欢做减法。

我始终认为，一个模式用几句话讲不清楚，就是自己没搞懂。一个成功方法如果不能复制，就不叫成功。

市面上有那么多教个人品牌打造的，内容五花八门，我认为复杂化了。把事情复杂化其实很容易，搞简单反而不容易。

在带教了数10万名学员出成果后，我总结出一套行之有效的模型，并取得国家版权认证。这套方法简单易行，可以帮助所有人从0快速起步，我们亦通过这个模型，取得了数不胜数的成功案例。

PPTSS代表以下五个步骤——

P：Positioning（定位）

P：Product（产品）

T：Traffic（流量）

S：Sales（成交）

S：Service（交付）

定位和产品是个人品牌价值力体系，流量是个人品牌影响力体系，而成交和交付是个人品牌变现力体系。这五个步骤环环相扣，缺一不可。

既然讲到个人价值，我就要跟你重点聊聊你的定位问题。

如前文所说，大部分人因为缺乏目标感，找不到自身优势，所以焦虑迷茫，否定自我价值。如果你也有这样的问题，那么当下最需要解决的问题就是找到一个定位。

在讲定位之前，我想分享一个学员的故事。她叫米霞，是我们平台的私董。在加入新女性平台之前，她称自己为“知识付费难民”（不停付费，但是没有结果）。她原是一名传统企业的创业者，生意失败后，她就开始了付费学习之旅，想转型找新的创业机会。

她用了整整一年来全职学习，付费超过6位数，把市场上火爆的各种线上课程学了个遍，但是越学越焦虑，因为迟迟找不到变现路径。

后来，她发现她的好朋友晶晶老师发生了很大的改变（晶晶老师也在打造个人品牌，但是之前一直结果不理想），她就向晶晶老师取经。晶晶老师告诉米霞，她是跟随我学习，才实现了突破的，于是米霞果断付费来上我的课。

后来，她升级成为我们平台的超级天使，我为她做了一次一对一赋能。在和她沟通的过程中，我留意到她说的两个数字，一个是她做了400场直播，一个是她的私域一年内被动涨粉3000人。我的商业敏锐度告诉我，这是一个可以在直播私域深耕的人才，于是我就给了她一个精准定位：直播私域教练。

给出这个定位时，米霞还有点接受不了，一来没有人听说过直播私域（那时是个创新名词，仅过了6个月就全网流行起来）；二来她认为自己在直播私域并没有取得结果。

我告诉她说，不需要结果，仅看过程，我就认为你适合。如果不是热爱，没有人会随便做400场直播；如果不是有能力，没有人可以随便被动涨粉

3000 多人。我建议她就在这个方向深耕，之后推出自己的课程，带教学员。

凭借着对我的信任，米霞瞄准了这个定位，开干了。我们帮她做出了自己的产品，然后进行发售。仅用了一个月，米霞就实现了月入 10 万元的营收。

4 个月后，平台协助米霞做了一场 12 小时的直播，那一次突破了 23 万元的 GMV 营收。2022 年7 月，我们再一次帮助米霞做了一场12 小时的直播，发售合伙人产品，直播效果同样惊人。

短短8 个月的时间，米霞发生了翻天覆地的变化。从找不到定位、无法变现，到成为直播私域教练，变现近50 万元；从无人知晓、无人跟随，到赋能学员出成果，影响力越来越大；从焦虑、不自信，到强大、笃定。

为什么只用短短8 个月，就可以发生如此翻天覆地的变化？

人最怕的就是没有方向和目标。这就如同你永远在原地打转转，你想迈出第一步，但是你不知道往哪里走，于是你不停地往身上加工具，搞得自己不堪重负，但还是迈不出第一步，还是在原地转圈，有力气也使不上。

找定位，就是找方向。找一个方向先走出去，一边探索，一边迭代。这个定位并不需要 100%准确，事实上也做不到。因为它不一定是最适合你的，也不一定是你最喜欢的，但是你需要小步去验证，万一就匹配了呢？小步验证的好处在于，不合适，你随时可以修改。定位也需要不断迭代，你自己在成长，你的定位也需要成长，所以不要追求完美和一蹴而就，而是要小步尝试。

那么，你该如何找定位？

分享给你 3 个维度，我称之为 3 维定位法：

第一，你感兴趣的；

第二，你擅长的；

第三，有市场需求的。

在找定位之前，我强烈建议你找个安静、完整的时间，向内探索。我们总是忙碌着向外求，却没有一刻和自己静静地待在一起，所以我常说自己是这个世界最熟悉的陌生人。你需要采用自问自答的探寻方式。

什么是自己感兴趣的?

你做什么事最快乐?你做什么事,时间过得最快?你做什么事,最有心得?这个兴趣并不仅仅指你自己的享受,更意味着别人也受益。比如,你说旅游时,你最快乐。这个兴趣价值不大,因为只对你有意义。换一个角度,你说你在为别人提供旅游建议时最快乐,帮他们做攻略,让他们度过一个愉快的假期,那么这种兴趣就是有价值的。我们所有的兴趣爱好,必须建立在对他人有价值的基础上才有意义。

什么是你最擅长的?

什么是你轻而易举能做,而别人会很费劲的?天生我材必有用,你有劣于别人的地方,就有优于别人的地方。比如,我最擅长做商业,但是视频剪辑我怎么都学不会;我们公司的牛老师对于视频剪辑根本不需要学,无师自通。你擅长的可能就是你的优势所在。

感兴趣的是一个圈,擅长的是一个圈,两个圈重叠的部分就是你可以着力的方向。找准一个点就好,不需要大,也不需要多。

定位,简而言之就是 1 厘米的宽、10 米的深。大而全永远没有机会,小而美才是未来。千万不要担心狭窄没有客户,中国人口那么多,你只要有 100 个深度用户,这辈子就能活得挺好了。

最后需要考虑的是市场需求。你不能闭门造车,得走出去看看,这个领域有没有成功的先行者?很多人探出头去一看,发现市场上有那么多大咖,自己作为小鱼小虾,哪里还有机会?这个想法是不对的。有大咖说明这个市场有需求,任何市场都不是一个人能吃得完的。有本书叫《创新者的窘境》,里面就揭示了一个道理,小公司是如何成长起来的?就是找到大公司忽视了的细分领域,实现异军突起。你看英语教育市场蓬勃发展了 40 年,至今仍有无数英语老师通过打造 IP 取得成功。为什么?因为永远可以创造新的需求。所以,对每一个新进入者而言,都得找准一个细分领域,然后勇敢地深耕下去。

当然,找定位是不太容易的。2021 年,我成立新女性创造社后,推出了我的一门王牌爆款课“个人品牌创富营”,这门课已经有上万名学员学习过，成为全网打造个人品牌的现象级课程。这可以说是我的一门公益课，我的初心很简单，就是希望帮助更多人学会打造个人品牌的方法，让自己有价值、值钱。

深感于定位的重要性，又知道学员找定位的盲区所在，所以在这门课里，我设置了教练一对一赋能体系。让平台授牌教练给学员赋能，采用科学方法帮助其找到定位。找到定位后，再由教练和学姐协助学员尝试做出自己的小产品，在社群里进行沙盘实战，然后真正推向市场。我们用这样深度服务的方式，帮助无数学员做出了成果，好评率 100%。有人找到了定位，有人实现了突破，有人获得了 N 倍的变现，甚至在训练营学习期间，就变现二十几万元。

新女性早已不是知识付费平台，而是知识服务平台。因为唯有服务，才能真正帮扶学员做出成果。

做服务很累，很耗时间和心力，因为不仅要教授知识，还要陪跑；不仅是在帮学员学会做商业，更是在提升他们内在的力量。我觉得很值得，因为我亲眼见证无数个黯淡无光的灵魂，在我的陪伴下绽放光芒，从寻找光，到成为灯塔；从寻找爱，到成为爱的源泉。

接下来的章节，你会看到新女性平台上的一些优秀成员，通过打造个人品牌而蜕变成长的故事。希望你能从这些故事中汲取力量，看到光，看到希望。如果你愿意，也欢迎你加入我们，一起极致利他，彼此成就。

我们都很普通，都经历过低谷和人生至暗时刻；我们都不普通，都从低谷崛起，立志成为更好的自己，去照亮更多人。

加班到深夜 11 点，在回家的路上竟然看到满天星星，群星璀璨的时代已经来临。真好。

第二章

开启持续创造价值之旅

商华

个人品牌商业私教

上市外企中国总经理

艾菲奖评委

500强公司营销高管

10亿级商业操盘手

扫码加好友

商华 BESTdisc 行为特征分析报告

SID 型

新女性创造社

报告日期：2022年06月26日
测评用时：07分06秒 (建议用时：8分钟)

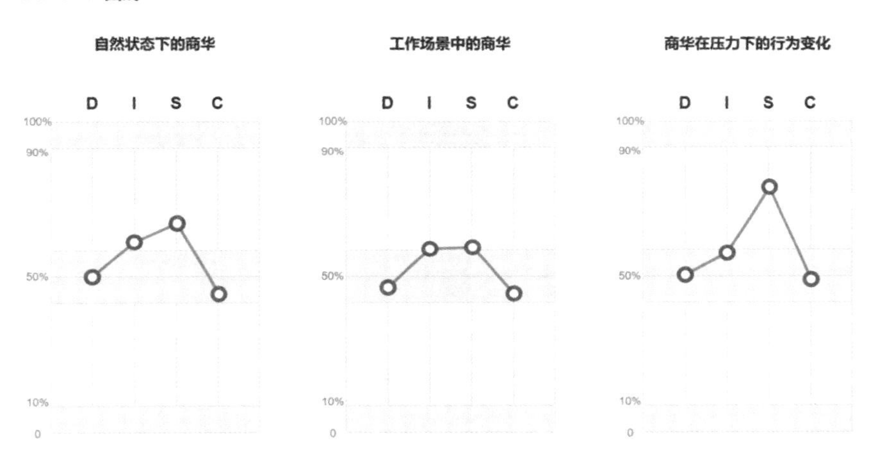

商华有清晰的目标，能坚持不懈、全面深入地完成任务。她乐观向上，坦然接受挑战，乐意开展多样化的任务，能与不同的人打交道。她注重事实，留意具体细节，同时热情、愉快和亲切，有说服力。她仿佛能读懂他人的心思，并根据情境做出调整，会在适当的时机清晰、自信地表达看法和建议，在专业领域通过影响和说服他人赢得支持。

职场女性的绝地反击

从月薪1500到年入百万，再到中年失业之后，收入为0。

女性过了35岁，还能做什么？

时间倒流至2020年春节。

没有走家串户的拜年，没有久别重逢的聚餐，只有那不眠的冬夜以及令人揪心的新冠肺炎疫情……

那一刻，没有人预料得到，这场新冠疫情，将彻底改变所有人的生活方式、工作节奏，甚至人生的轨迹……

那是我失业后的第56天，我已经50多天没有迈出过家门。我向所有人宣称，工作了20年，好累，抓到个机会要好好休息。实际上，只有我知道，自己是在逃避现实。

2019年，我在一家行业排名第一的企业，组建一个创业项目。2020年初，因项目未能盈利，且经济前景不明，投资人撤资。一夜之间，连同我在内的60多个人，被通知项目解散。

我一夜之间从年入百万的叱咤风云的女高管，变成收入为0的焦虑彷徨的待业女……

这样的人生巨变一时间让我措手不及，不知道未来在哪里。

那年的春节，汹涌的疫情扑面而来，夹杂着我的中年失意。每个黑夜里，我都在梦中坠落……

如果你也因经历职场考验而疲惫、迷茫，如果你也因为疫情而踌躇不前，如果你也由于历经挫折而无法翻身，那么，我的故事或许能帮助你找到破局的方法。

因重男轻女受轻视，誓要奋起改变命运

我妈说，小时候我命贱。

我出生在广东一个贫困小山村，家族世代都是农民。母亲因为连续两胎都生女孩，所以在大家庭里没有地位。

比我大 3 个月的堂哥时不时有肉吃，但在同一张餐桌上，我却尝不上一口。

父母白天务农，大家族里没有人看管我们，我和我姐被母亲用绳子捆在棉被里，放在床上，一捆就是漫长的一天，哪怕被捆到双手发麻，哭干眼泪也只能忍……

多年后，母亲回忆我们小时候的事情，依旧会泪流满面……

父母在逆境下奋起，努力学习，双双获得了民办教师资格，成为县城的第一批民办教师。4 岁那年，我跟随父母离开农村，搬到县城生活。

虽然父母都当上了民办教师，可日子仍然过得紧巴巴的。父母一有时间就去兼职，补贴家用，家里每隔几天才能吃上一顿肉。

虽然生活并不富裕，幸运的是小家庭里充满了爱。

“一定要努力读书，知识可以改变命运，不然你们现在还在乡下被人看轻。”这是母亲对我和姐的要求。

“家里没有男丁，你就是家里的男丁，给爸妈争口气！”这是母亲对我的期待。

在教师家庭的潜移默化之下，我成为一个自我要求严格、努力上进的人。18 岁那年，我以全市第 6 名的成绩考上了广州的一所名牌大学。

从小被人说命贱的我，终于可以扬眉吐气了！

不过，当时父母每个月的收入加起来只有400元，我和姐姐两个人读书的开支就要600多元，所以，为了赚更多的钱，每年的寒暑假，我都在勤工俭学。

那些年，我做过各种兼职，印象最深的是有一年暑假我到药店去当销售。我天生有生意头脑，加上读的是经济相关专业，所以我去哪家药店当销售，哪家店的业绩就是最好的，公司常有一班人专门来看我是怎么销售的。

就这样，我边学习，边赚钱，顺利完成了学业。

求职被拒100次后落地生根，把公司业绩从3个亿干到6个亿

苦读四年后，我大学毕业了，站在人生的十字路口上。

“大城市没有我们立足的地方，还是回来吧！”父母为我在家乡找了一份安稳的工作。

“不！我要看更大的世界，我要留在广州！”我不认命。

于是，我独自一人，背着整整100份简历去“扫楼”。我去了广东国际大厦、世贸中心、宜安广场……一栋楼一栋楼、逐间逐间地去敲门，里面的人不是让我回去等消息，就是直接把我请出去。

6月的广州是个大火炉，炙烤着每个人，我快要晕倒在街上。可我不能倒下，喝了一口水，站在世贸前面的天桥上，看着川流不息的车流，我对自己说：“一定要留在广州，打拼出属于自己的一片天地！”刻在骨子里的不服输的劲儿起来了，擦了擦汗水，我继续一家一家地敲门递简历。

一个月后，我终于收到offer了。我的第一份工作是总经理助理，月薪为1500元！那一刻，我感觉呼吸的空气都是甜的。

刚迈入职场的我，没有想到我会遇到一位像魔鬼一样的老板，我更没想到原来他是我人生的贵人……这份工作培养了我在职场的超高标准，培养出我高于常人的职业素养，后面我才有机缘一步一步成为一名500强高管，成为一家上市外企公司中国区的总经理。

老板不苟言笑，标准高到吹毛求疵；“封疆大吏”各有算盘、各自为政，

我夹在中间苦不堪言,多次想离职,直到发生了一件事。

老板给了我一个空前的挑战——代表公司到劳动局解决劳工纠纷!一边要维护公司的利益,一边要平息员工的愤懑,我夹在中间彷徨无措。那一幕我永远忘不了,一个23岁的小姑娘,对着一屋子的大老爷们,拍着桌子要求我给个说法,我惊慌失措,哭得梨花带雨……

老板这是有意要为难初出茅庐的我吗?我心里有100个离开的理由,但想想,这是我被拒近百次后好不容易才找到的工作!哪怕再难、再苦、再累,我也要坚持!

于是,我找来了很多工具书,了解劳动法相关的条文,学习劳务纠纷处理技巧,厚着脸皮去请一位资深人事姐姐帮忙,终于顺利解决了问题。

“不忘初心,方得始终。”我一直没有忘记自己的目标,我要成为父母的依靠!

我经历了职场的第一次历练后,老板对我刮目相看,他还送了我一套书——《如何经营自己》。我看了之后,如醍醐灌顶:原来,在职场上工作,不是为了老板,而是为了自己;把职场当成修炼场,可以获得两份收入,一份是工资,另一份是成长。

思考问题的角度改变了,一切都会改变。我的眼界与格局都在职场的历练与读书学习中慢慢提高与扩大,学会以更高维的角度去看待问题,做事更加沉稳、踏实。

遇到事情我不再抱怨,而是相信方法总比困难多。老板给出一个问题,我永远要求自己给3个答案。遇到难题,我会试着把自己的脚,放进老板的鞋子里,想象他会如何处理。

我的业务能力快速提升,从助理到主管再到经理,慢慢地,我成了单位的能人,猎头电话也多了起来……

2002年,我被猎头猎进一家世界500强公司,就像一条鱼从小池塘游到了大江大河里,有了更大的遨游空间。

有了第一份工作的磨砺与坚韧心性的加持,我之后的工作之路十分顺利,勤奋、拼搏始终是我的底色。

除了我身边的人外，很少有人知道，我24小时随身带着电脑，就算是休假也不例外。做项目的时候，忙到凌晨三四点司空见惯。无论公司什么时候给我安排任务，我都能及时处理。

我也曾经跌倒过，但一次又一次地站起来。就这样，我快速晋升到管理层。

“三分天注定，七分靠打拼。”当年被人说命贱的我，终于在广州这样的大城市拥有了自己的一席之地！

进入管理层之后，我又潜心学习管理，让自己成为一名真正的领导者。我前后带教过的团队成员超过千人，我把员工的成长当成最重要的目标，我给上百位员工建立了专属档案，记录他们的优缺点、工作状态、内驱力、重点事例、反馈等。我将他们的成功作为我的成功，将他们的成长作为我的荣耀。

人心稳定，团队凝聚力强，潜力就会爆发。我带领团队迎来了一个个高光时刻：

- 带领团队斩获市场营销界的“奥斯卡奖”——艾菲奖
- 在1年内，把公司业务从3个亿干到6个亿
- 培养出一支虎狼之师，包揽公司各项销售大奖

后来，业内流传一种说法：只要是商华培养出来的人，都是企业的中流砥柱。

身为500强高管的我，收获了无数的光环；我在职场过关斩将，高歌猛进。

这一切，却在2020年戛然而止。

我，突然失业了。

这一年，我已经40多岁了。

我从光芒万丈的企业高管变成待业中年女性。疫情中，就业环境继续恶化，我尝试过几次求职，却石沉大海。

时间一长，虽然没有经济压力，但那种从顶峰跌入谷底的落差让我倍受打击。我把自己关在房间里，不想见任何人。我每天日夜颠倒，除了睡觉、吃饭，就是刷剧。“就当给自己放个长假吧，你也很多年没休息过了。”老公

安慰我。我假装在看剧听不到。门一关上，眼泪就一滴一滴落下来。

走到洗手间，看着镜中邋里邋遢的自己，头发乱糟糟的，眼神空洞，眼角的皱纹似乎加深了1厘米……那个曾经意气风发，穿着BURBERRY西装，背着CHANEL的包包，踩着高跟鞋的500强高管，去哪里了？这还是我吗？

我，究竟该何去何从？

贵人助力重塑价值，找到真正的人生使命

“你跟我一起学习打造个人品牌吧，就算回职场，你又能打多久的工？换一个赛道，说不定柳暗花明。”薇安老师，是我20年的闺蜜，知道我的情况后，立刻打电话给我建议。

她在几年前辞职创业，深耕知识服务领域，非常成功，现在已拥有100多万个粉丝。

一直担任职场高管的我，非常佩服她的成就，但是，她能做到，不代表我能做到。我只有职场经验，如何运用在个人市场上？我没有想通，但我还是想试一试。

说干就干，我立刻与朋友合作，开启了我的第一次创业之旅。

创业是一条少有人走的路，每个幸存者都经历过九死一生。我发现职场与创业很不同，职场上的经验有时不一定适用于创业。

没有团队，没有资源，没有流量，更重要的是，没有任何个人市场的经验，仅仅有好的产品是远远不够的。

这个时候，我才意识到，我之前在大公司一帆风顺、业绩突出，并不是我厉害，而是这家500强公司厉害，所有的高光时刻都是公司加给我的光环。

这一次创业，以热血开始，却无疾而终。

薇安老师用一句话点醒了我：“在互联网时代创业，根本不用如此壮烈。用更轻松、更低成本的方式开始创业，能大大降低创业风险，提高创业成功率。”

于是，2021年3月，我正式加入新女性平台，开启了个人品牌打造之旅。

我的斗志像爆发的火山，势不可当，不懂什么补什么，拿出在职场上的拼劲来学习。无论之前在职场上多光鲜，从选择切换赛道，转型到线上开始，我就必须从头再来。

那时，我比初入职场时还要迷茫，我找不到定位、看不到优势、不知道如何与人进行线上沟通、不懂怎么发朋友圈、不会拍短视频、不会直播……

内心有一个声音响起：算了吧，都40多岁了，何必折腾？

幸好亦师亦友的薇安老师一直在身边鼓励我。她帮我系统地梳理，挖掘出我的3大能力：销售力、市场力、育人力。

在她的鼓励下，我把自己担任20年500强高管的经验进行总结，将自己定位为事业教练。没想到，一推出就有40多人订购我的咨询服务！更没想到的是，咨询完，用户纷纷表示非常有帮助，困扰他们许久的难题终于找到了破局的方法！

那一刻，我才明白，原来我过往累积的知识与经验这么有价值！我才明白我不需要依靠任何公司，只依靠自己的经验、能力与才华，也能变现！

慢慢地，由于口碑好，找我咨询的人越来越多。因为有20年的职场高管与商场驰骋的经验，我可以系统地分析客户的优势，知道他们缺什么、需要什么，所以很容易帮助他们获得想要的结果。

成功的案例越来越多，于是我有足够的底气去做这件事，后来把自己定位为“CEO个人品牌私教”。

经过我一对一赋能的学员，都发生了翻天覆地的变化。看到学员的变化，我感到由衷的喜悦！

学习了个人品牌之后，我的格局、思维、能力都发生了巨大的变化。不可思议的是，我通过打造个人品牌，对商业闭环的理解更加深刻，除了自我价值不断增长，我的主业也发生了令我意想不到的巨变：我不仅成功进入了某跨国上市外企，还连续晋升，成为该公司的中国区总经理！

我的副业——CEO个人品牌私教，也取得了巨大的进展，从199元一小时的咨询起步，到现在咨询收费已经达到2000元一小时！我还顺利通过了薇安新女性平台的超级教练课程《全球商业教练认证课程》，成为平台首屈一指的持牌教练！我成为持牌教练的时间并不长，所以我没有预料到我在平台会那么受欢迎，很多学员指名让我做私教！

我成功赋能了300多名新女性，帮她们定位、提升自我，实现人生价值倍增！

为了更好地帮助学员取得成果，我还专门学习了发售技术，参与了薇安平台的直播大事件。在2022年5月29日的首场12小时直播的营业额为31.66万，场观达到3377人，新增精准粉丝623人！

以前，看到我爸妈给别人上课，我总是看得出神，我现在终于明白了，原来我受到了他们的影响，也热爱教育事业。

既然财富与幸福都已拥有，我便想实现更大的人生价值、完成更崇高的人生使命——赋能10万人，打造个人品牌，实现才华商业化，达到影响力和商业价值的双丰收！

余生，我希望以生命影响生命，帮助更多人活出精彩人生。

人生增值三部曲

我打造个人品牌的时间并不长，只有一年零三个月，但这一年带给我一年顶十年的成长，我已经让自己成为超级个体。

接下来，我想给大家分享人生增值三部曲。

第一部曲：3个信念，助你开启非凡人生

刚刚步入社会的你，想要变得不平凡，只有快速成长。我分享影响我的三个信念，只要你践行，将帮助你比同龄人快数倍地成长。

戴上 CEO 的帽子

初入职场的人选择工作，应着眼于这份工作是否能让能力提升，而能力提升最好、最快的方法，就是让自己穿上更大的鞋子，想你老板所想，做你老板所做。当你戴上更大的帽子时，你将神奇地发现，你的想法和做法会发生变化。

我曾经有个下属叫小红，她业务能力不错，就是与同事相处不好。

她经常抱怨，为什么 A 部门不做这个事情，为什么 B 同事的态度那么差。在她转岗到我的部门之前，她的业绩评估都是 2 分（总分 5 分）。我与她深入沟通后，发现她的业务能力是不错的，就是本位主义太重了，有强烈的地盘意识。

年中总结没有例外，她继续抱怨其他部门与她小组发生冲突的事情。我给她倒了一杯茶，问她："如果你是我，你会怎么处理这个纠纷？"她整个人呆住了，因为她一直都是从自身出发，没有从其他的角度考虑过问题。当我让她戴上更大的帽子，她自然就能够从更大的团队利益出发，来追求业务目标。

跟她多次重复这个思维练习之后，她开始意识到自己的问题，并保持了这个思维习惯，用高 1 到 2 个层级的维度来面对工作。在提高了小组业绩之余，她与跨部门的团队协作也上了一个台阶。

很快，我就把她晋升为业务小组长。我离开这家公司之后，她成了我的继任者。

想成为经理，要先有经理的做派；想成为 CEO，就先有 CEO 的格局。

热爱你的工作

在互联网上，经常有这样的调侃："上班如上坟。"这获得了很多人的共鸣。

我为他们感到可惜。人一天有 8 个小时在工作、8 个小时在睡觉、8 个小时在做其他事情。如果你不爱你的工作，那么，你人生 1/3 的时间是不快乐的，这是对生命的消耗。

注意，这里的爱，是一个动词，不是名词。要做到爱工作，你需要百分之百地投入工作，并努力完成一件又一件有挑战性的工作。这样的工作，将提升你的能力，你的大脑将分泌内啡肽，令你拥有满足感。

当然，人难免在日复一日的工作中迷失自我，会抱怨，觉得工作配不上你的才华。我建议你善用转念，打开你大脑的正面开关，找到目前工作给你带来的积极意义。

多年前，我进入某通信设备公司的零售市场部工作。当时，同小组的其他人都觉得这项工作很无聊，每天都在数机模、分柜台、写指引，日子过得机械而无趣。一开始，我也不免受到影响，对呀，这份工作太单调，没有意义呀。

但我发现，我用这样的思考方式，百害而无一利，我越来越消极，甚至怠工摸鱼。幸亏我及时调整了心态，找到这个工作的正面意义：这是维护品牌在零售终端的形象，为品牌穿上最有魅力的衣服，是建立品牌的美誉度、打造品牌资产的重要工作。

转念之后，我比同组的其他人都更积极、认真，由于在一线工作中表现突出，解决了一线销售的实际需求，我在半年内升了职。我最晚进入小组，却成为所有老员工的主管。

面对一份工作，要不离开，要不去爱；如果还没爱上，善用转念。做到这两点，你绝对能够脱颖而出。

吸引你的贵人

人要成功，要改变命运，最好有贵人相助。很多成功人士都有一个共同点，那就是他们在人生的关键时刻，总会有贵人拉他们一把，扶他们上马，从此人生“开挂”。

真正的贵人，不一定是你的好朋友或者家人，而是那些和你有共同的理想、有智慧、有魄力的人。在关键时刻，他只需要用一句话就可以点亮你，改变你的人生。那如何才能找到这样的贵人呢？

第一，培养吸引贵人的特质。你要靠谱，有担当，有责任心，别人才愿意跟你合作，贵人才愿意来到你身边。

第二，慧眼识贵人，别浪费机遇。那怎么识别贵人呢？首先，他的思维与认知令你仰慕、佩服；其次，赚钱能力在你之上；最后，你们三观一致。遇到这样的人，你就要创造机会，结识他，与他变得熟络。

第三，让贵人赏识你。关键是勇敢向前，请求他给予你帮助。是的，真正喜欢你的人，不是你帮助的人，而是对你提供帮助的人。越是对你进行帮助，就越能在你身上收获价值感，从而越发愿意帮助你，有可能在关键时候成为你的贵人。

我每一次遇到人生转折，都有贵人引领相助。也愿你打造吸引贵人的特质，收获你的“开挂”人生。

步入社会，很多时候是信念与认知拉开我们人生的差距。我挑选了我个人成事最为有效的信念，希望也能帮助你提升认知。只要你及早树立有用信念，深入钻研某个领域，只需要 3 ～5 年，你就可以成为某个领域的行家、专家，开启你的不平凡人生。

第二部曲：打造个人品牌，让你从此更值钱

我们先来看一组数据：

“个人品牌”的全网搜索量:28600000

“打造个人品牌”的全网搜索量:9670000

“如何打造个人品牌”的全网搜索量:1080000

以上这组数据显示，个人品牌的搜索量已经达千万级别，越来越多的人加入个人品牌打造的队伍中来。你呢？有没有问过你自己，要不要打造个人品牌呢？

未来，组织与个人的固定雇佣关系会不断弱化，会出现大量的自由职业者。个体崛起的时代，每个人都面临巨大的机遇。看看樊登、罗永浩等，都是通过打造个人品牌，以一己之力，创造了比八成上市公司更高的利润。

在互联网时代，人人都可以打造个人品牌，只是成果有大小、时间有早

晚罢了。你还在等什么呢?

打造个人品牌的好处

第一,杜绝同质化。

目前,商品已经极其丰富,同质化非常严重,只能拼低价。打造个人品牌,不需要走低价路线,因为有同质化的商品,但是没有同质化的 IP。打造个人品牌,实现人在前、货在后,人们会因为喜欢你而跟你购买商品。

第二,建立信任。

成交的前提是信任,打造个人品牌就是一个非常好的获取信任的方法。你想想,你买一个商品,你是倾向于购买有品牌的,还是购买三无产品呢?

没有打造个人品牌的个体,就像无证经营,难以获取信任。

个人品牌的人性秘密

建立信任的前提是喜欢。那么,怎么才能打造令人喜爱的个人品牌?答案就是要洞悉人性的秘密。

人最喜欢的是谁?是自己。所以,你要让客户喜欢你,最重要的是,你身上要有客户的影子,外在的包括谈吐、衣着、言行举止,内在的包括价值观(爱憎、梦想、个性)等等。

因此,除了塑造外在的专业形象,打造个人品牌一定要有自己鲜明的价值观,把自己的初心、使命、愿景都大声地说出来,这样,你就会大大吸引与你相似、同频率的人!

打造个人品牌要“干湿结合”

什么是“干”?你的理论结构、你的知识输出、你的价值主张。

什么是“湿”?你的个性、你的形象。

举个例子，近期火出圈的新东方董宇辉老师，他上课的知识点绝对很干，对吗？太干，学生容易打瞌睡怎么办？那就来点段子、笑话中和一下。再加上他自带喜感的兵马俑脸，学生既能学到最专业的知识，同时又很开心，真正做到了“干湿结合”，所以都很喜欢他。

个人品牌一定要有立体感、丰满度，这样才能既有价值，又有黏性。

很多人有疑问，打造个人品牌，是不是要先有一项技能或者许多经验？真的不是，下面分享我的零基础学员翠翠的例子，她用一年零十个月走通了这条路。

她在一家公司做文职工作多年，工资不高，没有价值感。她想增加副业收入，给家人更好的生活。刚开始，她没有信心，不会成交，甚至不敢与人打交道。

我用一次天赋解读，解了她的心结。她的能力里面，交往能力特别强，这是销售高手的优势天赋之一，非常有利于达成老客户的销售。她大吃一惊，一直以为自己没有销售天分，这辈子不可能做销售。在我的鼓励下，她开始挑战自我，还跟着我学习销售。

就这样，她从第一个客户开始、第一单成交开始，每日坚持与 3 ～ 5 个客户沟通，做好服务。现在的她，定位是护肤导师，有了自己的粉丝与弟子，1 次发售，24 小时就能收款 4 万多元。

她说：“商华姐，谢谢你发现了我的天赋，解锁了我的销售技能，我准备辞职，专注于护肤导师事业！”

再小的个体，都可以从 0 开始，打造个人品牌。不知道怎么变现没关系，不知道卖什么产品也没有问题，先从确定一个定位开始吧。

第三部曲：通过百万发售，引爆高价值个人品牌

打造个人品牌，是我下半生为之奋斗的事业。打造个人品牌，最重要的是持之以恒、不断深耕。假以时日，无论起点如何，都能收获累累硕果！

但是，有私教学员说，现在库存积压、现金流告急，马上发不出工资、交不出房租了，难道就没有一个方法，可以快速引爆势能，马上回笼资金，渡过

当下的难关吗？

当然有，它就是：发售！

发售，是通过布局、策划大事件，不断积蓄势能，通过某个节点密集引爆，实现爆卖产品，百倍增加影响力。

这些发售事件你一定看到过，比如苹果新手机的发布会（排号买机）、畅销电影的上市（上映即爆场）、歌手新专辑面世（上市即脱销）等等。

国外在23年前就发明了发售，美国在16年前就已经开始普及发售，但中国到现在都还没有真正重视，很多中小企业也只会销售，不会发售，经营举步维艰。

为了赋能私教学员，在疫情下突破困局，我专门去学习了发售技术并付诸实践：2022年5月29日做了12个小时的直播，我作为直播素人，朋友圈只有1171人，我利用发售技术，最终GMV（商品交易总额）为31.66万。

我就是想用这次直播发售，为前进中的创业者与超级个体做个示范：任何人都可以通过打造个人品牌，走通线上，实现逆风翻盘；任何企业与超级个体都可以借助百万发售，凭借自身力量，卖爆任何产品！

接下来，我为你揭秘助我达成31.66万GMV的直播间发售的4个关键点。

发售五阶段逐步加热，令人欲罢不能

发售五阶段包括鸣笛期、加热期、预告期、发售期、沉淀期。

我做直播，提前21天就开始**鸣笛**，在朋友圈发布求助信，引发朋友的好奇！然后，用连续发朋友圈的方式，揭示疫情下创业者们所遇到的困难，进行**加热**！那么，如何才能解决困难？我正式官宣，**预告**我将开直播，与所有人分享解决方案！在直播的前一周，我还在朋友圈密集发布产品的优点，展示用户的美好未来。就这样，一步一步把朋友圈的势能拉满，到29日进行直播，在热烈关注之下，正式**发售**产品，获得了非常好的场观与营业额。直播后，我专门写了复盘文档，**沉淀**并积蓄下次的势能。

准备优质内容，为发售注入灵魂

要做好一次发售,好的内容必不可少。我为本次发售准备了特别多的内容,包括个人故事、销售信、商业思考、裂变电子书、朋友圈文案等等。由于准备用心,效果很好,成了朋友圈的典范。后面很多学员在发售的时候,从销售信、朋友圈文案,到海报,都以我的为蓝本。

为了写好内容,我还专门去学习了商业文案撰写。文案基本功太重要了,如果你要引爆个人品牌,你一定要善用文字的力量。如果你还不会写文案,那你需要尽快学习,或者花钱外包。

合理规划产品，确保目标达成

直播间的产品设置非常重要。开辟线上赛道一年多之后,我的结论是,卖 199 元与卖 9999 元的难度差不多,需要的人脉资源也差不多。我们作为素人,缺乏流量,一定要把服务水平提上去,把价格设置合理。我建议你直播间的产品,不要只卖 9.9 元的低价货,要大胆地兼顾高、中、低的价格。

低价产品:引流品。这个通常是为了扩大你的客户规模,让更多人可以低成本地使用你的产品或服务,然后再一级一级地进行转化。

中价产品:爆款产品。它应该是你的产品里面最核心的产品,也是能够为你赢得口碑、带来一定利润的产品。

高价产品:利润品。找准你的服务或者产品中的高价值部分,它也是你的重要利润来源。

5 月 29 日当天,我定价最高的产品卖 15.8 万元,中价位的产品卖5.98 万元,低价位的产品卖 2980 元。你可以根据你的目标人群画像进行产品匹配。

成交场域组合，引爆势能

发售需要100%覆盖成交场域，把朋友圈、社群、直播、一对一私聊全部用起来，立体全维度覆盖，一个都不能少，才能密集引爆势能。

根据这几个关键点，我把细节全部做到位，颗粒度甚至细到以15分钟为单位。在开直播的前一天，我已经收到了好几个咨询，并收了一份定金，锁定了几万的GMV。我的朋友圈里都在热烈讨论我即将开始的直播，所以直播当天，虽然由于手机误操作，被封朋友圈、封群发、封企业微信，但是"三无"直播间依然有31.66万元的销售额！

如果你是超级个体、专业人士、企业家，只要你想要引爆个人势能、卖爆产品，你一定可以用发售来破局，数倍地增加影响力！

谢谢你看到这里。增加个人价值的三部曲，我自己从头到尾经历了一次。我实现了主副业齐飞，甚至有副业收入超过主业收入的趋势！

前些天，我约了好朋友去阳朔。我白天处理完公司的事务，还能腾出时间来为学员赋能，真正实现了轻松、自在地工作，还调理了身心。这就是打造个人品牌的迷人之处，你可以不受时间、地域、身份的限制，随时随地轻松赚钱。

在金色的晨曦中，遥望青山如黛，我回想一路走来的起起落落，心中不禁感慨万千：曾经的我，被人看轻，奋斗半生成为500强高管，虽然收入不菲，但总是患得患失、焦虑彷徨；现在的我，受人尊重，主副业齐飞，内心笃定，感觉自我富有价值。我相信，无论发生什么，我都有能力为自己、为家人撑起一片天，拥有更美好的未来。

打造个人品牌，让你的才华为你创造财富，让你的人生走向自由富足。

这是我的黄金期，相信也是你的。

柒月

百万营销成交文案导师

个人品牌金牌教练

“拾光谜”创始人

薇安嫡传弟子

扫码加好友

柒月 BESTdisc 行为特征分析报告

SID 型

新女性创造社

报告日期：2022年06月26日

测评用时：06分56秒（建议用时：8分钟）

BESTdisc曲线

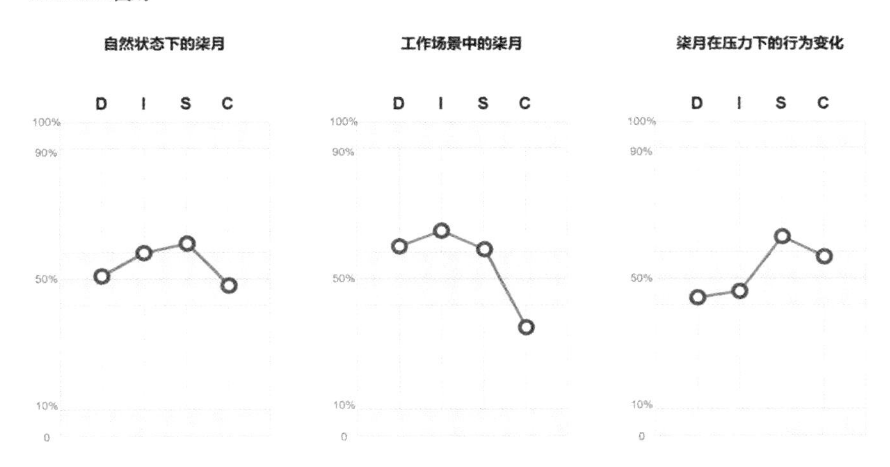

D-Dominance(掌控支配型)　I-Influence(社交影响型)　S-Steadiness(稳健支持型)　C-Compliance(谨慎分析型)

柒月注重事实和结果，是一个特别注重细节、非常看重过程的人。她不会盲目地选择，一定会根据事实依据做决定。她非常愿意接受新鲜事物，很有感染力，和任何人都可以很快打成一片，喜欢主动与别人交往。她喜欢变化，但不喜欢主动表现和引人注目，是低头干实事的人，总能顾及身边人的感受，经常用结果得到别人的认可。

人生无限，除非你设地自限

90后女孩靠自己，2年在深圳买房买车，我做对了这6点，改变了命运。

没有破茧时的痛苦，哪有成蝶后的炫舞

你好，我是柒月，我是一名百万销售成交文案导师、个人品牌教练、薇安老师的嫡传弟子。我来自深圳，今年31岁，靠自己在深圳拥有两房一车，帮助10000多名学员，从0到1，实现月入过万，一场社群发售日入103万，靠朋友圈自动成交年入七位数，学员学完自动成交文案体系，营收增长50%～500%。

我是一个出生在农村里的姑娘，从小对电视里的大城市充满了向往，爸爸就告诉我，自己喜欢的东西自己买，没钱的话，就等有钱了再去买。这练就了我特别独立、要强的性格。

小时候，因为我的父母在北京摆地摊，所以全家都跟着去了北京。

15岁，我辍学了(现在自考了本科，继续在进修)，进入了社会。我开始做商场的销售员，每个月拿着1100元的工资。

看到这里，你可能会想，这应该又是个草根逆袭的故事!

没错，你猜对了！这确实是个草根逆袭的故事。相信看完我的故事，你一定会受到启发。不要质疑我为什么这么肯定，因为我这么低的起点，都闯

出了自己的一片天空，那么，你也一定可以。

虽然我的学历不高，但是我的学员遍布全球，有博士、硕士，他们都来向我学习。因为在社会这所学校里，我靠实战经验取得了成果，获得了大家的认可。

2009 年，我跟着父母一起，从北京再次搬迁，来到深圳。

初来乍到，我听到的第一句直击人心的话就是——“来了就是深圳人”。很神奇，那一刻，我内心有很强烈的归属感。我想要在这个城市扎根，想要成为这个城市的一分子。

我有一个信念——只有想不想，没有能不能，想要的东西都可以靠自己的努力得到。为了完成目标，我进过工厂、做过服装销售员，没日没夜地加班。

2009 年，当大家还在充值黄钻、装扮 QQ 空间的时候，我就开始在 QQ 空间卖童装。除了白天的主业工作，我还做了 7 个副业。我白天正常工作，晚上有空就去摆地摊，发朋友圈宣传，一周休息一天。那一天我其实并没有休息，而是去香港采购，我清晰地记得，每去一次香港，我都要缓一个礼拜才能恢复，接着下周又要去，经常打包、发货到凌晨三四点，我甘之如饴，一点都不觉得辛苦。

有一次，妈妈陪我去香港采购。我买完货回来，看到妈妈蹲在我存货的角落里抹眼泪，我一惊，问她这是怎么了？

她一边抹眼泪，一边哽咽地说：“我看你轻松地一手拉着一个大箱子，我刚刚试了一下，我一个都拉不起来。你今天跑前跑后采购，满脸通红，衣服都汗湿了，一口水都没喝。你这么辛苦，却从来没跟我说过，我心疼……”说着说着，她就哭得不能自已。

我笑着抱了抱她，说：“我一点也不觉得辛苦，因为每次来香港就有钱赚，只要有赚钱的机会，我觉得都是幸运的，毕竟我也没什么学历，能这样赚钱很好了……”

那几年，我每天白天上班，晚上就发朋友圈招代理、辅导代理、谈客户、做规划、线上学习……我每天的时间安排得很满，身边的所有人都觉得我很辛苦，家人都很心疼我，但是我自己并不觉得辛苦，因为我每一天的努力，都是在帮我自己向我的目标靠近。我每天都充满了动力，全年无休，把自己活成了一台机器。

我的努力终于没有被辜负，我等来了我的春天，抓住了微商的风口，我终于从每个月收入 1000 多元增加到 5000 元，再到 10000 元、20000 元、30000 元、40000 元……

2018 年，我买了人生的第一部车，月收入也不错。即便如此，我还是很拼，手上七八个副业，每个月都没停过。

在深圳这个一线城市，我知道自己没有任何背景和优势，想要得到自己想要的东西，我只有拼了命地努力，不怕吃苦，更不怕失败。

也是在这时候，我发现了一个让我很恐慌的问题，那就是我不管多努力，使用多少方法，连续 3 年，我的月收入一直卡在了一个瓶颈上，来来回回，始终无法突破 5 万。而且，因为工作太忙，我的睡眠时间经常不到 6 小时，身体状况也越来越差。按照这样下去，我还能实现梦想吗？我的出路在哪里？

于是，我决定不坐以待毙，我要外出学习，实现破局。

遇到贵人，让我逆风翻盘

就在我最迷茫的时候，我看到关注多年的“薇安说”有一个线下公开课，我毫不犹豫地报名参加了。

那时候的我并不知道，自己在无意间踏上了通往财富的道路，也遇到了一生的贵人、我的启蒙老师——薇安老师。我果断靠近她，报名了最高级别的课程，成为她全网百万粉丝中 3 个嫡传弟子之一。

在薇安老师的规划下，2019 年，我开始转型做知识付费，最早卖销售一对一咨询课,199 元一个小时。没想到,好评如潮,才短短 3 个月,就招生 263 人,这为之后跨入知识付费领域打好了地基,也给了我莫大的鼓励。

就这样,我一边向上学习,一边向下输出,我开始开各种小课,看市场反馈,再不断迭代优化,打磨出最高端的课程。每一个课件我都会精心设计,结合我这么多年的销售实战经验,结果没有让我失望,大家对我的课程的评价就是 4 个字——超值交付,这给了我很大的鼓励。

这些年,我靠朋友圈文案自动成交,年入 7 位数,也帮助了 8000 多名学员靠自动成交文案体系,轻松月入过万。哪怕你是"小白",只要你用心学习,我都有一套最适合你的方法,可以教会你。

当我发现只靠卖货很难有出路的时候,薇安姐帮我规划,我决定转型做知识付费。因为我这些年也付费向各领域大咖学习过,积累了一些经验,转型知识付费战场,将自己定位为"百万成交文案导师"。

就这样,我在薇安老师的指导下,一场发售日入 81 万元,短短四个月实现营收 121 万元,所带的学员最短 7 天赚回学费,业绩至少有 50%～500% 的增长。

人的自信从哪里来?从别人一次又一次的认可中得来。人不就是一边害怕,一边做,才会成长吗?

这么多年,我都是在错误中吸取教训。一步步走来,我深刻地意识到,人生不是学到就是得到,不是学到了经验,就是得到了结果,你只管努力,你努力的每一步都在为你以后的成功打基础。

2019 年,我 27 岁,在深圳买了第一套房。来深圳整整 10 年,每一天都在靠近这个目标,我,终于实现了梦想。拿到买房合同的那一刻,眼泪猝不及防地滑落。回顾这些年的付出,我觉得一切都值得。人生无限,除非你设地自限。我一路走来,从不抱怨,一切靠自己。

树根决定果实,如果你想改变果实,你首先要改变它的根。换句话说,你想改变看得见的东西,那就必须改变看不见的。思维决定行为,行为才能带来结果。船停在港湾最安全,但那不是造船的目的;人活在当下最舒服,但那不是人生的意义。

这些年，我拼了命地努力学习，让我买2万的包，我会纠结、心疼，但是让我报名20万的课程，我会毫不犹豫地付费，我这几年陆陆续续地学习，花费达到7位数。

格局是被拉大的，当你见过超优秀的人，才会知道什么叫高标准。我们都认为，赚钱和存钱很重要，其实，怎么花钱同样很重要。在我看来，课程比那些虚的包包所发挥的价值更大。所以，千万不要在最好的年华里，就开始去透支你的未来，但越是在一无所有的时光中，我们越是要为自己做好积累。当你从0积累到1，你的未来，才会慢慢走向良性循环。请记住，什么东西别人都可能随时拿走，只有能力，是永远跟随你的。

我清晰地知道，靠父母，你是公主；靠子女，你是太后；唯有靠自己，你才是女王。再多的宠爱，都不如手机有电、车里有油、卡上有钱来得踏实，再舒服的副驾驶，都给不了我手中握着的方向盘所带来的安全感。

掌握这6条经验，你也能逆袭

做微商多年，我总结了自己的一套方法。

2020年，我创办了自己的护肤品品牌“拾光谜”，在发售当天实现了日入103万的佳绩。这年年底，我在深圳买了第二套房子。我这些年做微商，帮助了10000人从“小白”到月入过万。我清晰地知道，只要方法用对，你以为遇到了寒冬，转身过后，迎来的就是属于你的春天。

你不需要等到很厉害了才开始，你只有开始了，才能得到你想要的。

一路走来，只有自己知道这其中的艰辛。我想和你分享以下6条经验，希望会对你有所启发。

认知决定财富

知乎上有一个问题很火:“女孩子是有一个漂亮的脸蛋重要,还是有一个精明的头脑重要?”

底下有一个高赞回答是:“如果你的智商够,高的颜值就是你风生水起的利器;但如果你长了一张漂亮脸蛋,脑子驾驭不了容貌的时候,那张脸会成为捅向自己的刀子。”我深表赞同。漂亮的脸蛋是一块敲门砖,但是在敲开门之后,能走多远,取决于你的头脑是什么水平。

一个女人最该用心修炼的地方,是不断地去充实你的内心、强化你的能力、提升你的思想,让自己更值钱。千万不要为现状而焦虑,却没有毅力去改变,宁可守着几十年都不会变化的工资,也不愿用一年的时间去提升能力。有的人表面上缺的是钱,其实缺的是认知,人永远无法赚到自己认知以外的钱。

关于金钱,有一句话让我非常受益:“你永远赚不到超出你认知范围的钱,除非你靠运气,但是靠运气赚到的钱,最后往往又会靠实力亏掉。”

这是一种必然。你所赚的每一分钱,都是你对这个世界认知的变现;你所亏的每一分钱,都是因为对这个世界的认知有不足。

这个世界最大的公平在于:当一个人的财富大于自己认知的时候,这个社会有 100 种方法“收割”你,直到你的财富和认知相匹配为止。

积极主动,缩小关注圈,扩大影响圈

关注影响圈的人会专心致志地去做力所能及的事情,这样的人始终是积极主动的。他们会不断地扩大影响圈,从而获得自我的不断成长。

在现实生活中,我们总是不断把焦点放在关注圈上,我们总是让自己深陷在外界条件的限制中,将所有问题都归结于外部因素,也就给了外部环境控制我们的无限权利,这都是对关注圈过度关注所导致的。

比如说，我有一次跟朋友外出去办事，因为赶时间，把车停在了路边。过了20分钟，我出来了，发现车被贴条了，罚款1000元。我当时看到的第一反应就是：原来这个地方不能停车，下次就要注意了。然后继续跟朋友说说笑笑。在开车回去的路上，朋友很好奇地问我："你被罚款1000元，为什么你还这么开心？你是真的开心吗？"我回她："我为什么要不开心呢？"她说，正常人被罚款1000元，总会生气的吧。我告诉她，没必要，我这个人对于已经发生又不可改变的事情，一般都会选择释然。我为什么要因为罚款1000元来让自己一天都不开心呢？这还是早上，如果我一直为这件事情耿耿于怀，那么我一天都不会开心，我的损失会更大；如果我这一天开开心心的，那么我可以创造出更大的价值。失败和犯错并不可怕，只要我们能在本次错误中找到下次可以做得更好的方法，就是这次犯错之后最好的结果。

扩大影响圈，缩小关注圈，这才是我们积极主动的核心，才会发生由内而外的持续长久的变化。

任何坏的事情，都会有好的一面

接着说上面的例子，我只是违停被罚款，那假如我撞到人了呢？那就不是这1000元可以解决的事情了。如果我在这件事中跳不出来，我今天一天都在想这件事，那我在开车的时候，心神不宁，可能会发生更糟糕的事。

说到这里，我还想起来了另一件往事。

我有一次去学习，老师问："你们有谁觉得自己今天很倒霉吗？"

有一个同学站起来了，说："老师，我今天很倒霉！"

老师问："你今天发生了什么事？"

她说："我今天坐地铁来上课，在出站的时候扭到脚了。如果我今天让我老公送我，或者自己打车到这里就好了，我的脚现在就不会肿得跟个包子似的，我今天一天都忍着疼。"

老师听完，会心一笑，这样回答她："那你觉得是摔死了好呢，还是扭到脚好？"

“那肯定是扭到脚啊。”

“那你觉得是摔断腿好，还是扭到脚好？”

她又回：“那肯定是扭到脚好啊。”

老师再问：“你觉得是现在摔得躺在医院起不来好呢，还是像现在这样还能走路好呢？”

同学再回：“那肯定是扭到脚好！”

老师说了一句直击人心的话：“既然扭到脚这么好，你为什么还为此苦恼呢？”

短短几句话，就道破了一个真相——对于已经发生的无力改变的事情，换一个思维，你就会得到不一样的心境。

不要过早放弃

很多人做事情，做到80%就急不可耐地求结果，结果自然不尽如人意。只有耐心做下去，成功才会到手。

列文虎克是荷兰的一个门卫，他在业余时间试着磨制镜片。凭着超出常人的耐心和细致，他磨出了可以放大300倍的镜片，他因此被称为“显微镜之父”。

事会失败，人不会失败

泰国商人施利华，是一位拥有亿万资产的富豪。1997年爆发的金融危机使他破产了，这时，他只说了一句话：“好哇，我又可以从头再来啦。”于是，他从容地走入街头小贩的行列，沿街叫卖三明治。一年后，他果然东山再起。

自古以来，真正建大功、立大业的人，都是心定身安的人。即使失败，也能得到经验，有了更加敢于尝试的决心。成功的反面不是失败，而是什么都不做。能想到的事情,都应该去试一试,成功的人不会害怕去做让他害怕的事情。站在岸上永远学不会游泳,任何时候开始都不晚,只有你想不想,没有能不能。想要抓住机会,改变命运,时机固然重要,但行动力更重要。如果总是找借口,说“我老了”,“我不行”,那么明年还是如此。

人才都是熬出来的，本事都是逼出来的

我刚开始也是什么希望都看不到,并不是因为看到了结果才努力,而是努力了,才有机会看到结果。我用 10 年去沉淀,去熬一个值得的结果,做任何事情都没有捷径。熬,表面上看是受苦受难,实质上是一种修行,熬得久了,心性自然被磨得坚韧。

生活多是重复的,熬得住才能出头。几乎所有的成功都需要忍受煎熬,因为向上的路注定艰难,而向下的大门永远敞开,不辛苦就会面临阶梯式下滑。

现在你所看到的成功,从来不是一跃而上,而是一步步熬出来的,你还在望而却步、犹豫不决,别人已经在努力提升技能。

熬,是经历命运的挤压,也是自身的整合和蜕变,这都是你的宝贵资源,它如你的能力一样,谁也带不走。

经常有人问我,你的赚钱驱动力来自哪里? 为什么你一直这么上进,有什么办法可以一直保持有动力?

写到这里,我想起一个人,可以说他影响了我的一生,他就是我爸爸的亲哥哥——我的四伯。

我四伯是 20 世纪 70 年代的研究生,他现在已经 55 岁了,可依然没有停止过学习。我小时候,奶奶告诉我,家里太穷,没钱供四伯上学,四伯就在我奶奶窗前跪了一夜,哭着跟我奶奶说:“我不想过面朝黄土背朝天的日子,只要让我学习,我吃不饱、穿不暖都可以。我什么都不要,只要上学……”

小小的我听在耳中,受到了莫大的鼓励。我在心里暗暗发誓,我也要像我四伯一样,靠自己走出这个小农村。我在童年听到的最多的话,就是奶奶

夸我四伯多么爱学习、多么用功，在我心里，他就是我这一生的榜样。

慢慢长大后，我四伯的女儿——我的堂妹也成了我羡慕的对象。我小时候，放暑假时经常被接到城里去陪堂妹，我看着她练舞蹈、钢琴、古筝……我记忆中小时候的她，总是穿着我喜欢的公主裙、水晶鞋。她在舞蹈室里翩翩起舞，我在窗边，踮起脚尖，一下午都看不够。她从小生在城市里，长在城市里，我那时候在想，我的爸爸如果也有钱，我就可以学习我最爱的舞蹈，这为我以后的奋斗增添了极大的动力。

我想让我的下一代不再羡慕别人，所以在无数人都劝我结婚的时候，我想到了我堂妹，我想在我有足够的能力给我的孩子好的生活的时候，再欢迎他/她的到来。

赚钱的能力，是你抵御风险的底气；赚钱的能力，是你赢得自由的前提。只有能赚钱，才能在满足生活所需的基础上，去做自己真正想做的事情。所以，我亲爱的姑娘，赚钱的能力非常重要。没有人是你一生的避风港，只有你自己才是你一生的庇护所。

只有拼出来的成就，没有等出来的辉煌

5 年后，你是什么样子，往往取决于两件事：第一，你现在与哪些人为伍；第二，你每天拿出多少时间来补充知识。

圈子决定票子，我经常听到有人说："我想学习，但是我老公不支持我……""我闺蜜说怎样怎样……"我想跟你讲个故事，我之前在招代理的时候，有人报名并交了代理费用，后面又跟我申请退款。我听到后，立马转账给她，但是我想要了解下情况。我们在电话里沟通，她向我说明情况，她的朋友跟她说，现在产品不好做，生意都不好，稳稳地拿一份工资才最靠谱。听完她的话，我全程只讲了两句话，第一句话是："你的闺蜜一个月收入多

少?”她说她的闺蜜月入 4000 元。我的第二句话是:“你是愿意听一个月入4000 元的人的话,还是愿意听一个月入 6 位数的人给你的建议? 我尊重你的选择。”然后,我就挂断了电话。如我所料,我挂断电话后,她立马把转账退回给我了。

我想要告诉你,千万不要有“我很笨,大家都很优秀。我肯定不需要学习,因为学了也不会”的想法。因为,信念会变成事实,事实又会加强你的信念。当你觉得自己笨的时候,你就会想各种方法去证明自己笨。当这种想法变成真的,你就会觉得自己想得没有错,陷入极度内耗的怪圈里,止步不前。

那怎样来看自己是否需要学习呢? 就问自己一个问题:“如果三年后的你,还是今天的样子,这是你想要的吗?”如果不想要,你会做出什么行动呢? 你就能找到你想要的答案。

我遇到过一些人,我刚开始做知识付费的时候,他们就来向我咨询,但是没有后续的行动。几年过去了,看到其他从一开始就跟我学习的人都拿到了不错的结果,一些人又来找我,纷纷感叹:“如果当初我跟着你学习,今天就会怎样怎样……”你相信吗? 再过几年,他们依然是这样。我想说:只有拼出来的成就,没有等出来的辉煌。

大部分人的斗志,都在一天天被磨灭,看着别人不断进步很焦虑,自己越来越不自信。事实上,越想只会越害怕,越做才能越勇敢。这么多年,我一直秉承着“不是得到就是学到,大不了重新开始,也积累了经验,总好过原地踏步。在因上努力,果上随缘”的原则。每一段经历都不会浪费时间,每一个走错的岔路口其实都可以重新走,但是每一次实践,只有经过反思,才能真正变成自己的收获。

人这一生可以有无数种可能!

有人以为未来藏在时间里,其实,未来藏在你现在的努力里。很多人觉得只有方法、技巧才是干货,实际上,方向也是干货,一艘没有目标方向的船,海上吹什么风,都不可能是顺风。我经常说,选对老师,比选对课更重要。

有人说："你想要走得快，就一个人走；要想走得远，就和一群人一起走。"跟一群优秀的人一起走，跟着比自己走得快的人走，你一定要找到这样的人；然后，加入这些人的社群，关注那些非常优秀的人是如何过一天的。跟有结果的人学习，听话照做，通过市场验证别人积累的经验，避免走很多弯路，达到事半功倍的效果。这个世界上最好走的路，就是别人成功的路。希望你可以选对路，少走弯路。

最后，我想告诉你：所谓的安全感就是不断去尝试那些让你没有安全感的事情，你才是一切的核心，自己变得更好，才是解决一切问题的关键。自己站不稳，谁都靠不住。

没有失败，只有回馈。事会失败，人永远不会失败。相信我，你可以。

人生无限，除非你设地自限。

期待与你一起见证你的蜕变！

小鱼儿

“易灸灸”品牌合伙人

私域营销文案导师

扫码加好友

小鱼儿 BESTdisc 行为特征分析报告

SI 型

新女性创造社

报告日期：2022年06月26日
测评用时：04分56秒（建议用时：8分钟）

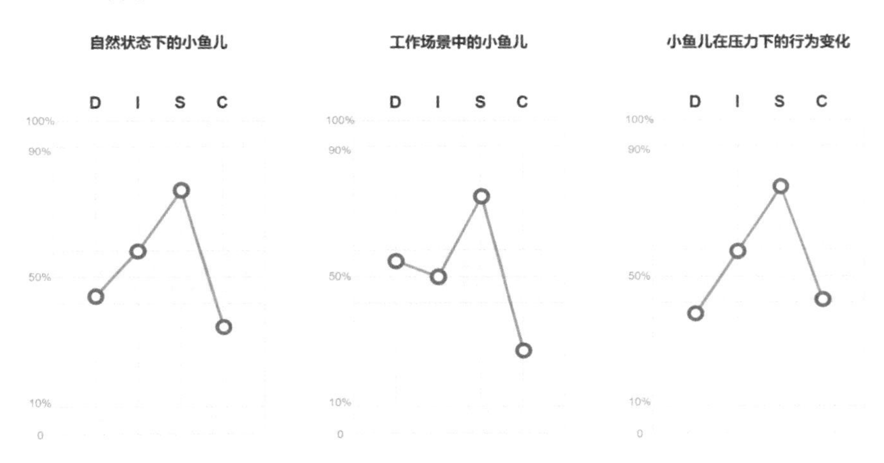

D-Dominance(掌控支配型) I-Influence(社交影响型) S-Steadiness(稳健支持型) C-Compliance(谨慎分析型)

小鱼儿是一个富有灵活性、相当有感染力的人。小鱼儿天性内省、克制，对于事实抱有一种尊重态度。她非常积极、活跃，喜欢主动与别人交往，喜欢变化。小鱼儿非常有耐心，会给人留下沉静、友善的印象。在合适的时候，她会清晰而自信地表达自己对事情的看法和建议。她重视事实效果，相信经验，注重逻辑和分析，不喜欢走捷径。

80后三宝妈，从身负百万债务到成为大健康公司的合伙人

人来到这个世界，总要做点什么，产生深刻的意义。这是我从今年开始，思考最多的问题。

你好，我是来自江南水乡的小鱼儿。

曾经的我和人说话就脸红，不敢做销售，给客户发名片都手抖；现在的我带领团队，创造了一周460万元的销售业绩。

曾经的我开实体门店，亏损百万元，出门连高铁票都买不起；现在的我不仅还清了债务，月利润还超过了30万元，培养的经销商月入5万元、10万元、20万元的都有。

曾经的我经常感冒发烧，脸色苍白，讲话有气无力；现在的我通过中医调理，不仅自己身体好了，还用6年时间帮助上千个家庭拥有更健康的生活方式。

我曾以为这辈子注定黯淡无光；没想到，经历了一些事后，人生居然发生了巨大的逆转！

为了让我的故事能启发更多的有缘人，我花了3个晚上，一个字一个字地敲下这些埋藏在内心深处、从未对人讲过的话。

不要自卑，相信自己很棒

小时候，我很羡慕别人的父母。为什么别人家一直和和睦睦的，而我的

父母总有吵不完的架呢？

还记得我上高中时，母亲不同意父亲把我的学费借给亲戚，争执许久后，两个人打起来了。地上都是碗的碎片，父亲把母亲按在了地上，我在旁边大声嘶吼，也无法劝阻两个人，直到叔叔过来把他们拉开。也是从那个时候起，我内心就下了一个决定，以后我一定要远离这个让我每分每秒都感到窒息的家，到外面去上学。

可长大后，我才明白父母没有错，他们也是第一次做父母，没有人教他们应该怎么做。

我心里苦，难道他们不苦吗？没有父母不爱自己的孩子。

为了改变自己内向的性格，大学毕业后，我选择了一份极具挑战的销售工作。还记得第一次发名片给客户的时候，我的手都在抖，脸也像喝了酒一样通红，被同事笑话了半天。

因为自己胆小，不敢说话，业绩一直不太理想。我一度怀疑自己是不是不适合做销售，直到有一天，我师傅对我说了这样一句话："亲爱的，如果你的业绩一直完不成，你想像那个谁谁一样，被淘汰回家吗？"自尊心很强的我说："淘汰回家多没有面子！"我不服输的念头冒了出来，这种事不能发生在我身上，我要突破自己。

于是，我主动去发名片，多认识客户，服务好每一位客户。仅用一年半的时间，我从不被看好的实习生，变为销售部门负责人，带领 20 个人的团队，个人业绩始终保持在前三，这是我过去所不敢想象的。

如今，我听到很多朋友说自己自卑、不会说话，我就会想到曾经的自己。最开始的我们都很青涩、不成熟，但通过后天的刻意练习，身经百战后，你一样可以站在舞台上侃侃而谈。

奇迹只在重压之下出现

2018 年年初,我和先生先后辞职,出来创业。

我们在寸土寸金的“魔都”上海开了一家餐厅,由于创业经验不足,6 个月后,门店亏损严重。没有现金支撑周转,只能宣告停业。没想到,停业也没有那么容易,我们仔细算了账后,发现欠下了近百万的债务。

偏偏那时,自己又怀孕了,去检查还是双胞胎,电视剧般的情节在我的生活中上演。还记得怀孕 2 个月时,我正开车在高速公路上,接到员工的电话,问我在哪里,让我赶紧先拿 10 万出来,因为工资没付清,员工在店门口闹事。我慌慌张张地停下车,就开始翻开通讯录,向朋友开口说出了最艰难的两个字:“借钱!”就这样,我开启了双胎孕妈的还债之路。

我不敢和父母说创业失败了,怕他们担心。也没有像怨妇一样一蹶不振,因为肚子里的宝宝和身边的大儿子都需要我振作起来。

可是怀着双胎,没有公司敢要我,没有收入,我怎么养我的孩子?我怎么才能还清债务呢?多少个深夜,我只能默默把眼泪往肚子里吞,心想自己还是在家摸索线上业务吧。

幸运的是,2017 年,我生完儿子后,就意识到要做副业,于是提前铺了第二条收入管道。在很多人看不起微商时,我却像一条饥渴的鱼遇到了水一样,紧紧抓住这个机会,我一边学习做销售,一边实战卖中医健康产品。

为了能快点还清债务,在孕期的我坚持参加公司的学习,提升自己的销售能力。在产房里,我还在拼命接单。我在月子里也不敢休息,一边哺乳,一边创业,我至今还记得躺在床上,看过半夜到凌晨每个时间段的天空:1 点的沉寂、3 点的朦胧、4 点的破晓……我时常穿着带奶渍的衣服,来不及换,就要去打包发货。我还记得孩子做完手术,躺在 ICU 里,我依然在外帮扶代理商,谈了百万元业绩。

这几年,我像只蜗牛一样负重前行,没有创业环境也要上,没有人脉也要上。过关斩将,高歌猛进,疫情之下,业绩依然一路猛涨。

我从最低级别的经销商，一路成长为易灸灸公司的合伙人，把别人认为不可能的事变成了可能：

- 带领团队，一周的活动发售破 460 万元；
- 连续多年被授予市场开拓奖、销售精英奖；
- 培养的经销商月入 2 万元、5 万元、10 万元、20 万元的都有；
- 创业 5 年，生下了 3 个孩子（一生的财富）。

可能每一个成功的人都要经过磨砺，才能在重压下出现奇迹。

人生如茶，茶叶只有用沸水沏泡，才能释放出沁人心脾的香韵。那些没有吃过苦、不用承受压力的人，就像温水沏泡的茶叶，只在生活表面漂浮，无法沏泡出生命的芳香；而那些栉风沐雨、几经沉浮的人，如被沸水冲沏过的茶叶，最终会在高温中释放出沁人的清香！

我曾在一本杂志上看过这样一个科学实验：科学家给南瓜压上一定重量的物体，随着南瓜越长越大，不断在上面添加更重的物体，以考察南瓜的耐压极限。夏去秋来，南瓜成熟了，科学家把它切开，观察其内部构造是否发生了改变。

出乎意料的是，这个经受了重压的南瓜竟然坚硬无比！菜刀是切不动它的，抡起刀来砍，刀反而被那南瓜弹了回来。最后，科学家找来电锯，总算把大南瓜锯成两半。

这时，科学家发现，南瓜内部的纤维组织已经完全固化，无法再食用，其果肉的坚硬度相当于一株成年铁桦树的树干！

压力，不但没有阻碍南瓜的生长，反而提高了南瓜的坚韧度。人难道还比不上南瓜吗？

虽然大环境恶劣，但是方法总比困难多！

创业就该逢山开路、遇水架桥！

生活有压力，才有奇迹，因为有压力才会有进步，进而创造出奇迹。所以，人若想有所作为，不要惧怕压力，就算没有压力，也请尝试去挑战一下不可能，把不可能变为可能，这就是一种奇迹。

塑造品牌，传递品质

在创业选择项目的时候，很多朋友让我选择美业等，但我选择了一款大健康养生产品。因为现代人的压力大，年轻的时候选择牺牲健康来赚钱。在十年如一日的拼搏中，财富可能在慢慢积累，但是健康也在被一点点透支。在四十几岁的时候，很多人选择花钱来养生，以保持健康。

在我心里，健康不是第一，而是唯一。可是大健康的产品这么多，我为什么要坚持选择中医产品呢？

毛主席曾说过："中国对世界有三大贡献，第一是中医……"而艾灸作为流传千年的中医养生保健的方式，它因为操作烦琐，被逐渐遗忘。易灸灸在微商中，是第一个做艾灸贴的。刚推出来的时候，没有人知道艾灸贴，很多人只听说过艾草。

起步时期，我需要经常解释："易灸灸既然是艾灸贴，顾名思义，里面的主要成分是艾草，而艾草又分为几个级别，易灸灸选择了蕲艾，相比其他艾草，功效更好，可以祛湿祛寒，活血化瘀。在整个艾灸行业，甚至养生行业，都流传一句话'得蕲艾者得天下'，所以，不是所有艾灸贴都叫易灸灸……"

易灸灸从2015年发展至今，已经是第8个年头。8年的市场沉淀，让易灸灸的产品与团队，发展得越来越好：

2017年，易灸灸吸引了与千年艾灸相匹配的优雅女神赵雅芝。赵雅芝作为不老女神，对于养生颇有研究，易灸灸可以得到她的认可，更加证明了易灸灸的功效。

2018年，易灸灸与中国中医科学院达成合作，定期组织经销商去进修艾灸专业知识。

2019年，易灸灸的巨幅广告在纳斯达克大屏上霸屏。

2020年，易灸灸携手分众传媒"霸屏九城"，让更多用户知道易灸灸。

时间过得真快，不知不觉间，我和易灸灸已经结识6年了。在这6年里，我得到的东西太多，成长得太快，有时候会有一种被牵着走的感觉，有时又觉得自己走得太慢了，需要再快一点。我相信，我们的易灸灸，在未来会像创可贴一样，成为居家必备品。

事业上的大女人，生活中的小女人

作为三个孩子的妈妈，我经常被问到这个问题，如何兼顾事业和家庭？

作为女人，我们不能没有自己的事业，也不能没有自己的家庭，只是要做到事业、家庭两不误，确实需要付出很多精力。在这方面做得不错的女人，往往扮演着两种角色：事业上的大女人和生活中的小女人。大女人像“女魔头”，而小女人像“小仙女”。

也有人认为，能够兼顾事业和家庭，不过是一个谎言。在他们的认知里，事业与家庭只能二选其一，要么相夫教子，做一名全职主妇；要么从家庭中走出来，全身心地投入职场。

我身边有很多女性朋友，都被这样的问题困扰。她们有的是全职太太，虽然爱人温柔体贴，可她们始终有种朝不保夕的不安全感，不知道平淡的生活会发生什么样的变故；还有的投身于职场，一心为事业打拼，甚至忽略了孩子成长的黄金时期；还有的想要两者兼顾，最后顾此失彼，留给家庭的时间很少，在事业上也无法获得突破。

我很鼓励女性朋友去打拼自己的事业，但不是不顾及家庭，而是要找到事业与家庭的平衡点。在工作中，女人要专业，游刃有余；回归家庭后，女人不能丢失该有的温柔和体贴。工作的时候，女人要百分百地投入，以最高效率来完成工作；下班以后，家庭和自我就是女人的全部。不建议一心二用，只有百分百的投入才会换来百分之九十九的产出。

那么，一个事业型的女强人，到底如何兼顾家庭与事业？

秘诀只有一个，只需要调整在事业与家庭中的态度与方式即可。具体来说，就是你需要在事业上呈现出大女人的一面，做一个独立精干的老板；在生活中呈现小女人的一面，做温柔的太太、细心的妈妈。

做事业中的大女人、生活中的小女人，双方兼顾，才是更明智、更理性的做法。因为事业可以让你经济独立，变得更有尊严；而家庭可以给你归属感，家也是心灵休息的最佳港湾。

迭代腾飞，永无止境

走到公司合伙人的位置，我又发现了新的问题。我边带3个孩子，边带团队，我没有那么多时间去浪费精力、走弯路，互联网商业的信息一天一个变化，跟着流量风口走，根本无法掌控自己的命运。

自己这样摸索下去，怎么帮助信任我的经销商成长得更快呢？该如何带团队走向高峰呢？我的出路在哪里？

我决定不坐以待毙，**一定要外出向高人学习，才能得到更好的结果**。

可能上天感知到我强烈的愿望，一个偶然的机会，我遇到了一位名师——**全球新女性 IP 创业导师薇安老师**。

跟着薇安老师学习，我首先突破了演讲的卡点。以前的我非常害怕对着众人讲话，作为团队队长，我知道一对多演讲是必须要突破的。

去年，我四次飞去广州，学习公众演说，不断练习打破自己演讲的卡点，从开始不敢上台，到站在舞台上自信表达，而且在演说大师班 PK 赛中进入前三。这让我信心大增，回来连续做了 14 场直播，涨粉上千人。

紧接着，我又跟随文案女王学习销售文案系统和百万发售体系。每次学习完回去，我立马在团队里进行内训，一个字一个字地抠，夯实文案基本功，提高团队伙伴的文案水平，从复制粘贴别人的文案到自己的原创文案被别人转发。

很多人来问我是如何做到的？你也很想知道吧。其实原因很简单，私域运营＋销售文案，选最好的产品，无自用不分享，提供让同行叹为观止的服务，在此基础上做好私域运营。在这套系统里，我们干了6件事：

• 客户分层运营模型（分层运营做得好，业绩好，还不累，20%的超级用户可贡献80%以上的销售额）；

• 销售文案成交模型（掌握销售文案系统，"小白"也能轻松学会，80%以上的客户自动成交）；

• 一对一私聊服务模型（暖男策略，转化率极高，客户追着你下单）；

• 极致服务流程模型（把精力放在用户需求上，用爱服务，同行做过的叫义务，同行没做过的才叫服务）；

• 布局黄金朋友圈（掌握人性来发朋友圈，陌生人也找你下单）；

• 精准引流模型（在私域中找到你的用户，你做的事情才有价值）。

如你所见，在大部分人靠灵感摸索私域运营的时候，我们已经升级到了4.0系统，实现了流程化、数据化、规模化。

做对了事情，随之而来的是业绩猛涨。2022年，我们团队的**7天活动的业绩是311万元**。疫情之下，我带着伙伴们实现了弯道超车。

2022年，在薇安老师的鼓励下，我又有了第二事业定位——**销售文案导师**。

薇安老师多次鼓励我，她说："你完全有能力帮助更多人提升销售文案水平，帮他们多卖货，去帮助那些实体店主和微小创业者吧。"其实我是拒绝的，至少拒绝了半年，因为当时我只想帮扶自己的经销商，直到我收到太多朋友的留言，说这几年太难了！

有人转型做线上IP，学了不少课，却一直没有赚到钱；

有人手上有产品，可是卖得好吃力，看着别人动不动晒成交额，心里干着急，却不知如何破局；

有人做线下生意，由于疫情，经营困难，却不知道怎么转型线上；

……

这种压力，我都懂。

先跟你说几个真实的故事，发生在2022年。有个50后退休阿姨，她在卖一款微商产品，干了一年多，只会复制、粘贴，然后发朋友圈，可想而知，她的出单量不尽如人意，自己越做越没信心。

2022年2月，她参加了我的销售文案密训营。当月，她便吸引了2位经销商加盟，收款11万元。重点是，她没开口主动销售，是客户主动找上来的，要投钱跟她干。

我的一位私教学员，本身从事贷款行业，学习文案和私域营销一个月后，不仅帮婆婆卖爆了西瓜，她的整个团队的状态也发生了变化，一个月便赚回了私教学费。

2021年，我用这套文案销售系统操练2个月之后，9月公司活动发售产品时，当月团队业绩高达311万元，个人收款7天破百万元。

我一辈子都不会忘记，在我最艰难的时候，是文案救了我。通过私域营销+人性文案，我扶摇直上！

此刻，你是不是想立马自己动手写文案，甚至想马上叫团队来开会，叮嘱一定要重视文案？可是你有没有想过，为什么有的文案，就是卖不动货？甚至被大部分客户屏蔽呢？

文案的坑，80%的人都在踩，具体有如下几种类型：

第一，自嗨。总写自己想写的，不写客户想看的，文字没有跟客户产生情感关联；

第二，吹嘘。把产品说得天花乱坠，你自己都不相信，客户越发不信任；

第三，硬来。不懂走心为何物，天天硬广刷屏，只有被屏蔽的份。

我们的文案可以做到自动成交，到底做对了什么？

好的文案，应该兼顾**情感**和**销售**。当你的客户爱上你的文案，跟你有了强烈的情感共鸣时，他就会情不自禁地复购。

经过多年的私域实战，加上我付费25万元，跟文案女王学习，我独创了一套**“故事+情感+销售”的独家解决方案**。

当你的**销售文案同时埋下故事、情感和销售三条线时**，你的文案会像电视剧一样，吸引读者不断读下去，最终用讲故事、谈感情的方式把产品卖爆，并且让客户深深地爱上你这个人！这套独家解决方案就是我们用文案突围的神秘武器！

同样一个产品，一篇好的文案能把它卖断货；而一篇差的文案，只会让它堆在仓库里积灰尘。本质的差别，就是这套系统性的打法。

继续前行，只为了不虚此行

10年的职场修行让我知道，赚钱有三个阶段：

第一个阶段，为生存而赚钱。每天忙忙碌碌，为了生存糊口，只想吃了上餐，还有下餐。2009—2018年，我都是为了生存而赚钱。

第二个阶段，为事业而赚钱。每个人心里都有事业梦，当你的生存问题解决了时，就想真正干点事出来。想让团队的人赚到钱，自己也自然而然地赚钱。2018—2022年，我都是为了事业而赚钱。

第三个阶段，为修行而赚钱。人来到这个世界上，总要做点什么，产生一点影响。这是我从今年开始，思考得最多的问题。这个阶段，不再是为赚多少钱而开心。真正让我开心的，是我分享的方法让你进步、提供的方案让你受益，我跟自己成为很好的朋友。我心里不再只装着自己，我心里装的还有远方的你和广阔的天地。

归根结底，35岁的女人，有使命，有梦想，**想为社会做点有价值的实事**。

往后余生，我会坚持**正心正念**、**向上向善**的修行之路，带领一群志同道合的人在阳光下奔跑，**左手传播流传了5000年的艾灸瑰宝，传播中医文化；右手传播文案教育，助力更多普通人用自动化成交文案提升业绩**。

如果你想问我，为什么要关心你？

我只能洒脱地回答你一句，同为创业者，你的压力我知道；同为女性，你的累我知道。咱们相互挺！**你我一样平凡，一样为了生活而努力拼搏**。

我是一个相信因果的人，种善因，结善果。我不怕把自己知道的东西分享出去，哪怕能有一句话帮到你，就是我的福气。

感谢你看到这里，一定是上天的指引，才让我们相遇，最后送你一份礼物——“怎样写出用户忍不住想购买的文案”，希望对你提升销售有帮助。

你必须思考客户想要的是什么，而不是自己想要的是什么。

对我来说，撰写文案的有趣的地方在于（我相信你也有这样的感受），当有人阅读了我写的文案后，他采取了我想要的行动，我就会觉得特别快乐。

按照“写客户感兴趣的，而不是你感兴趣的”的写作思维，再去写文案，你的文案吸引力至少提升 10 倍！

想要写出让客户愿意付费的文案，一定要做到以下三点：

第一，每一个字都是从客户出发的，写客户想看的，而不是你自己想说的；

第二，私下说，每个字都说到对方的心坎上，让客户在心里产生疑惑：你怎么知道的？

第三，站在客户的角度，帮客户解决问题，强调他拥有这个东西后，有什么具体好处。

除了告诉你以上 3 点心法，我还打算接着教你具体步骤。

在提笔之前，先问自己 5 个问题。只要你的文案解决了这 5 个问题，你绝对睡着都能收钱。

- 客户的痛点是什么？
- 客户怕什么？担心什么？
- 客户曾经遭遇过什么？
- 你的具体解决方案是什么？
- 你跟别人相比，最大的差异化优势是什么？

比如，你销售的是一款面膜，在写文案之前，先回答这 5 个问题：

- 客户的痛点是毛孔粗糙、皮肤暗黄、松弛下垂？
- 客户怕没有效果？怕副作用？怕太贵？

• 客户曾经买过类似的面膜，但是没效果，为什么你的有效果？

• 你为什么能解决她的毛孔粗糙问题？

• 你的产品跟市面上的同类面膜相比，差异化优势是什么？是成分，还是技术？

发现了吗？每字每句都是从人性的角度出发，从客户的担心、客户的困扰、客户的期望着手，如剥洋葱般，一层一层地撕开，直到客户立即购买！

你有多懂客户，客户就会有多信任你！只有这样，你的销售文案才像一个 24 小时不眠不休、不吃不喝，还不需要付工资的销售员一样，时时刻刻替你收钱！

关于艾灸调理、人性文案，如果你还想了解更多，欢迎加我微信（微信号：18601561799），请备注一个真诚的理由。

大黄

私人理财教练

薇安商学院合伙人

扫码加好友

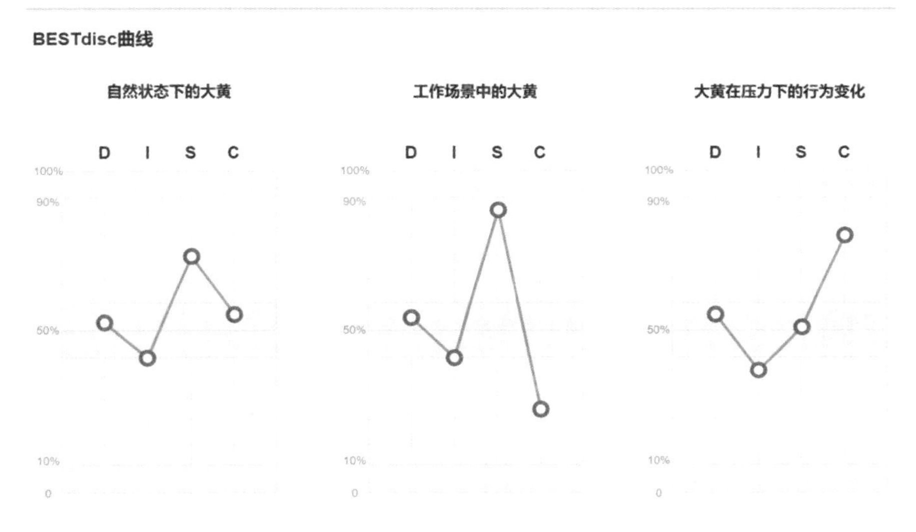

大黄坦率，果断，有驱动力去完成有挑战性的任务。同时，他随和包容，处处顾及他人的需要和感受。他像是天生的领袖，能领导别人，组织好人，朝正确的方向前进。他注重实际和分析，主要关注的是事实和数据。

大黄善于聆听别人并做出回应，也愿意帮助/服务别人。他相当注重准确性，相信经验、逻辑，注重通过实际应用去验证观点。

投资自己，才是最好的投资

农村工科男想跨行做理财咨询，传统出路几乎都被封死，但在这个全新的时代，一切皆有可能。

蜕变逆袭：95 后农村男孩的出路在哪里？

你好，我是大黄，一个 95 后男孩。

我从江西农村来到大城市广州，毕业第 4 年，我从一个月薪 3000 元的普通打工人，一跃成为月入 60000 元的自由创业者，你想知道我是怎么做到的吗？

请看我的故事。

田野乡村，懵懂少年

和所有爱玩的农村娃一样，我每天放学后的生活就是，书包一扔，和小伙伴出去钓鱼、钓龙虾、骑着自行车各处乱窜，玩到天黑再回家。爸妈对我基本是放养的，他们只希望我健康、平安，做自己喜欢的事情就好。

中考时，我考了全 A。在我们整个区，能得全 A 的人仅有 7 个，而我是我们学校里唯一的一个。

三年后，高考时，我又成为家族里第一个考上了一本的人。

那时候的我，就是家长们口中常说的“别人家的孩子”。在那之前，我没有受过什么挫折。拿到大学录取通知书的时候，那个只会在泥坑里打滚的农村娃，怎么也不会料到，在前方等待着他的将是什么……

18 岁时，我独自一人，第一次坐火车去另一个省份求学。不像其他人一样，有父母接送，我自己一个人跑上跑下，办理入学手续，拎着两个大箱子去宿舍。忙完以后坐在食堂，狼吞虎咽地吃了在异地他乡的第一顿饭，第一次体验到了远离家乡的“自由”的感觉。

大学的生活非常丰富多彩，而我却开心不起来，因为我对就读的土木专业一点都不感兴趣。

晴天霹雳，抱憾终身

有一天早晨，阳光很温暖，我漫步在校园的林荫路上，突然接到家里的一通电话。电话那头安静了几秒，然后，爸爸只说了一句话：“儿子啊，回来吧，爷爷快不行了。”

我挂了电话，立即请好假，回宿舍收拾行李，买了时间最近的一趟车的票，拎着包就往家里赶。坐在回家的火车上，我才意识到发生了什么。我的世界，就要失去一位至亲至爱的人了。那个说好等我以后赚了大钱，要带他出去旅游的人，我马上要听不到他的声音。

回到家后，我直奔爷爷床头。爷爷笑着看着我，示意我坐在他床边，他用仅有的力气抓着我的手，说：“孩子啊，爷爷问你，你现在入党了吗？”我说：“我已经是党员了，爷爷。”他说：“那就好，那我就放心了，党员好啊……”

弥留之际，他最记挂的还是我的事，我的鼻子一阵发酸。

第二天，爷爷悄无声息地走了，家里人哭得肝肠寸断，我再也没有爷爷了。

爷爷是得癌症走的。有人说，爷爷是幸福的，因为他走之前，生命中最重要的人都在身边，但爷爷的离开给我留下了一辈子的遗憾。

我遗憾的是，爷爷在病情恶化之前，如果去最好的医院、请最好的医生治疗，希望总会更大些，但高昂的医疗费，是我们这样普通家境的家庭无力负担的。那是我第一次感受到生活的残酷，没有钱＝没有好的医疗保障，甚至不配拥有活着的权利。

理想丰满，现实骨感

爷爷去世后，我回到学校，开始拿出百分之百的精力去学习。我暗下决心，一定要学成归来，好好赚钱，赚大钱，绝对不能让这种遗憾再次重演。

我的成绩名列前茅，拿了许多奖项。我利用课余时间打零工，一笔笔地攒着钱。我去借金融学的书籍学习，因为我觉得跟钱直接打交道的专业，肯定更能赚钱。

毕业后，我找了一份跟自己专业对口的工作。我还去探索其他领域，考各项证书、学习英语、接触理财……每天工作以外的时间，我都在不断地学习。

我一直坚持学习金融，为的就是有朝一日能去从事自己喜欢的金融行业。两年后，我觉得是时候了，我决定去广州追求我的金融梦！但还没来得及尝到赚钱的甜头，**社会这所大学便狠狠地教育了我一番**。

金融行业是有一定门槛的，尤其是我想做的理财这块，属于核心岗，门槛自然更高。对于我这样一个非金融专业毕业，又没有金融相关从业经验的人来说，结果可想而知。于是我选择了曲线救国的方式，去了一家保险公司。保险是金融中的一环，有了这份工作经验，后面再转向理财相关的岗位就会更容易一点。然而，我在做保险的过程中，发现了许多问题。保险固然很重要，但终究不是我热爱的工作，我热爱的是理财、投资。

如果自己不真正热爱一件事，是很难把它做好的！

有一天傍晚，我和一位同事下班后去了一家奶茶店，他跟我年龄相仿，经历也类似，在广州也没有任何资源和人脉，是独自来广州打拼的同道中人。

我们互相坦诚地交流，然后发出了共同的感叹：偌大的广州竟然没有自己的容身之地，我们是不是不属于这里？

如何寻找到适合自己的方向？如何在未来有一个比较好的发展呢？这是我当时面临的难题。于是我一边靠这份工作养活自己，一边不断付费学习，接触新的人和事物，希望能寻找到下一个突破口！

念念不忘，终遇贵人

终于，皇天不负有心人，在一个下雨的晚上，我坐在书桌前，一如既往地搜索着各种行业资讯，无意间，几个大字映入了我的眼帘——“公众号：薇安说”。

看了一篇公众号文章后，我果断下单了《线上赚钱》这本书。看完这本书，我整个人都愣住了——原来这世上还有这么多赚钱的途径，还有这么多种玩法！原来这个世界上有些人正在用你不知道的方法，轻轻松松就赚到了你想象不到的财富！

当时，我了解到薇安老师正在开个人品牌课，为期3个月的课程，需要大几千的学费，我毫不犹豫地报名了。

冥冥之中，我感觉自己抓住了救命稻草。我对女朋友说：“薇安老师会是我的贵人。”

修炼内功，逆风翻盘

跟薇安老师学习个人品牌课程的那段时间，是我人生二十多年以来，最努力的时光。有整整三个月，我白天正常做自己的主业工作，工作之外的时间全部用来学习。

每天早上6点起床，把更新的课程听上一遍，再出门工作。下班回家后，第一时间打开电脑，将当天的课重听一遍，认真做一份密密麻麻的笔记，然后完成当天的作业，再在社群里进行实操。每每做完这些，都已经凌晨一两点了。

我的每篇笔记都会无偿分享到群里，各位老师和同学对我印象最深的一点就是：大黄的笔记做得非常棒，甚至还有人编了一句顺口溜：“**大黄出品，必属精品**。”

深夜学习的时候，困到不行了，我就在沙发上眯一会儿，设置一个 10 分钟的闹钟，闹钟一响，就起来继续学习。

那段时间，我的大脑飞速运转，每天累到一沾枕头就能睡着，但第二天依旧会雷打不动地起床学习。用我女朋友的话来说，就是：“**你这是在拼了命地学习啊**。”

我怎么敢不拼命呢？我把学到的知识都运用到自己理财课程的研发和打造中，薇安老师的个人品牌课程还未结束，我就已经成功变现了 8000 多元，双倍赚回了学费！

在持续学习的过程中，我了解到成为薇安老师的高端合伙人要几万元的报名费。在那之前，我从来没有任何一笔开销达到这么高的金额，一下子要拿出这么多钱，这把我难倒了。于是，我和薇安老师通了个电话，我告诉她自己当前的困惑，她的回答让我很安心，最后我说：“我需要和女朋友商量一下。”薇安老师在电话那头说：“是要和她商量，听女人的准没错。”当时，我的女朋友就在旁边，她听到这句话后，对我说：“这个平台挺尊重女性的，我觉得应该不会差，而且我也相信你的判断力，你去学习吧。”

于是，在当时并不富裕的情况下，我咬咬牙，拿出了这笔对我而言是巨款的钱，升级成为薇安老师的高端合伙人。尽管身边有人很不理解，说你就不怕被“割韭菜”吗？如果用来做其他事情，我可能会担心、会害怕，但做这件事，我非常有信心。因为我看到了它的价值，今天所花的学费，在未来一定会数倍回报于我！

事实证明，我的眼光没有错！在薇安老师的赋能指导下，我一步步获得了 10 天变现 36000 元、3 天变现 60000 元等的好成绩。

在这过程中，我不仅自己受益，也带领数百位学员受益，帮助他们更系统、全面地了解理财，少走了很多弯路，而且还取得了阶段性的成果，通过理财赚数千元、数万元的大有人在。有人还说，自己已经形成了“要理财就找大黄”的条件反射，大家纷纷介绍朋友来跟我学理财。

左手面包，右手梦想

“只工作，不上班。这几年，我一直在追寻内心热爱的东西。所幸，在25岁的年纪，我找到了，并勇敢地去实践，把理想变成了现实。没有什么比做自己热爱的事情更开心的了。”

以上这段文案是我在25岁生日的时候所发的一条朋友圈的内容。这也是我送给自己的一份礼物。在向薇安老师学习的过程中，我取得了越来越漂亮的成绩，但我不满足于此，内心有颗叫“梦想”的种子萌芽了。

刚开始跟薇安老师学习的时候，我还在职场，只能利用工作之余的时间去听课。随着持续、深入的学习，慢慢地，我的商业思维和眼界得以提升，副业的发展渐入佳境，对未来的发展方向越来越明确，整个人也变得越来越自信。

此时，我就想：何不把理财做成我的事业呢！

说干就干，我马上给薇安老师打了一通电话，长达一个小时的梳理和沟通后，薇安老师对我说：“那你放手去做吧！你还这么年轻，更何况，你背后还有我呢！”于是，在一切准备妥当后，我向公司递交了辞职报告。

以前，在我的认知里面，成为一名创业者需要非常多的启动资金，需要大量的资源、人脉等等。认识薇安老师后，我发现，原来用一部手机就能创业。天性向往自由、不喜欢受条条框框约束的我，现在居然真的成了一名创业者！

正式成为自由职业者的那天，刚好是我25岁生日，于是就有了前面提到的那条朋友圈。我知道，创业路上艰难险阻很多，但是我更知道，事在人为，没有什么是跨不过去的坎儿。既然有这么多人成功了，为什么不能再多我一个呢？

商业的本质是利他。我内心无比渴望，也无比相信我能帮到更多的人了解理财、学会理财，用理财解决经济拮据、财务不自由等等问题，让我们的生活变得更美好！

我相信我一定能做好！

成长感悟：帮助我取得成功的 3 个秘诀

作为一个普通人逆袭的代表，我在学习、成长的过程中，悟出了以下 3 个成长秘诀，现在分享给你：

秘诀 1：你才是自己人生的主人

2017 年的时候，我发了一条朋友圈：

“所谓最幸福的工作就是不用朝九晚五，既没有领导，也没有员工，每天只做自己喜欢的事情，并从中获益。”

这条朋友圈引来评论区一片唏嘘，有人说我“天真”，有人问我“梦醒了没”，还有人问我“工地上的砖搬完没”？

我只是笑笑，不置可否。我当时就是敢想，我想要把命运掌握在自己手里，只工作，不上班，难吗？很难，但我大黄就是要努力去争取。终于在 2022 年，我，做到了！

我现在所做的理财教育，就是我的理想工作。

没有梦想的人和咸鱼有什么区别？一切皆可创造，没有人可以替我们做主，我们才是自己人生的主人！

思维一变，市场一片

“我是农村人，没有有钱的爸妈，自己也赚不到大钱。”

"我声音不好听，拍的短视频没人愿意看。"

"我学历不高，大公司都不要我，注定很难出人头地。"

……

有这些想法的人，就是典型的思维被禁锢住了的人，他们给自己贴上了一个个限制性标签。虽然出生就普通，但我从未觉得我会一辈子普通下去。父母把我带到这个世界上，已经是对我最大的恩惠。我知道往后的路，靠自己也能走得很好。

人生正确的解法从来不是"不得不"，而是"我就要"。

我就要靠自己的双手去创造财富，不能成为富二代，那就去做富一代！

我就要和喜欢的人和事物在一起，而不是把时间浪费在不重要的东西上！

我就要按自己的想法过一生，而不是人云亦云，被别人的价值观绑架！

思维一变，市场一片。

很多时候，我们缺的不是行动力，而是脑袋里那一个没有被打通的卡点。

选对圈子，加倍成长

有一句话是这么说的："**一个人的财富和智慧是他接触最多的5个人的平均值**。"这话一点没错。

在认识薇安老师之前，我的圈子里只有家人、同学、同事，我们有着差不多的经历，有着非常重合的圈子，所以我们的想法非常有局限性。后来，我有意识地去打破这种壁垒，想看看外面的人是怎么活的、怎么思考的。

我开始通过付费去接触各行各业优秀的人，我看到了他们千姿百态的人生，还有基于不同生长环境下截然不同的价值观、思想观，这让我看世界的视角变得更立体、丰富了。

在跟薇安老师学习的时候，我进入了一个能量非常高的圈子，你不懂的地方总是有专业领域的人帮你答疑解惑。而且，我还发现：**那些比自己优秀的人，偏偏比自己还努力！** 与这群优秀的人为伍，他们会推着你往前走，你不想进步都难。

秘诀 2：终身学习，终身成长

“这么贵，什么课啊？别是被骗了吧，外面骗子很多的。”我在报课学习的时候，身边总会有这样的声音。我没有理会他们，甚至感到了一丝悲凉。

很多人一毕业就停止了学习，但社会这所大学才是最需要我们坚持学习的。每天的信息不断更新，我们脑袋里的知识也要不断迭代，才能适应这个高速发展的社会啊！如果只是吃老本，而不去输入，那么脑海里的东西总有消失殆尽的一天，根本不足以面对日新月异的生活。

幸运的是，从学校出来后，我依然保留着学习的习惯。甚至，我感觉现在的自己比在学校的时候更爱学习、更爱看书。一来是因为我觉得自身还有很多不足，还有很多需要提升的地方；二来是不努力的话，根本没资格谈天赋。所以，我有什么理由懈怠呢？

很多经典的书籍，都浓缩了作者多年甚至一生的宝贵经验和智慧。看到一本好书，学到一个新知识点，了解一个新的思考角度……享受这些知识上的饕餮盛宴，不就是一种极大的快乐吗？这远比你自己苦苦摸索后不断碰壁，要来得容易多了！

当然，除了读书以外，我们还有很多渠道可以学习：在生活中，可以学到很多实用的小妙招；与人交流，可以学到处世智慧；出去游玩，可以领略不同地方的风土人情；与人交流，可以学到许多处世智慧……

只要有心，生活处处皆学问。

找到同频者，共同成长

学习最低效的方式是一个人埋头苦学，最高效的方式是一群人同频共振。

当你身边都是优秀的人的时候，你自己不可能不变得优秀。我有一个非常重要的同频者，那就是我的女朋友牛老师。我俩在大学相识，到现在已有7年的时间。有人问我们在一起7年的保鲜秘诀是什么，其实在我们眼里，新鲜感就是两个人一起进步，共同成长，彼此见证对方成为更好的人。我们都有遇到不顺的时候，但是我们会征询对方的意见，互相搀扶，彼此支持，携手克服一个又一个难关。

爷爷走了后，是牛老师带我走出了阴霾；在工作不顺的时候，是牛老师无条件的支持给了我信心；在创业遇到卡点的时候，又是牛老师的助攻帮我解决了难题，给了我前进的无限动力。我们两个既是恋人，又是朋友，更是战友！

牛老师看到我跟着薇安老师学习后，确实有在变好，于是她也报了个人品牌课程，跟薇安老师学习，后面就一发不可收了——她凭借着自己的努力，成为当期课程的“宇宙最优秀学员”，还获得了薇安老师的亲笔签名书，以及和薇安老师连麦的机会！

那是她的第一场直播，她经常笑称自己“出道即巅峰”，但更棒的经历还在后面：

她被薇安平台全力帮助女性的价值观和使命感打动，而薇安老师也被她在短视频创作方面的才华吸引，于是，牛老师成功加入了薇安老师的团队，成为大V账号“薇安说”视频号的主理人！

毫不夸张地说，薇安老师的出现，改变了我们两个人的命运。

所以，你发现了吗？当你自己不断学习，变得更好了，你就能带动周围的人变得更好。那时的你，就像拥有了一个强大的磁场，把好的东西都吸引到你的身边来。

坚持长期主义

学习不是一件立竿见影的事情，需要长时间的耕耘。

可能你学到的东西三五年都看不到效果，但它就好比吃进去的饭，会融入你的身体里一样，你学到的所有知识，都会成为你的气质谈吐、眼界见识的一部分。有个定律叫作“10000小时定律”，它指的是你在一件事情上花10000个小时，你就会成为这个领域的专家。

你买了一只好股票，它的整体业绩很好，但是在短期内，它的股价依然会有波动，甚至下跌。**尽管如此，这丝毫不影响公司本身的价值**。

价格是围绕价值波动的。长期来看，只要公司的业绩是持续增长的，公司越来越赚钱，它的股价就一定会涨上去。所以，坚持长期主义很重要。

秘诀3：极致利他，学会感恩

3天变现60000块！这是我过去做梦都不敢想的事，因为这是我过去一年的工资啊！

前段时间，我放下了所有的课程学习和活动，集中时间和精力做一件事情——理财分享会。

这样一场大活动，在我的创业导师——薇安老师，还有七喜教练的帮助和指导下，共有140多个人参加。分享结束后，共有16位小伙伴通过层层筛选加入了大黄"高端理财私教"，我因此取得了3天变现60000块钱的好成绩。

很多人好奇，我为什么能取得这样的成果，究竟是怎么做到的？我有几点收获和心得想分享给你，希望能对你有帮助。

提供超值的服务

提供超值和极致利他的服务非常重要！很多小伙伴听完我的分享后说，"还好来了，真是一次超值的体验"！也有人说，"无论是在干货内容的交付上，还是在服务上，都做得非常棒"。甚至还有人说，"明明是9.9元的课程，我却享受到了像是交了大几千元的待遇"！

他们的评价，既在我的意料之外，也在意料之中。因为对于这次分享，我非常用心地在准备，包括里面"高端理财私教"的权益和福利设置，我自己看完都觉得超值，这也是为什么在分享的过程中，有人还没听完我的介绍，就要抢着报名！

在分享的过程中，我始终带着真诚和感恩的心去分享，并且从对方的角度出发，时刻思考怎么做才能让对方有更大的收获、体验到更好的服务。比如，有的学员平常工作比较忙，那就主动把分享内容的精华打包发送给他，节约他的时间和精力。在分享结束后，及时回访，因为有的小伙伴不一定能及时听课（很有可能因为比较忙，还没有听）。

当你放下功利心，用真诚的心去分享时，听众是可以感受到你的用心的，并且会被你打动。当他们感受到你的真心，又有一定意愿时，就会自动下单。

你有多成功，取决于有多少人希望你成功。你需要做的，就是提供给别人超值的服务。当别人感觉好了，你想要的，自然也会到来！

能量会回流，爱也会回流

当我举办理财分享会的时候，有非常多的小伙伴来为我助力，有人在开营前主动帮我转发朋友圈，进行宣传；有人主动在群里宣传，活跃气氛；还有人会在群里分享自己关于理财的收获与感悟。

我们平常在有空的时候，要多去给别人提供帮助，因为能量会回流，爱也会回流，说不定后面在你遇到困难或者需要帮助的时候，他们就会主动、自发地来帮助你，给你能量。我们也要及时去感恩那些帮助过自己的人，“投我以桃，报之以李”，正是因为他们的存在和帮助，我们才能取得成果。

投资自己才是稳赚不赔的投资！

我记得第一次在广州的线下课见到薇安老师的时候，虽然心里准备了无数的话想对老师说,但当我站在老师面前的时候,脑子里竟然一片空白,哽咽着一句话都说不出来。薇安老师看着我,给了我一个大大的拥抱。“男儿有泪不轻弹”,但我的泪水还是不争气地在眼眶里打转。想到在遇到薇安老师后的人生转变,我心里五味杂陈,千言万语都汇成了一句话:“薇安老师,谢谢您!”

巴菲特说:“遇到芒格,让自己从猿进化成了人。”而我要说,遇到薇安老师,让我重获新生!

有人问巴菲特,你认为最好的投资是什么?巴菲特回答:“投资自己。”

这是巴菲特对投资者的建议,也是我一直以来认真践行的一句话。如果不投资自己,我不会找到自己热爱的东西;如果不投资自己,我不会遇到薇安老师、遇到这么多优秀的人;如果不投资自己,我不会走上自己喜欢的创业之路,并帮助那么多朋友体验到理财的美好……

现在,如果你问我:“大黄,当下最好的投资是什么?”我还是会告诉你:投资自己吧!投资自己的大脑,投资自己的个人成长。因为这笔投资,稳赚不赔!

佩琪

世界500强企业在职高管
全球特许管理会计师
女性价值成长导师

扫码加好友

佩琪 BESTdisc 行为特征分析报告

CS 型

新女性创造社

报告日期：2022年06月26日

测评用时：12分31秒（建议用时：8分钟）

BESTdisc曲线

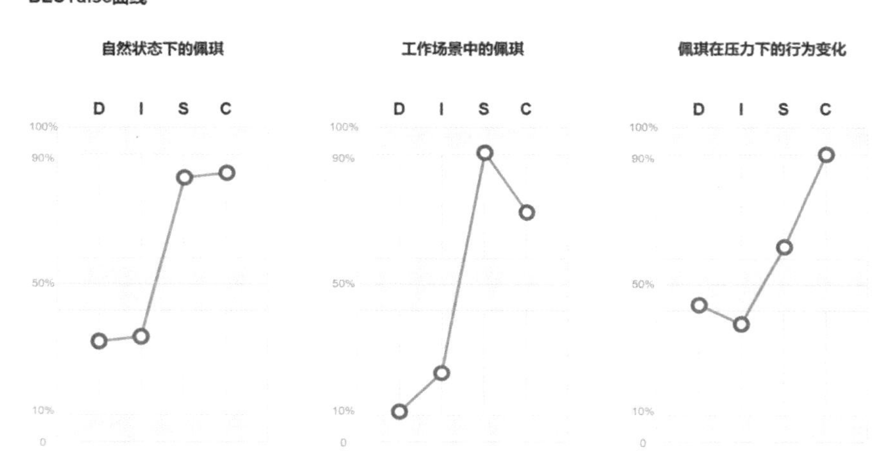

D-Dominance(掌控支配型) I-Influence(社交影响型) S-Steadiness(稳健支持型) C-Compliance(谨慎分析型)

佩琪是一个平和包容、谦恭严谨、温和而有力量的大姐姐。她喜欢思考，逻辑清晰，处事从容，韧性十足。她富有团队合作精神，有高度的责任心和忠诚度，加上善于聆听、擅长协作，因而大家会很自然地信赖她。佩琪低调内敛，乐于在专业领域内发挥价值，对目标的分析拆解和对全局的精准把控是她与生俱来的能力。

500强高管的我，决定探索人生中的“第二座山”

作为500强高管的我决定探索人生的“第二座山”，我的人生故事刚刚开始……

在上海环球金融中心的第101层，在夜幕降临的时候，可以看到一天中最美的画面：金茂大厦的尖顶近在咫尺，似乎触手可及，陆家嘴环路上熙熙攘攘，川流不息；把视线拉向远方，这座超大城市的景象尽收眼底，一直延续到天际。

华灯初上，可以很清晰地看到外滩欢快跳跃的灯光和黄浦江上缓慢行驶的船只……伴着窗外夜上海的景致，这里正在举办的是中国财税业界一年一度的高峰论坛。环顾这个会场，我大抵是他们当中最年轻的一位。

我的故事，要从头说起……

从小山城到大上海，被高考改变命运

“瞄准月亮，即使迷失了，也会落在云朵之上、星辰之间。”

我是佩琪，出生在闽北的一座小山城，家里可谓“开门见山”。因为打开家门，就可以看到连绵的山峦，它有九个峰，所以叫“九峰山”。山城很小，只有两条像样的马路，于是人们把其中一条叫“前街”，另一条叫“后街”，我就是在这里长大的。

小时候的我，常常听到谁谁谁很厉害，考上了什么大学，去了什么城市读书。印象中，这些人很少再回小山城了。对于我来说，似乎也只有读书这条出路。我梦想着有一天也能够走出这座小山城，去心目中的大都市，比如，北京、上海。

感谢高考，给了像我这样在普通家庭出生的孩子一个重要的“洗牌”机会。虽然很多人都说，高考只是人生的一步，不能决定你的人生。但如今回过头看，它确实是我人生路上一座神奇的里程碑，让我有一个相对低成本的机会，能够进入一个新的城市去学习、生活；很可能你的大学专业将带你入门某个行业赛道，接下来很长的一段人生，你可能都会和这座城市、这个赛道产生关联。

我前几天看到一篇文章《35 岁前年薪百万，这几步不能走错》，里面写道：“对于绝大部分在职场上一步一步‘升级打怪’的打工人来说，在 35 岁前想要突破年薪百万，需要付出巨大的努力。这群人通常把握住了几个关键节点，比如，刚开始的几份工作是在头部城市、头部行业、头部公司。”我很幸运地踩中了这几个关键节点：考到了上海、专业是金融、第一份工作是在全球四大会计师事务所之一。从此，我的人生才拥有了逆风翻盘的可能。

如果用一句话来总结这一段人生经历，我想说：“瞄准月亮，即使迷失了，也会落在云朵之上、星辰之间。”

当你在做选择的时候，不妨做一个大一点的梦，去拼一个你跳一跳才有可能达到的高度，即便最终你没能实现最初的梦想，也不可能落得太差，因为你已经锚定了一个目标高度。

用 10 年努力，实现职业规划

“如果你知道自己要去哪里，全世界都会为你让路。”

在会计师事务所工作的第二、三年，我开始在职场“小白”的跌跌撞撞中形成了自己初步的职业规划。我开始意识到财税的价值和意义，也在有意无意地观察着我周围的职场人，特别是行业前辈的工作状态、职业发展路径等等。

我的规划是争取承受住事务所的高压工作，尽可能多磨炼几年，而后进入甲方公司，转型成为企业中的财税负责人，最终我希望自己能够胜任一家相对大型的集团公司的财税管理工作。后来，这个职业规划的画像逐渐清晰——成为一家全球 500 强企业大中国区的财税总监。

在事务所的前几年，公司内部不同部门之间有一些轮岗的机会，我的同事们并不是很乐意，因为这意味着要放弃原来熟悉的项目，从头开始，在一个新部门学习、磨合，但是我很积极，因为我很清楚自己最终的规划是离开事务所，出去闯荡。

事实证明，我的选择是对的。

职业发展初期的那些轮岗经历，虽然从短期看，可能让我在考核中稍许落后（因为我的项目因轮岗而不断归零），但从长远来看，那段相对丰富的轮岗经历，练就了我极强的适应能力和归零心态，也在日后的职业发展中给我增添了更多的自信和底气。

美国著名管理学大师史蒂芬・柯维在《高效能人士的七个习惯》中提出了“以终为始”的理念，这是我非常推崇的思维原则。当你清楚了自己的目标后，倒推到你目前所处的位置，就会比较清楚自己缺什么，而你前进路径中的每一步，也会自然地在你的脚下呈现出来。

当年，我给自己确立的职业目标是“一家全球 500 强企业大中国区的财税总监”，倒推到我初入职场的位置，我知道自己要历练的太多了：过硬的专业知识、业务能力、人际沟通、项目管理、团队领导、外语表达、商业意识等等。这些，唯有通过在工作上的不断修炼、凭借阅历和时间的沉淀，才能一点一滴地进步。

在离开事务所之后，我有过两次比较成功的跳槽，每一次都让我离自己的职业目标更近了一步。在我工作10年的时候，我真真切切地实现了自己的职业规划。这看似又是幸运地踩中了几个关键节点，但实则是一个水到渠成的过程。

所有的机缘巧合，都是厚积薄发。当你清晰地知道自己的目标，并持续精进，待到实力配得上梦想的时候，幸运女神自然会降临。当你心中一直有一个坚定不移的目标在指引你的时候，你会发现世界对你和颜悦色，一路绿灯。

你只管脚踏实地地前行，剩下的，不过是在时间长河中静待花开而已。

探索“第二座山”，寻找人生意义

“被困在‘第一座山’上的人的问题之一：他们甚至看不到‘第二座山’上有什么。”

在职场上达到自己既定目标的时候，我曾想过是不是要在横向或者纵向拓展我的职责范围，设立下一个职业目标，但我一直觉得工作并不是生活的全部，我们努力工作只是为了拥有更好的生活。

于是，我开始把注意力转向工作以外的领域。

在这期间，我开始每天看书学习，增加阅读量，并在网上付费学习个人成长类的课程。在不断充实思维的过程中，我开始构建自己的“平衡思维体系”。这其中，有一个“生命轮”的理论，深深地刻在了我的脑海里。

大家可能都很熟悉关于人生中五个球的比喻，这五个球分别是工作、家庭、健康、朋友和精神生活。我们都像是玩球的小丑，不能让任何一个球落在地板上。

这五个球组成了一个圆形“生命轮”，而组成“生命轮”的每个球都需要保持均衡，不能有大有小。只有这样，这个轮子才能滚动起来，并且像滚雪球一样，越滚越大。

我的“生命轮”是这样组成的：

1. 健康的身体、充沛的精力；

2. 和睦的家庭、舒适的人际关系；

3. 有价值的工作、不断发展的职业路径；

4. 丰厚的收入，具备理财的能力来实现财富自由；

5. 人生的使命——成就他人，实现价值。

目前，我的状态是在不断精进和完善第 1、2、3、4 点的同时，寻找和实现第 5 点人生的使命，从而让自己“生命轮”中的这个部分能够延展出来，把我的“生命轮”更好地滚动起来。

我注意到了“互联网”“新媒体”“知识付费”“个人成长”等一系列的关键词。有一些知识大咖，通过不同形式的内容输出，借助互联网的放大效应，在影响和帮助很多人的同时，也成功地实现了自己的社会价值。

对于在传统行业工作了十几年的职场人来说，展现在我眼前的是一条很不一样的赛道。我决定躬身入局，大胆尝试一下！

2021 年 10 月，我加入了薇安新女性平台，跟着薇安老师系统学习“个人品牌”的打造，成功开拓自己的“第二曲线”。身边的朋友说，我的成长是按照天来计算的。在这 200 多天里，我尝试了非常多的新鲜事儿，涉猎了不少我过去 35 年都没有涉足过的领域。

比如，我开启了 1 对 1 的职场咨询；初创了公众号“职场高管佩琪”，坚持输出干货文章；初创了视频号，尝试直播、活动连麦；录制短视频；设计音频课内容大纲；完成社群运营、线下“新女性”沙龙筹划；开启成为一名个人品牌教练的旅程；开始推广教育平台上的课程；合作出书……

“佩琪”这个微信号，起初并不是我工作和生活中常用的微信号，但它逐渐成为我在攀登这“第二座山”时的一个重要工具。每当我切换微信号的时候，其实也是在切换另一种生活。

在《第二座山》里，有这样一句名言——“被困在‘第一座山’上的人的问题之一：他们甚至看不到‘第二座山’上有什么。”我深以为然。

“第二座山”对我而言，是一种生活态度，是一段崭新的人生旅程，需要用“归零”的心态，自由、快乐地去探索、去攀登。

为什么想要探索“第二座山”？

“攀登‘第二座山’，并不意味着排斥‘第一座山’，它是攀登‘第一座山’之后的旅程。”

西方管理学大师、被誉为“管理哲学之父”的查尔斯、汉迪在《第二曲线：跨越“S型曲线”的二次增长》一书中，有过这样的论断：“任何一条增长的S曲线，都会划过抛物线的顶点（极限点），持续增长的秘密是在第一条曲线消失之前，开始一条新的S曲线。此时，时间、资源和动力都足以使新曲线度过它起初的探索、挣扎的过程。回顾我的经历，我自己是在无意识的情况下，在对的时间做了对的事情。每次我都是在自己的工作到达巅峰之前离开，然后开始新的曲线……从财务状况上看，刚开始是下降的，因为我要投资新的学习；一段时间以后，新曲线开始起飞，去向巅峰。而且我认为对我自己而言，一条更宏大的曲线还未到来……许多人在他们的人生中也有类似的经历，从一份工作换到另一份工作，不知不觉地沿着S型曲线的轨迹攀登，但第二曲线的思维远远超越了个人职业生涯的范畴。”

这段话，诠释了我为什么想要探索“第二座山”。

“第一座山”上的我，已经能够大概看到未来的走向了，正如俞敏洪所说：“当一件事情能看得到头的时候，我就不愿意去做了。”在我的“第一座山”尚有动能的时候，我有时间、精力和资源来承受对“第二座山”的探索。

绝大多数职场人都在追求升职加薪，但对于我来说，现阶段我更追求的是韬光养晦。因为只有在“第一座山”大智若愚、低调藏拙，才能为我赢得更多的时间和空间去探索“第二座山”。

年岁渐长，我越明白人生是一个不断平衡的过程，只有拿捏好进退取舍和轻重缓急，才能游刃有余。

对我来说，“第二座山”是一场“进可攻，退可守”的探索之旅。这个探索，目前还处在一个“不足为外人道”的非常初期的阶段，但是这更代表了一种思维、一种生活态度：你是不是有攀登“另一座山”的勇气，即使它可能需要你暂时性地先从“第一座山”下来，下到山谷。

可能你会问，你如何知道你的“第一座山”何时到达顶点呢？你又如何知道你的“第二座山”何时能够起来，能够达到甚至超过“第一座山”呢？

我相信，几乎没有人能够准确预测。

所以，对这“第二座山”的探索，绝不是一个应对危机的措施，而是需要在日常的生活中，把它安排进你的日常项目里，比如，我会在每日、每周、每月需要完成的事项当中，专门增添一部分和它相关的事项，包括学习、培训、浸泡社群、尝试各种新技能、交流复盘等等。你的关注点、注意力在哪里，你的时间、精力就会投入到哪里，哪里也就一定会发生变化。

在探索这“第二座山”的初期，投入多，收益少。如果没有“第一座山”做靠山，可能你很难心平气和、从容淡定地去探索这相对陌生、不确定性高的“第二座山”。

但是无论如何，当你走出这一步的时候，你会发现生活这本书被翻开了新的一页。

现在，对于你来说，就是一个最好的时机！

遇见她，我的灵魂觉醒了

“人与人之间的根本差异是认知能力上的差异，因为认知影响选择，而选择改变命运。”

薇安老师的存在本身，从某种程度上已经颠覆了我的认知。

在知道她的故事之前，我并不知道一个职场人还可以有这种极致的人生活法：一家世界500强企业的高级销售总监，在职场高处谢幕，华丽转身，进入移动互联网的新商业赛道。她是畅销书作家、两娃宝妈、3家公司的创始人、女性教育导师，全网粉丝学员多达100万名……

有人曾说过：“很多人输就输在，对于新兴事物，第一看不见，第二看不起，第三看不懂，第四来不及。”当薇安老师这样一个活生生的例子摆在我面前的时候，我开始观察和思考，开始紧跟步伐学习，并小步尝试。

她让我看到了互联网时代的无限可能，她的故事告诉我，一个人就可以是一家公司；她的经历让我明白，一部手机就能在自家的客厅里开启“轻创业”之旅。我明白了价值输出的重要性，也看到了自媒体加持下教育导师的影响力。

薇安老师曾经在“个人品牌”线下课堂里说过这样一段让我非常难忘的话：“人往往是被自己的认知局限住、困住的。你看‘囚’字，一个人被关在一个框里，这个框就是他的认知。如果他不能提升他的认知，他就永远被‘囚禁’在自己这个有限的认知中。打开了，才能活出一个绽放的人生。”

坦白说，在认识薇安老师之前，我的人生似乎基本定型了。我在自己的职业道路上进入了相对成熟、稳定的阶段，从某种意义上说，这就是一个舒适圈，一个瓶颈。如刘润所说：“很多人都陷入一种敷衍式自律的状态，重复那些早已不能刺激自己成长的行为，生活停滞不前，还安慰自己‘我是个自律的人’。”其实，只有不断让自己的认知跃迁，不断“升级重组”，不断革自己的命，才有可能拥有更广阔的人生。

今天的我之所以能完成自己的职场目标，源于10年前的职业规划。那时，我身边的人基本都是职场人士，所以我充其量能展望的也就是几种不同的职场人士的规划：无非是在甲方还是乙方，是跨国公司还是国企、民企。

以我当时的认知，完全没有想过还有自由职业这条路，更不知道，还有线上轻创业、知识付费这条路，所以当时的认知就决定了我现在的模样：我就是一个职场人。

但当我今天再去展望未来10年的时候，就很不一样了！我现在见过薇安老师的活法，我见过这个圈子里许许多多活生生的成功案例，我了解了线上的无限可能等等，这些都会让我对未来的规划有更丰富的想象力和创造力。所以我有自信，也有资本相信，10年以后的我，会活出一个很精彩的模样，因为我的思维认知已经完全不在之前的层次了。

只有当你见过足够多的人生样本时，才能够更清楚地知道你想成为什么样的人，你的人生才会拥有更多的可能性。

自然，你也能遇到更多的美好。

种下一颗种子，用生命去影响生命

“教育的本质意味着：一棵树摇动另一棵树，一朵云推动另一朵云，一个灵魂唤醒另一个灵魂。”

《金刚经》告诉我们，成功来源于我们在意识里种下的种子。我们通过帮助他人获得成功而种下这颗种子。

如果我们想开创事业，我们就应该先通过帮助他人创业来种下种子；如果我们想获得一位美好的伴侣，那么我们就应该先帮助孤单的人（如老人院的老人），在自己的意识里种下获得伴侣的种子；如果我们想有一个孩子，并且看到我们的孩子成为一个富有爱心的栋梁之材，那么我们就可以先在儿童医院或者学校里做义工，种下相应的种子。如此，我们就能够获得我们想要的一切。

我想要什么呢？如果用一句话来归纳，就是我想要更宽广的见识、更高维的认知、更丰盈的人生和更干净的灵魂。

那么，我应该为这个梦想种下相应的种子：在我往后的岁月里，我要帮助更多的人。当他们有提升自己的意愿、升维自己的需求，当他们想要探索他们的“第二座山”，寻求更重大的人生意义的时候，我应该可以帮助到他们！

今天的薇安新女性平台，在我的眼里好像一片希望的田野，无数怀揣着相似的人生观、价值观的志同道合的小伙伴一起在这片田野里播撒着种子。这里有春耕的繁忙、夏耘的坚持、秋收的喜悦和冬藏的守候。虽然并不是每一颗种子都能够生根发芽，都能最终成长为参天大树，但是当这些希望的种子播撒出去后，总有一些成长起来了，也总有一些孕育出了新的种子，继续播撒着。如此循环往复，一个健康向上的“生态圈”就形成了。

著名哲学家雅斯贝尔斯在他的《什么是教育》中写道：“教育的本质意味着：一棵树摇动另一棵树，一朵云推动另一朵云，一个灵魂唤醒另一个灵魂。”

当我自己有幸成为那棵被摇动的树、那朵被推动的云和那个被唤醒的灵魂时，我觉得无上光荣。以后，我愿意用生命去影响更多的生命。

记录足迹，解锁不一样的生命密码

这本书面市之时，可能是在我加入薇安新女性平台一周年之际。

在这一年里，我以天为单位，迭代自己的认知，探索我过去35年里从未涉足过的领域。我也在努力追赶薇安新女性们的步伐，把自己的“人生使命”这个话题提前了整整10年。

我很荣幸有机会和我的人生导师薇安老师，以及新女性平台优秀的家人们一起写这本书。短短数千字，不足以呈现我这200多天以来的变化，却可以真实地记录下我在探索这人生“第二座山”的阶段所迈出的每一个重要的足迹。

人生是一场“向死而生”的旅程。纵使周遭多么喧嚣浮躁，抑或生活多么琐碎繁杂，相信总会在某个时候、某些场合，你能够静下心来思考一下前路。你可能已经站在了某一个高处，按部就班是你的日常生活，但是，你是否会在不经意间，注意到在不远的地方有另一座山，它不那么熟悉，然而当你尝试着走近它的时候，你会惊喜地发现沿路充满新奇的风光和别样的景致。

那里，藏着你灵魂中渴求的另一种生命状态。

那里，会是你生命密码的另一次惊艳开启。

如果你和我一样，在职场打拼多年，仍然渴求找到“第二座山”；如果你和我一样，想要探索更精彩的人生……那么，来到我们的身边吧，这里会有一群优秀的女性陪伴你，我们相互扶持、互相鼓励、互相托举，一起过有意义的一生。

第三章

做时间的朋友

晓文

健康管理中心特聘专家

儿童科学身高管理专家

健康天使商学院创始人

新女性创造社私董

全球健康IP孵化导师

扫码加好友

晓文 BESTdisc 行为特征分析报告

CD 型

新女性创造社

报告日期：2022年06月26日

测评用时：12分36秒 (建议用时：8分钟)

BESTdisc曲线

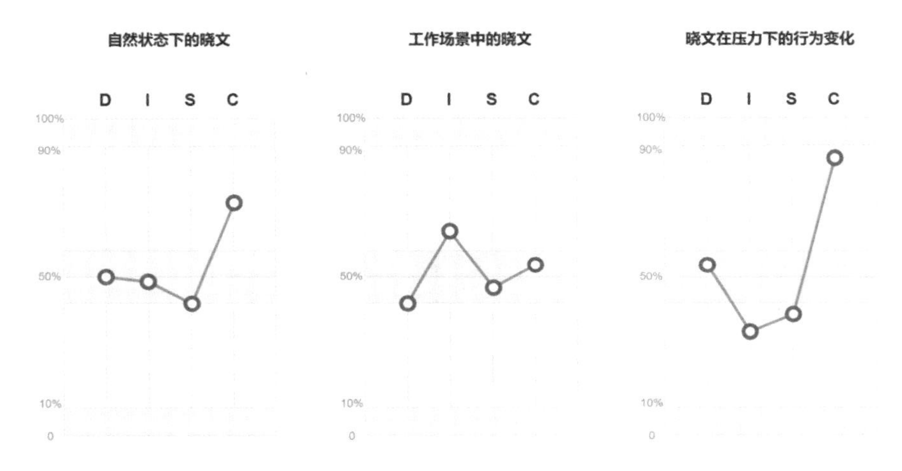

D-Dominance(掌控支配型) I-Influence(社交影响型) S-Steadiness(稳健支持型) C-Compliance(谨慎分析型)

晓文为人正直、积极乐观，做事很有激情，充满自信，有大格局。她做事前，会仔细考虑，不会草率做决定，会根据细节和事实做出决策。她除了做事深思熟虑外，还很重视团队的发展，所以她很重视和成员之间相互支持、鼓励，她的归纳总结能力也很强大。她做事认真负责，用专业、严谨的态度去工作，并全力以赴，做到完美。

从医20载后，我为“一家一师”之梦奔赴凌云

从三甲医院的专业医生到10000多名学员的健康导师，我经历了什么？

别人都羡慕我的工作，可我迷茫了

初春，“柔蓝烟绿，疏雨桃花”。

午后的阳光，照进客厅的一角，我听着轻音乐，喝着先生泡的茉莉花茶。

“叮……”

我的手机上传来学员报喜的微信消息声，她被公立医院邀请去做母婴培训。我在这巨大的喜悦中不由自主地回想起往事……

我叫晓文，一个出生在三线城市的姑娘。我是早产儿，从小体质弱，经常生病。在我的记忆里，我从小就是医院的常客，经常要看病打针。后来，独立好学的我一直表现优异，以全县前十名的好成绩考进医学院。

1997年，我以优异的成绩毕业，进入一家省级三甲医院工作，开始过着忙碌而充实的日子。本以为，我会用自己扎实的医学功底帮助自己和家人，可是命运却和我开了一个巨大的玩笑。

2001 年,35 岁的姐姐被诊断出乳腺癌,而且是晚期,手术后,又经历了化疗和术后康复的痛苦。2005 年,因为化疗,她身体的免疫力下降,又缺乏术后康复的专业知识,39 岁的姐姐留下 2 个幼小的孩子,永远离开了我们……

那时,我陷入无尽的痛苦中,内心有一个声音在不停地质问自己:你当初为什么要学医?——是希望自己能更好地保护家人,让家人远离疾病,拥有更健康的生命!我无数次问自己,还有更好的方法可以帮助家人和其他人远离疾病,拥有幸福的人生吗?

2008 年,我心中有了更大的梦想——帮助更多人远离疾病!再三思考后,我毅然放弃了医院的工作,转向家庭健康教育,在中国的各大城市做健康公益讲座。为了更好地推广和科普中医手诊特长技术,我在线下举办了 1000 场以上的公益健康讲座和孵化培训,希望每一个家庭都能拥有一个懂健康的人,从而让三代人受益。

10 年线下健康教育,让我看到自己多年以来存在的问题——不好意思收费、不敢拒绝别人的请求,总觉得自己是医生,所以帮别人是应该的。为了帮学员解决问题,我每天忙得脚不沾地,经常熬夜加班,不断牺牲自己少得可怜的休息时间,也没时间照顾孩子。

幸遇名师,踏上线上影响力倍增之旅

如果继续这样下去,我离当初的梦想就会越来越远,我还有没有更好的方式呢?

一位学员提议我把家庭教育放到线上,更好地帮助更多的家庭。我开始关注互联网,并外出学习,寻找能帮助我打造个人品牌的老师。

2020 年 12 月底,我去深圳和广州学习,到广州时,正好遇上薇安老师开线下课,我决定留下,参加 2 天线下课程。课程内容我早已不记得了,我当时就想更深入地和薇安老师交流，所以我直接问她最高端的课程是什么。

当时，薇安老师和我简单地交流后，了解完我的情况，她语重心长地说："你的专业价值千万，你需要好好打造个人品牌，放大自己的价值……"她还说："你是专业人士，积累了20年的医学经验和成功孵化健康顾问的经验，你要让更多有需要的人看见。你的梦想是让每一个家庭都有一个懂健康的人，所以互联网可以帮助你拥有更大的影响力。你不能一直很低调，不发朋友圈，有需要的人怎么找到你？你的专业和时间都是有价值的，付费是客户对你解决问题的专业度的认可，也是对你的时间的尊重，你需要有线上的商业矩阵。"

薇安老师，就是帮我打造线上个人品牌的导师。

从广州回来后，我开始重新制订计划和目标，不再做免费和低价课程，我要改变自己过往不敢定价的思维。

我开始做线上原创训练营产品。鉴于自己有十多年的儿童身高管理和临床保健经验，学员好评度一直很高，所以我的第一个训练营就是"儿童科学身高管理"。让我惊喜的是，第一次公开课就有90人报名！

我想都不敢想——居然有那么多人愿意为我的专业付费。所以，你如果和我一样，有自己的专业知识和技能，你需要有线上IP导师帮助你把价值放大百倍。

我真的非常感恩，遇到了薇安老师，跟对人，拜对师，可以让你的人生少走很多弯路。

打通营销卡点，线上事业全面开花

因为和薇安老师很同频，所以我直接报了薇安老师平台最高级别的课程——私董，薇安老师开始全面教我如何打造个人品牌。

她说："你专业这么厉害，你的训练营可以帮助太多宝妈了，让孩子少生病，这是有福报的事业。我的很多粉丝有需要呀，你在我的群里做个分享吧。"

我虽然经常讲课，但心里还是很紧张——我的训练营课程会有人报名吗？在薇安老师的鼓励下，我鼓起勇气在群内做了一次公开课分享。第一次对外线上招生，就有了90人报名999元身高管理训练营的成绩，并且，这套课程受到学员们100%的好评，比克服收费障碍更让我欣喜的是，我终于看到自己的专业也急剧商业价值！

12月，我跟着薇安老师学习，从训练营和付费一对一咨询开始突破，线上收入达到了6位数。我终于打通了自己多年来的收费卡点，随着个人品牌的影响力越来越大，个人价值被放大百倍。

2021年3月，我和好朋友、个人品牌教练碧云老师共创"健康IP合伙人"，一场发售变现6位数。我很激动地和薇安老师说，这一年，我终于突破了一直以来不敢收费的卡点。

我用了一年多的时间，跟着薇安老师打造个人品牌，开启了专业人士提供线上健康咨询的IP轻创业旅程，获得了以前不敢想象的收入，我更加坚信自己这么多年的专业积累和线下教育的成功经验，是非常有价值的。

我也很庆幸自己跟对了个人品牌老师。一开始，我报名私董的时候，都不知道要交多少钱，也不清楚会上哪些课程，我只知道自己只有跟对人，结果才会对。我想长期跟着有结果的薇安老师学习打造个人品牌。读对书，跟对人，拜对师，少走弯路，成就智慧人生。

遇见她，让我的专业影响力和个人价值倍增，让我开启新的赛道，不断学习和成长突破，不断精进，探索和创造不同版本的人生。

我虽然在线下讲了很多年课，也培养了很多优秀学员，但在线上个人品牌和商业布局矩阵上是外行。现在，我可以成为通过健康专业和个人品牌轻创业而突破年入7位数的老师，离不开薇安老师的指导和赋能。

薇安老师让我进入了线上健康IP轻创业赛道，更好地实现自己的人生价值和使命。能够更好地传播健康教育，帮助更多的家庭，实现每一个家庭都有一个懂健康的人的梦想，让人们因我的存在，生命变得更加健康和美好，这是我一直热爱做健康教育的初衷。

如果你也有自己的专业技能，却不知如何更好地转化价值或开启线上轻创业，那么你一定要勇于去尝试和学习。遇到适合你的老师时，你一定要靠近他，不断学习和突破认知，让更多人认可你的专业价值。

掌握这些诀窍，你也能从 0 到 1，打造个人品牌

我知道，大家可能会好奇，普通人如何从 0 到 1，打造个人品牌，提升影响力？

你可以先问自己以下 3 个问题：

我的特长是什么，即我最擅长的是什么？

我的兴趣点在哪里？

我的专业是什么？

在线上打造个人品牌，最好先从主业已经积累多年的专业经验开始。以我为例，我是儿童健管中心特聘专家，在儿童身高管理方面有十几年的临床经验，所以我精通儿童健康和身高管理专业知识。我在线下从事了 12 年的家庭健康教育，有很多学员跟我学习健康专业，积累了很强的健康 IP 孵化学员的能力。

我刚起步时，就利用医学专业知识和成功经验，顺利开启了线上打造个人品牌之旅。

专业是普通人打造个人品牌的核心，专业是你可以为客户解决问题的价值所在。

德国哲学家伊曼努尔·康德说:“自律使我们与众不同,自律令我们活得更高级,也正是自律,使我们获得更自由的人生。”我非常认同这个观点,一个人唯有自律,懂得时刻约束自己,才能得到更多的自由。人的焦虑和痛苦,本质上是对自己的无能的愤怒,而学习、行动和自律,恰恰是消除人生焦虑和痛苦的途径。

很多人想打造个人品牌,但总是出于各种原因而迟迟没有行动,不断地拖延,错过一次次的自我成长机会。行动会让一个人走在成长的路上,而不只是思考和准备。以我为例,我在线下健康教育和讲师孵化上有很多成功经验,但是在线上,我也是新手,所以我咨询个人品牌导师,明确我的定位,从最擅长的儿童身高管理专业开始,执行了以下四个步骤:

第一步,朋友圈推广。

我是做健康教育的,需要用心地经营朋友圈。我持续在朋友圈输出专业价值给一直关注我的客户们,让他们看到,我是一位有温度的专家,从而更愿意靠近、追随我。

第二步,专业、严谨地服务好客户。

我是儿童身高管理专家,在线上帮助孩子不打针、不吃药,多长高10cm。每一个孩子的体质和影响身高的因素不同,很多孩子身高不理想,低于同龄人的中位数值,需要1对1专业的身高管理。我详细地了解每一个孩子的情况,进行综合评估,并且给孩子们个性化地制订方案。

通过我的努力,让家长对身高管理的认知大幅提升,更好地按身高管理方案打卡执行,跟进孩子的身高管理,每月监测身高增长数据,帮助孩子调理好体质和管理好影响身高的因素,让孩子实现不打针、不吃药,科学地多长高10cm。

第三步,转介绍裂变。

服务好客户,帮助孩子科学地多长高,我收到了很多客户的好评。现在,我30%的新学员都是老学员介绍给我的,有20%的学员升级为健康IP合伙人,继续跟随我学习,成为家人的健康管理师,并投入到健康IP轻创业中来。

第四步，建立健康 IP 教育共创圈。

健康管理离不开健康教育，健康教育可以帮助更多家庭从被动健康转向主动健康，为每一个家庭都有一个懂健康的人——"一家一师"这个目标一起努力，共同建立健康 IP 教育圈。

如果你能掌握以上这些诀窍，你就能很好地从 0 到 1，打造个人品牌。

极致利他、长期主义

很多人问我是如何把"小白"孵化成专业的月收入达 6 位数的健康轻创业 IP，成功进入大健康赛道的？接下来，我和大家分享三点，相信对你们一定有所帮助。

靠近有结果的导师，深耕专业

专业在前，产品在后。在大健康时代，市面上有琳琅满目的养生方法和产品，如何让自己具有核心竞争力？你需要不断深耕专业领域和积累健康管理的有效案例。

我的一个学员小玲，原来在工厂上班，负责成本核算。每月工资 3000 元，10 年来收入没有太大变化。她想改变自己，但怕没有学历，于是开始报考各种证书考试来提升自己，可收效甚微。

她尝试转型做催乳师，上门服务客户。每一天都很忙碌，收入不稳定，心里很焦虑。经朋友介绍认识我后，她开始持续地跟着我学习。她的情况是"小白"虽然考了证，但专业知识有很大不足，遇到各种具体的案例和问题，用她考证所学习到的知识无法解决，她只好继续考证来提高自己。手上证有好几个，一直在向各种老师学习，她却不知道问题出在哪里，针对客户的很多问题，解决方案的效果不佳，业务进入瓶颈期。

她的根本问题其实是没有系统的健康管理专业知识，解决方案太单一，不能根据客户的不同健康问题去做个性化的方案。

我用临床带教学的方式，把专业知识理论和临床案例分析融为一体，让她领悟到在书本上学不到的经验和制订专业解决方案的灵活思路，让她可以更好地学习和掌握系统的专业知识和丰富的真实案例。

在我的全面指导下，不到一年，她成为当地很有名的母婴健康管理师，客户不断给她转介绍，她的收入从月入 3000 元增加到月入 6 位数。她说如果没有遇上我，今天的她还是一个到处学习、不断考证，却仍未获得成果的人。因为遇见我，今天她的健康事业全面开花，拥有线下和线上的产品矩阵，也有了个人品牌，即便因为疫情在家，收入还增加了 2 倍。同时，她的个人专业能力和讲课的能力也在不断提升，成为当地公立医院邀请授课培训的母婴老师，课时费收入不菲。

她说，自己做梦都没有想到会因为认识我而完全改变自己的人生轨迹，她以后会持续跟着我学习。

她的两个孩子也收获了健康。读高二的女儿原来身高遗传判定为 153cm，实际身高停滞在 155.5cm，已经两年没有再长过。参加身高管理训练营后，她马上用学到的身高管理专业知识，赶在骨骺线完全闭合前，抓紧干预，一年时间内孩子长高了 4.5cm，最终身高 160cm，家庭关系变得更和谐。

在任何领域学习，有所突破的最快方式就是直接跟随在这个领域内有成果的导师学习，这样可以大幅减少自己摸索的时间成本和避免走闭门造车的弯路。

升级认知、不断迭代

我们经常听到一句话，那就是“你赚不到认知以外的钱”，这句话同样适合专业人士。我在三甲医院工作的时候,也是不断付费学习,提升认知,至今我投入的学费早已超过 7 位数。我不断学习临床营养学,远赴澳大利亚、美国等国家进修学习,同时,我还学习了中医手针技术。只有不断学习,升级自己的认知和突破自我限制,不断成长,才能让眼界和格局越来越大,有能力去追求更大的人生价值。

我们在自己熟悉的领域中很容易陷入舒适圈和习惯性的思维模式。从熟悉的线下到陌生的线上,每个人对自己不熟悉的领域都会有恐惧、担心、害怕和焦虑等不安的情绪。

我的健康 IP 合伙人谦洵是一名硕士研究生毕业的中医师,为了有更多时间照顾 3 个孩子,她开展线上问诊和招收弟子。2022 年 3 月,她刚生完第三个孩子,在月子里的一个傍晚,她联系我说:“晓文医生,我可以报名健康 IP 合伙人吗?”

我问她为什么想要参加我的健康 IP 合伙人。她说想要学习如何打造个人品牌,学习在线上进行商业矩阵布局,同时,她还面临一个严峻的问题——带弟子很难出成果。

我问她原因。她说收的弟子是想向她学习中医,但她们大部分都是非专业人士,很难学会开处方。我告诉她:在这个时代,医生在线上教学的目的是为传播健康知识,是为了让更多人学习如何预防和将健康管理落实到具体解决方案中,但不能代替医生给自己和家人开处方,这是不合法和不安全的。

我明确提醒道:“作为医生,必须敬畏医学和敬畏生命。我们通过互联网可以提高传播力和实现专业人士的线上轻创业,但必须确保自己提供的是安全可行的解决方案。”

所谓“上医治未病”,可以在线上做健康教育和孵化家庭健康管理员,让更多家庭有健康的生活习惯,通过专业学习,从被动健康转向主动健康,提升健康认知和健康管理能力。

她开始跟我学习家庭健康管理导师营和身高管理训练营的系统课程,从中医药物治疗调整为用中医食疗方调理,推广中医调理常见疾病的食疗方,从而帮助宝妈们更轻松地学习中医养生。她一边在家带三个孩子，一边开展线上健康轻创业，实现了很多人都想要的生活方式——一手带娃，一手赚钱。

知行合一，坚持长期主义

正心正念、极致利他，持续做一件事，不仅是技能的积累，更是势能的叠加。

自然界有能量叠加效应，多米诺骨牌效应能推倒一栋楼，时间也有叠加效应，每天坚持做一件事，时间的累加也能为自己积累势能。

从 2022 年 2 月开始，我坚持在每周四公益直播，持续输出"让孩子科学地多长高 10cm"的专业干货，帮助更多孩子不打针、不吃药，科学地多长高 10cm。

我通过直播提高影响力，收到越来越多的"铁粉"关于孩子健康和身高受益的反馈。

我的健康 IP 合伙人春春是一位二胎妈妈、外企高管，同时也是兼职健康顾问和儿童身高管理训练营专属健康顾问。

她是我线下的学员，用业余时间持续跟随我学习儿童健康管理专业，轻松带两个孩子。遇上孩子的健康问题，她自己可以在家轻松解决。她的孩子说妈妈是医生，很厉害，不用吃药就可以调理常见问题。慢慢地，越来越多的朋友遇到小孩有健康问题，都会去咨询她。今年，她加入健康 IP 合伙人，开启线上健康美食 IP 直播，每天早上 6:00—7:00 直播，带领一群宝妈为孩子做养脾胃的营养早餐，汇聚了很大的势能。她究竟做了什么事，会有这么大的突破呢？

是直播吗？

不是的，是持续直播做养脾胃的营养早餐。

任何一件工作，坚持久了就不仅仅是专业的积累，更是巨大的能量汇聚。

一滴水滴在石头上，几乎毫无意义，而持续地滴水，数年后居然可以将石头滴穿。石头如此坚硬，而水如此柔软，结果真是不可思议。

春春每天早上坚持开养脾胃的营养早餐的直播，她身边的朋友看到了她加入健康 IP 合伙人后的变化与成长，整个人的能量场获得很大提升，专业力和表达力也提高很快，影响力倍增，人脉破圈，越来越多优秀的职场宝妈进她直播间，学习如何定制化养脾胃。

人们购买产品不仅会去看你的专业能力，还会看你做事的持久度和人品，人们更愿意向知行合一、坚持长期主义的人购买产品。

打造个人品牌，让我们变得更有价值

打造个人品牌，让自己变得更有价值，是职场人追求更好发展的一条途径。既可以扩大自己的专业影响力，让更多人认可自己的专业能力；又可以让个人价值最大化，为自己的事业创造更多的可能性。

人生没有白走的路，每一步都算数。

星光不负赶路人，每一个正心正念、极致利他的人，只要用心经营自己的人生，一步步往前走，总有一天，时间会给你最好的答复。

人最大的幸福是可以带给别人价值。我愿意拿出自己积累了 20 年的医学知识、14 年健康教育和成功孵化健康 IP 的经验，帮助更多家庭拥有一个懂健康的人。

回顾自己的经历，我从省级三甲医院的医生到儿童身高管理专家再到全球健康 IP 孵化导师，这一路，我经历了很多，我热爱健康教育，并愿意孵化更多优秀的健康顾问，为健康中国贡献一己之力。

无论何时何地，我都牢记着我这辈子最大的梦想是帮助 1000 万个家庭实现“一家一师”的目标，拥有一手健康、一手财富的幸福人生。

南汐

个人品牌海报设计师

薇安成长商学院私董

前央视新闻包装设计师

扫码加好友

南汐 BESTdisc 行为特征分析报告

SC 型

新女性创造社

报告日期：2022年06月27日

测评用时：07分39秒（建议用时：8分钟）

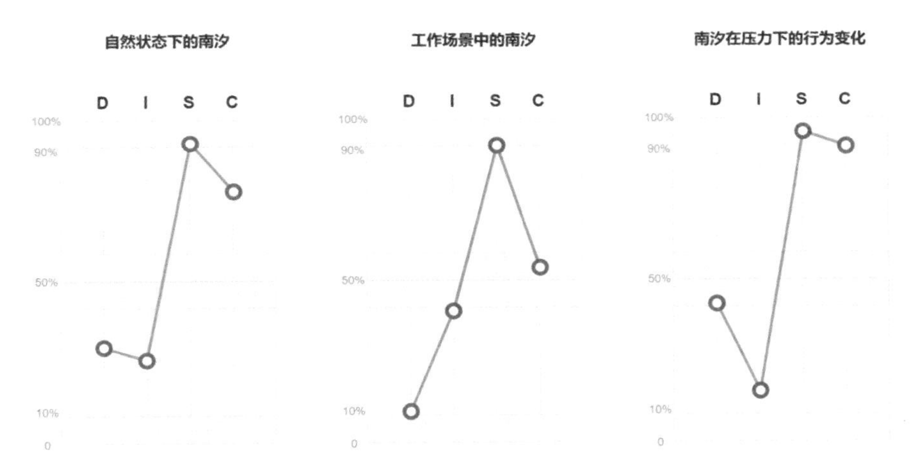

南汐给人的印象是沉静含蓄、深思熟虑、细致周到和耐心宽容。她会以自我克制而且切实可行的方式来开展工作。承诺一旦做出了，她就会坚持不懈、排除万难地兑现。她从创造和为他人服务中获得成就感，希望自己做有价值、有意义、有结果的工作。

被“设计”出来的新价值

永远不要小看内向者的力量,30 岁跌入人生谷底后涅槃重生。

狂妄的人,因为狂妄,抓住了本不属于他的机会;而胆怯的人,因为胆怯,错过了本属于他的机会!

你好,我是南汐,很高兴有缘在这本书里通过文字和你进行交流。

原本我只是一个自认为再普通不过的女生,我曾内向到仅仅在课堂上做自我介绍,就耳根通红。我曾在社群里做了多年的“潜水员”,不被人知道和看见;我曾在央视这样的大平台工作,却因不自信而看不到自己的优势,迷失自我。

因为跌进人生低谷,我涅槃重生。没工作、没人脉、没背景,我成为一名0成本起步的创业者。从设计师蜕变成设计导师,我的最高纪录是一日变现 59800 元,我还帮助 0 基础的学员在短短半年内赚到 5 位数的收入。低谷反而使我成为一个想要影响更多人的女性。你想认识这样的我吗?

我是一个在普通小康家庭出生的女孩。那时,我的家里虽算不上富裕,但也幸福和睦、生活无忧,我父母都有别人羡慕的体制内的好工作。

我的爸爸是一个特别有责任心和担当的男人。为了改善家庭生活条件,让妈妈和我过上更好的生活,他在我 3 岁时,辞掉了邮电局的工作,选择去北漂,成为一个外企高级工程师。那时,爸爸在小小的我心中,是一个敢于主动去破局的“英雄”。

但从此以后,我和爸爸在一起的时间变得特别少,跟着母亲生活的我,很害怕在各种关系中发生冲突，经常说的口头禅是“挺好的，我都行”“随便，我都可以，你决定吧”。这样的我，在他人眼里，是一个顺从的乖乖女。

在我们传统的家庭教育环境中，我不怎么会受到夸奖。不是因为表现不好，事实上，我从小很乖，不哭不闹很好带，学习成绩算不上特别好，但也一直没让爸妈太费心。只是父母对我一直要求严格，加上从小文文静静、规规矩矩地长大，所以我慢慢养成了完美主义的性格，遇事只会向内检讨自己，内心有着深深的自卑感。

小时候，考试考得好的时候，我母亲会说：“不错，下次再注意一下某某问题，那就更好了。”母亲自己都没意识到，我被这样的话束缚，长大后成了我的一个心结，我从小就特别渴望得到我父母的认可，喜欢跟自己较劲。

我知道，哪怕我做得很好，也没什么可说的，更没有什么值得骄傲的，我就是一个平平无奇的女孩而已。

这一路，我一直都在寻找自己做得还不够好的地方，追求完美，而忽略了自己本身就有的闪光点。那感觉就好像饲养者给驴子眼前挂了一个胡萝卜，驴子往前走，却永远也够不到，让我有一种说不清、道不明的疲惫感。

22 岁前的我，顺风顺水地成长，就读全市最好的小学、中学，高考成绩不算出彩，但也不算多差——刚好踩中了江苏省当年的一本分数线，不多一分，不少一分。

我们全家没有人懂得如何填报高考志愿，不知道怎么在几天内做出一个大概率决定未来命运的选择。最后，我选择了一所公立大学的影视动画专业。直到进了学校，我才发现，这个学校的学生在毕业后，就业选择不太多，于是我又花了一年的时间来努力备考，终于，结果没有让我失望，我考取了自己梦寐以求的传媒大学。

毕业那年，我仍然是性格内向的乖乖女。母亲对我的希望是，女孩子不用赚多少钱，有个稳定的工作就很好了，方便以后找一个踏实的好对象。

后来，我就去了央视，做我自己最喜欢的设计后期类工作。在幕后，重复的日子让我日渐迷茫，于是，我开始利用自己业余的时间，去探索更多的可能性。

那时，我心里一直有两个声音在吵架：到底是过父母希望的人生，还是过自己理想的人生。我内心其实不想过一眼望到头的生活，希望工作能有更多的挑战。

我曾试着接触知识付费，也去做了微商，还去学习了心理学课程，考了许多的证书……

这些年，我没舍得给自己买一件奢侈品，而是把赚的钱全部都投资在各种课程上。前前后后一算账，我竟然花掉了 6 位数的学费，工作 7 年，竟然 0 存款。

这些年，我学了很多知识，听了很多道理，却发现并没有获得真正的价值感。我似乎成了一个学习机器，总觉得自己还要学习的东西有很多，这让我很迷茫。从 2014 年开始，我就研究线上创业，但是一直没什么结果。我关注各种创业资讯，却没真正开始行动。

有一次，我参加一个课程沙龙，在同学聚餐的环节，大家相互自我介绍，那一刻，我发现我竟羞于向他人介绍自己，刻意避开自我介绍，希望所有人都不要看到我，没有人提起我最好。我觉察到：我的内心觉得自己是一个没有身份的人。

可怕的是，除了身份的自我不认同，盲目的异地恋也让我跌入谷底。

曾经的我幻想了无数次自己完美的 30 岁——我的事业进入上升期，有一个幸福、安稳的家庭，有爱自己的另一半和孩子。

2019 年，我辞掉了稳定的工作，离开了奋斗了 5 年的央视大楼，奔赴对方的城市。当时，我天真地想，只要两个人一起努力，一定可以开辟一个新天地。我可以尝试线上赚钱，这样以后也会有更多时间去照顾家庭。但现实狠狠地打了我的脸。结束异地以后，我才发现自己把感情想得过于理想化。

辞职后，我一边照顾着小家庭，一边起早摸黑地备考教师资格证考试。一边学习，一边尝试在线上零散地接设计单，我内心是十分自由的，对未来充满了期待。但是没有了稳定的工作和固定的工资，每个月还要交社保和支付生活开支，没有存款的我不得不手心向上。仅仅 4 个月后，对方的脸色开始越来越难看了。

我永远也不会忘记，他对我吼出“凭什么我要给你交保险”时是怎样的狰狞与凉薄。“男人他在外工作辛苦，也受气，回家发下脾气，你忍着就好了，毕竟你又不用上班赚钱。”婆婆这么说道。我怎么也想不通，前后没几个月，他们怎么就变了面孔。

是的，4 个月时间，仅仅 4000 块的社保 + 商业保险费用，就压垮了我们这段脆弱的关系，打破了我对小家庭美好未来的幻想。

从那以后，矛盾先后暴露出来，眼泪和争吵让我对未来失去了期待。现在回想起来，那段日子不堪回首。

原来，当你是弱者的时候，你得到的不一定是对方的关怀和支持，也有可能是婆家的白眼和轻视。

女性，选择了家庭，放弃了工作，就应该被轻视吗？

直到后来，我经历了更多让我心寒至极的事情，我才确认自己真心错付，如大梦初醒般，我果断地结束了这段错误、荒唐的关系，及时止损。

又回到父母身边，他们没有怨言，只有无条件的爱和接纳。泪奔的我，看着年近花甲的父母，耳鬓开始有了白发，我感觉自己像个叛逆期做错事的孩子，满是后悔和内疚。

我曾想过，也许母亲那句“女孩子安安稳稳地上班”是对的，但那一刻，我突然意识到，我想要的东西都需要我自己去争取，我需要对自己的未来负责。

到了 2020 年的春节，过完 30 岁生日的我却一点也高兴不起来，我原本以为的 30 岁的那个完美的梦碎掉了。

那段日子，我每天都在以泪洗面，所有的委屈、愤恨、心痛、不甘、自我怀疑纠缠在一起，把我吞噬。我变得自闭，不愿与人交流。是父母和闺蜜们陪着我，度过了这段阴霾的日子。

还好，我没有放弃自己，咬牙重新振作起来，下定决心一定要活出自己想要的状态，要让那些鼠目寸光的人，为他们短浅的目光自惭形秽！那一刻，我无比感谢曾经努力学习的自己，把我的认知和格局打开，让我在受创的时候，有一股力量支撑我站起来。

跌到低谷，再无可惧。

我不再顾虑很多，决定行动起来。给自己 3 个月的时间，全力聚焦线上。我想好了，最不济的后路是去找工作。30 岁，我要给自己一次实现梦想的机会。

在一次线上的学习中，我遇到了我的贵人——薇安老师。薇安老师的销售演讲训练营让我获得了勇气，听到她温柔而坚定的声音，我觉得自己动力十足。

薇安老师活出了女性该有的样子。她不是女强人，她温柔、有智慧、果敢、坚毅。她事业、家庭双丰收，一边陪伴老公和孩子，一边干事业。

我一步步靠近她，想要向这样的老师学习。我积极参加训练营海报官的应征，虽然那会我还是“小透明”一枚，只听课学习，在群里都不怎么说话，但没想到我设计的海报能得到薇安老师的喜欢和认可。薇安老师发现了我的优势，我由此成了社群明星。性格内向的我，竟然被大家的热情影响，成了“话痨”。最终，我成了薇安老师官方合作的设计师。那一刻，我感觉到，原来我是一个有价值的人。

薇安老师教我们如何推出自己的产品、如何在社群里销售演讲，我学到了很多，后来，我才知道，原来销售演讲能力对于一个普通人来说如此重要，比如，找工作也是一种自我推销。

内心不自信的我，遇到实战环节，过去的我都会觉得自己还没准备好，就会直接放弃机会，静静观望别人的展示，选择做一个安静的观众。而这次在薇安老师的训练营里，我获得了和过去完全不一样的体验。

薇安老师和群里的小伙伴推了我一把，她们说：“南汐，你这么优秀，海报做得那么漂亮，你这个技能太吸睛了，能不能教教我们？我们之前报了课没学会，找到一个好老师实在太难了！”我从未想过，竟然有人愿意主动靠近我、向我学习。

我的第一个雏形产品，连海报都没出，就这样被追着付款，在线上一天收了 1800 元授课费。她们说：“用不着介绍了，你的海报就是最有说服力的介绍，你快点开课吧！”

我在线上学习这么多年，没想到可以这样开启线上赚钱模式。我终于从付费学习者，躬身入局，变成一个技能传播者与技能受益者。用我所学助力他人，这件事我觉得有挑战、有意义。

遇到薇安老师，我的人生轨迹开始出现转折，一切都在往更好的方向发展。

接下来，我果断决定投入3个月的时间，参加薇安老师个人品牌创业营，完成个人品牌闭环的全部学习。

做这件事情，我是全身心投入的。在此之前，我从未如此长时间地，全程跟一个老师认真听课、做作业，写了近万字的复盘，并参与实践。这对我来说，不只是一个课程，而是一次改变命运的机会。如果我抓不住，就要回归职场。

薇安老师在一对一咨询中，在我的20多个定位里，帮我确定了个人品牌海报设计师的定位。那一刻，我才看到，由于深深的不自信，我是一直捧着金饭碗要饭而不自知。

我戒掉了“玻璃心”，薇安老师说，没成事之前，不用太在乎家人和朋友怎么说。要少想，先做小课程，先试错。

我在网上看到过一段话，大概内容是这样：一个人如何才能真正觉醒，并且动力十足、爆发潜力？有3种情况，第1，破产；第2，离婚；第3，陷入绝境。如果你觉得自己没有动力、没有觉醒，只是因为你还没有经历过足够痛的境遇。

我深以为然。在没遇到薇安老师之前，我迷茫又犹豫，心里想的和做的不一样。我不相信自己能做到，所以总是先寻求他人的认可。比如，我会把我要去尝试创业的想法告诉我母亲、告诉闺蜜，在母亲那里，获得的多半会是反对的意见，因为母亲的爱是以保护我的方式去表达的。但这不是我内心想要的答案。我的闺蜜也没有尝试过这个行动，多半支持、附和，但这也不是我想要的，因为我觉得非圈内人的支持很无力，他们也只是出于朋友的鼓励。

正因为当初这种拧巴、纠结的心态，我一直临渊羡鱼，却不敢退而结网，浪费了大量的时间和机会。

在遇到薇安老师以后，她把我的“玻璃心”治好了，把我的自我怀疑治好了。她的一句话：“南汐，你不知道你有多优秀，你可以的。”让我泪眼模糊。薇安老师给我具体的方向、方法、方案，还有鼓励和支持，想那么多干什么呢？我们担心的事情90%都不会发生。我总记得她最喜欢和我们说的话：“试试看好了，不行再换。”她一句轻松而坚定的话，治愈了我的迷茫和行动拖延困扰。一个有能力并且有大爱，真真正正想要帮助你的老师，他的话是有魔力的。

在跟随薇安老师学习期间，我就成功做出爆款公开课，首发即招募80余人，累计有500人学习受益。

接着，在薇安老师的不断指导下，我学习如何做课程、如何写文案、如何销讲产品、如何启动宣传和发朋友圈、如何发售转化。

通过薇安老师的演讲，我第一次开启了视频号短视频的录制，重拾了2014年就已开通却早就荒废的公众号。我在学习的同时，还吸引了一波粉丝。通过薇安老师的销售课，我努力鼓舞那个怯场的自己，我想最坏的结果也不过是没有人购买，这其实对于我来说，没有任何损失，还收获了一次发售体验，复盘总结，更可以收获经验与教训。

你看，当我转念去行动，结果就在发生改变。最终，那次尝试，我获得了一个里程碑式的数据，我创造了一日变现12800元的成绩。

当我第一次能够一天赚到比过去一个月工资还多的收入时，我激动得到凌晨4点都睡不着觉，那天晚上，我哭了，我对在过去一年里“死磕”个人品牌的自己，终于有了交代，不辱使命。我对得起自己过往的努力了，我实现了在家人看来“夸夸其谈、不落地”的梦想，我在朋友眼里重新有了真正的事业，我不再是那个柔弱无助的可怜人了。

那天，我连夜向薇安老师发感谢信报喜，感恩她让我看到一个全新的世界，让我知道自己是一个很有价值的人，可以挺直腰板站着，做自己喜欢的事情，受人尊敬，不再被任何人看不起。我也特别感恩在线上付款的每一位客户,是他们的肯定和信任,让我重新相信自己,看到自己的价值。

我知道我的个人品牌打造之路坚持对了,我知道这是唯一可以让我实现自由办公、事业与家庭两不误的路径,并且可以让我的人生持续增值。

2020 年年中,我顺利成为薇安老师的私董,提前实现年底跟随薇安老师终身学习的愿望。

我打造出自己的商业模式,在旅行办公的同时还能月入过万。

我带过一名 PS 软件 0 基础的二宝妈妈学员,她凭着做海报的技能日入 2000 元,用一年时间就从软件“小白”成长为设计师。我还设计了帮助 0 基础学员高效学技能的系列海报课,有学员花了 299 元报名上课后,即开始接单赚学费了。

学员感谢我,说辞职回家以后,在当地城市不好找对口工作。没想到跟着我学习以后,她作为在家带娃的全职宝妈,也能有一份不错的收入。这让她看到了希望,愿意跟随我终身成长。

那一刻,我发现,原来的我十分渴望认可,心里装的都是自己;而当我心系他人的时候,竟然收获了很多人的感谢,而且成了爸妈眼里的骄傲。

曾经,我一直在心理学的世界里探索自我疗愈,是因为我很自卑。在父母严格的传统家教下,我小心谨慎,我觉得自己十分普通,没有什么太大的优点。过去我一直在追求更好的自己,直到我看到我的优势可以助人利他,每帮助别人一次,就好像救赎了自己一次。

我觉得现在的人机会真的很多,打造个人品牌,可以帮助你放大你本身的价值。

其实,学会线上创业本身就是一种修行,因为你做一件事的态度会是你做所有事的态度。打造个人品牌,需要不断挑战自己。正如原来的我是一个内向的乖乖女,一边渴望过不一样的人生,一边害怕去突破。一旦突破了过去自己的行为模式限制,就会爆发潜力,发生翻天覆地的改变。

在写下我的故事之前,我还被其他老师说,完全没看出我原来是内向的人。只要你勇于选择去做一个新的自己,那些束缚你的一切就将不复存在。

要知道，你才是一切的根源

传统家庭教育出来的孩子，遇到问题时，经常自我反省，从自己身上找原因。这种孩子执着于成为更好的自己，以获得父母的认可。

我就是这样，执着于得到父母的认可，因而彷徨、犹豫了3～4年。我从2014年就开始探索如何不上班也能有收入，但那时候，我连大方说出“我想赚钱”这四个字的勇气都没有。

这背后隐藏的担忧是——父母是否认同我所做的事情？万一不认同，怎么办？所以，我一直在徘徊。直到薇安老师推了我一把，我才真正有了勇气，“听话照做”，马上就有了结果。

很多人不是没有能力，而是心理能量太低，被自我怀疑卡住了。如果有一个能量高的老师去推动你，这一关就过了。

小伙伴们，一定要尝试去行动。你要知道，你才是一切的根源。

升级圈子，升级自己的认知与价值

普通上班族，在专业领域里看不到自己技能的优势，换一个圈子，你的技能价值就会不一样。

要有个人品牌意识

当你不知道自己能做什么时，一定不要放弃去尝试更多机会。

打造个人品牌，可以获得你的价值积累。你在工作平台可以学习经验，但别忘了要有个人品牌意识——让价值跟着你的名字走。

没有个人品牌的人，一旦经历像疫情这样的“黑天鹅事件”，将会陷入非常被动的处境。一旦你离开职场，作为没有品牌的个体，你很容易被别人低估价值，很难获得优质客户的信任，生存将变得举步维艰，所以，我建议你早早布局个人品牌的打造，给自己准备一个 Plan B，要在天晴的时候修屋顶，以应对生活中的各种变局。

要有积极利他的心

你的优势，别人都会看在眼里。这是在利他的行为中攒到的好运气。正如我在做海报官时，遇到伯乐薇安老师，改变了我的人生轨迹。

付费学习是最值得的投资

跟对人、做对事，花钱买老师多年的成功经验，少走弯路，避免损失。找一个你喜欢的、向往的导师，靠近他，去学习。

分析导师的身上，你喜欢的特质是什么？比如，我喜欢薇安老师的美丽、独立、自信、温柔且果敢。

我自己身上的柔性力量太大，缺少坚定的力量。直到遇到薇安老师，她是我理想的成功女性的样子。我并不想成为一个只有事业的女强人，薇安老师活出了我心目中最完美的女性的生活。

尝试把职场的经验利用起来

过去你积累的工作经验，是最宝贵的。

别人需要花很多时间去积累你今天的经验，所以不要轻易放弃打造个人品牌。找定位不是定终身，先起步，走通一个闭环。定位是需要迭代的，而不是想不清楚就不做，正确的方法是一边怕一边做。只要开始，就有机会迭代，就有可能成功。

曾经以为自己是“小透明”的我，提升了价值感，还得到了以前台里领导的夸奖，说没想到我文文静静的，说一句话就要脸红，现在居然成了授人以渔、受别人尊敬的 IP 导师。

我再也没有了失掉工作的担忧，我对个人品牌的未来信心满满。

我早已变回了那个爱笑的自己，我想要变得更加温暖，传递正能量，并且，我前所未有地第一次渴望成为一个有影响力的人，因为我想要帮助更多人！这些都是在遇到又飒又美的薇安老师以后，我心态上所发生的大大的转变。

我把我的逆袭故事写出来，是想鼓励更多曾经或正在经历逆境的人。如果你看到了这里，希望你能明白，内向的人也是很有力量的，不要妄自菲薄。如果你有梦，就开始行动吧！性格、年龄、金钱、职业、背景、学历，甚至疫情都不会是你的障碍，让你原地踏步的只会是你自己的思维认知。

现在正是一个最好的时代，因为互联网让每个人都有无限的可能。我希望有更多人能像我一样幸运，能通过互联网实现自己的价值，能遇到像薇安老师这样的贵人，持续迭代认知，反转人生，不惧疾风！

一个人的价值不应该被一份工作所定义，永远不要小看自己的潜力！朋友，加油！

范丽姣

10亿级家电实体全域营销顾问

500强企业新零售实战讲师

实体企业业绩增长导师

扫码加好友

范丽姣 BESTdisc 行为特征分析报告

SC 型

新女性创造社

报告日期：2022年06月26日

测评用时：11分31秒（建议用时：8分钟）

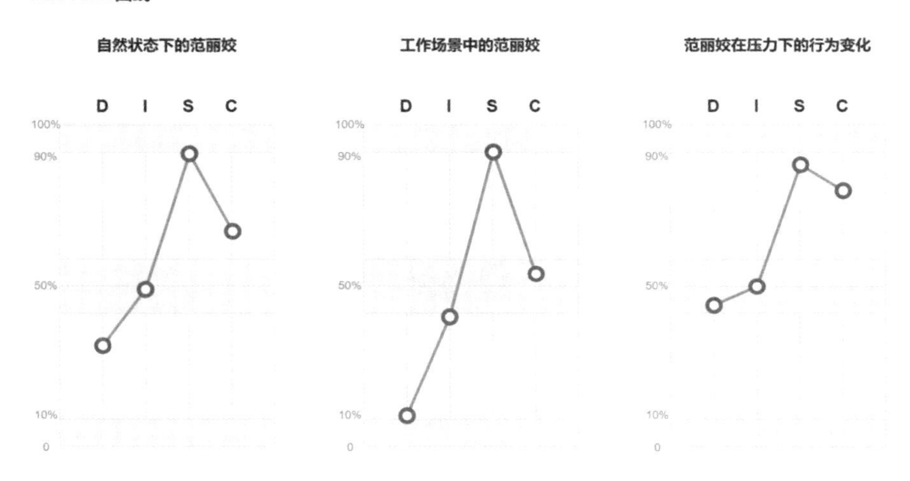

D-Dominance(掌控支配型)　I-Influence(社交影响型)　S-Steadiness(稳健支持型)　C-Compliance(谨慎分析型)

范丽姣在工作时，意志坚定且独立，具备很强的逻辑性。只要认定目标，就会下意识地加快行动步调，果断决策，同时也有坚定取得成果的强大决心和内驱力。在生活中，她待人宽容、谦逊、谨慎，是一位低调善良、亲切友好、忠诚稳重的好伙伴。

拥有长期主义理念

命运给了我一副烂牌，我却凭借一颗“匠人心”翻盘。

走出山沟沟，去日本留学

2011 年 3 月 11 日下午 2 点多，在繁华的东京涩谷一栋办公楼的 6 楼，我正在给学生上课，突然感觉到一阵剧烈的摇晃。

地震了。

在多灾多难的日本，地震是常有的事。起初，我并没有在意，但在持续了 2 分钟后，我意识到这次显然不太一样。当我反应过来时，自己已经下意识地跑到了楼下，两侧的高楼、大树还在不停地晃动，天空也暗下来，阴风怒号，像极了电影里世界末日的场景。

当天晚上，因为交通工具全部停运，不能回家，我和另外一位同事只能待在位于 6 楼的公司，一晚上不知经历了几次余震，我彻夜未眠，因为根本就不敢睡觉，第一次感受到死亡离我如此之近。

这是我第一次认真思考，如果今天我就要离开这个世界，我是否有遗憾？我是否实现了自己的价值？

也是在那一刻，我决定了要为实现自己的价值而活。

我叫范丽姣，一名实体企业业绩增长导师，学生们都喜欢叫我阿姣老师。我的家在河北，我一年却有 260 天以上奔走于全国各地，为企业客户指导赋能或操盘活动。

我的人生起点并不高，我不是含着金汤匙出生的富二代，甚至没有出生在繁华的北上广。从小，我和父母生活在邯郸的一个矿区，爸爸是老师，妈妈就是学校的临时工，日子过得虽然简单，却也很快乐。

12 岁那年，我第一次走出山沟沟，跟随父母迁到城市，插班进入省重点小学。只用了 1 个学期，我的成绩就从班里五十几名跃升到第五名，被老师当作榜样公开表扬。后面我又一路升学到省重点初中、高中，在大学也如愿以偿地读了自己喜欢的日语专业。回顾求学之路，虽然算不上学霸，但也一直身处“好学生”的行列，是个让父母省心的乖乖女，但我的内心深处却藏着一颗不安分的心，总想飞到更广阔的天地去证明自己。终于在大四时，我争取到了公派日本留学的名额。

于是，我带着美好的憧憬，飞向了异国。

最得意时，生活给我一记重击

人生注定不会一帆风顺，生活总是会在你最得意的时候给你重重一击。

我留学的学校，汇聚了各国的优秀学生。

我知道了什么是人外有人、山外有山，我时刻督促自己，只有比别人更努力，才能在激烈的竞争中脱颖而出。既然路是自己选的，就要坚定地走下去。

交换留学生活很快就结束了，摆在我面前的有两条路：要么回国当老师，要么留在日本继续深造。经过深思熟虑之后，我选择了后者。为了让自己的专业更扎实，我选择了攻读日本文学专业的硕士。

我的导师说：“留学生读这个专业不容易，你要付出比其他人更多的努力，所以建议你专心学习，不要打工。”可我已经是个成年人了，不想再让父母为我操心，更何况，我在决定留下来的时候，就跟父母夸下了海口：我会自己打工挣钱，不再问他们要一分钱学费。

于是，我开始了白天上课、晚上打工的生活。为了拿更高的工资，我选择了更苦、更累的工作——去搬家公司给人搬家、半夜去快递公司分拣快递，甚至去饭店做夜勤，只为能拿到比白天高20%的工资。

身体上的煎熬还不算什么，最痛苦的是临近毕业之际，为了能够写出合格的论文，我常常搞通宵，好几次崩溃大哭过后，擦干眼泪，再继续改稿。看到被导师一次次修改得满篇红字的论文，我的信心跌落谷底，但只能咬牙坚持。收到毕业证书时，我已经憔悴得似乎一阵风就能把我吹倒。

本打算毕业继续考博，却意外落榜。幸运的是，我一直在那里打工的中文教室向我发出邀请，我顺其自然地选择了这份工作。虽然并不是什么知名大公司，但我仍然秉承着匠人之心去认真对待。4 年时间过去了，从小孩到老人，从普通人到明星，从个人到企业团体客户，我把汉语和中国文化传授给了他们，我是十分自豪的，但内心深处常常有疑问，“我的价值，难道就止步于此吗”？

陷入绝境，人生充满未知数

时间回到开篇地震的那一刻，那时，我已经下定决心要回国。即将三十而立的我，虽然有着日本文学硕士的学历，却只有一份对外汉语教师的工作履历。作为一个连对象都没有的大龄“剩女”，我不知道回国后是否能找到理想的工作，对个人问题更是充满了不安。

8 年的青春，并没有换来我起初幻想的让父母骄傲的衣锦还乡，看着国内我的同龄人大都已经结婚生子、事业有成，可是我的人生还是个未知数。

对此，我十分焦虑。接爸妈的电话，我总是随便敷衍几句就挂掉，因为我很怕他们唠叨我。我吃饭不香，整夜睡不好觉，头发大把大把地往下掉。

那段时间，我迷茫、无助、痛苦，完全不知道我的未来在哪里。

遇见贵人，人生重新启航

也许，在你最迷茫的时候，注定会遇到一个贵人。

转机出现在这场地震发生前的几小时，我去了一家公司面试。这家公司的老板得平司是一位即将60岁的老人，他精神矍铄，是日本最大的家电连锁山田电机的独立董事，被誉为“日本家店店长总教头”。

当第一次被眼前的这位大人物问及自己的职业规划时，我有些胆怯，无言以对。一路走来，我只是不想照着父母安排的路去走，过安安稳稳又普通的一生，总想着自己能够做一些有挑战性、有价值的事，让人生更精彩，但内心并没有清晰的方向。

“人怎么才能成功？就是认准一个行业，坚持深耕。当其他人放弃时，你仍然选择坚持，那么，你就是这个行业里最成功的人。”得平司老师说的话，一语惊醒我这个梦中人，“我会把在日本家电行业积累了40年的经验教给你，你可以把日本好的服务、经营理念带回国。你愿意做中日家电行业的桥梁吗？”

看着眼前这位老人诚恳而坚毅的样子，我的内心一半是感激，庆幸自己遇到了一位贵人；另一半是不安，它来自对陌生行业的畏惧。我要学着从头开始打理一家创业公司，我内心满是疑虑和不自信，所以，我简短地回答了一句，“我考虑一下”。

然而，在经历了地震那个晚上对自己的灵魂拷问后，我终于下定了决心，要么不干，要么就让自己成为这个行业的佼佼者。

于是，我成了得平司老师在中国开的公司的负责人，也是他唯一的嫡传弟子。

天有不测风云，危机也是转机

以前，对于“十年磨一剑”这句话我是不太能理解的，直到我自己的职业生涯来到了第一个十年，我才明白其中的含义。

从 2011 年到 2020 年，我从对行业一无所知，一单业务都没有，只能给老师做翻译、当助手，到独立给行业内的 500 强企业做培训，再从讲师到拿下 2.1 亿元销售额的促销活动操盘手，一路走来，我都牢牢记得老师的那句话：“一个领域深耕，一口井打一万米深，没有客户的时候就充实自己，撒种子，为客户提供力所能及的帮助，自己也会被越来越多的企业客户认可。”

这十年来，老师的这句话一直都是我的座右铭。这句话，让我的事业一路开花结果。

然而，天有不测风云，就在我的事业稳步上升之时，一场突如其来的疫情打乱了我的节奏，所有的线下培训、活动操盘都不得不按下暂停键。我们的许多客户面临着封城、闭店，甚至现金流断流等绝境，让人非常焦虑。

很多时候，危机也是转机。我开始思考，我能为客户做什么，客户又该如何利用好危机，把危机变为机会呢？

我召集了行业内有影响力的导师、营销专家、企业代表，开启了线上公益课堂，共同探讨实体企业的转型之路，给大家吃了定心丸，我的口碑和影响力也得到了大大的提升。

时至今日，疫情仍然在反反复复，消费者的消费习惯已经发生了巨大变化，实体店流量越来越少，大型促销活动对销售的拉动力也在逐渐变弱，我开始思考如何才能在这些企业客户转型的道路上更好地为对方助力。

付费学习，坚定转型

疫情倒逼许多企业开拓线上业务，在各大电商平台开设线上商城、搞直播销售等，但似乎效果并不理想。于是，从 2021 年起，我也开始四处学习线上营销的新思路，毕竟自己不懂就没办法为客户赋能。直到 2021 年 7 月，我加入薇安老师的社群，系统地学习了个人品牌打造、线上营销商业闭环、短视频、直播等内容，才明白互联网不只是一个工具，而是一种系统思维，和线下的传统打法有很大不同。

简单来说，传统线下思维是商圈经济，先开店，有商品，再搞营销，引流获客；而线上模式是先圈人，再卖产品，有的甚至做预售，比如小米，先预定数量，再生产，这就大大提升了经营效率。

感恩自己坚定跟随薇安老师学习个人品牌的打造，从而成功突破困境，打通思维。

助力客户取得奇迹，拥抱新赛道

都说视频号是今年线上营销的一个重要风口，为了帮助客户更好地转型，我必须要先躬身入局，于是在今年的大年初三，我开启了自己的首场直播。

虽然还有很多经验不足之处，但也取得了场观破 2100、新增关注破 130 的成绩。在进行了 10 场直播后，关注人数增长近 20 倍，虽然并没有像其他自媒体大咖一样成绩亮眼，但也让我看到了新的可能性。

我并没有急于在直播间宣传我的培训产品，而是不断地为原有企业客户的一线员工做公益培训，为企业突破营销瓶颈提供新的思路和方法。同时，在3月份操盘线下大促活动的过程中，我也融入了关于视频号直播、短视频营销的新思路，在自己被隔离10天的情况下，仍然指挥团队创造了疫情形势下的新奇迹，一场活动的销量是平时活动节点的4倍。

因此，我更加确信自己所学的内容一定能够助力客户转型成功。当吉林一家企业客户因为疫情关闭了近60天，员工信心受到打击之时，我免费单独为他们开了一场直播，鼓励他们，并一步步指导他们利用线上直播来卖货、增强用户黏性。解封后，他们复工后的第一场活动就取得了销售额破亿的好成绩，同比增长31%。他们的总经理十分感激我，感谢我在他们最困难的时候为他们赋能，给他们指导，坚定员工信心。还有另外一家企业，每次我直播的时候，对方都组织员工认真学习，有个员工第一次利用视频号直播，3小时就精准锁定24个顾客，最高转化居然超过了25万元。员工们直呼这比传统的“扫楼”“扫街”、陌生拜访的拓客模式轻松、精准得多，这让他们对于未来的销售有了更大的信心。

当然，这些案例比起我在线下的战绩，显得有些微不足道，但我始终相信，“星星之火，可以燎原”，只要我们在这些新的领域保持专注，做到极致，肯定可以取得亮眼的成绩。

线上线下，齐头并进

回想起得平司老师的教导，教人1分，自己要储备100分，所以我总是提醒自己要不断学习，为客户创造更大的价值。

以前，我擅长的是线下赋能、操盘活动，后来通过不断学习和实践，我看到了实体店新的商机，也及时地进入了线上赛道。

现在，我们面临的是一个内卷的社会，各种传统电商、社交电商日益发展，电商与实体店之间的竞争日趋激烈。如今，90 后已成为消费主力军，他们更习惯于线上购物，所以我们要积极地拥抱互联网，通过各种线上渠道触达用户，增进信任，再引导到线下，使其有机会体验到超预期的服务和感受产品本身的质感，从而实现更高质量的转化。

30 岁时，我选择进入家电行业；40 岁以后，我会继续在这个领域深耕，以为企业客户提升业绩作为努力的方向。我相信这些经验能够帮助客户打通线上、线下服务和营销的闭环，让这些实体企业，尤其是中小企业不仅活下来，而且活得更好。

日本 711 便利店的创始人铃木敏文曾经说过："我们最大的竞争对手是客户日益变化的需求。"如果某一天我们的企业不复存在，一定不是被竞争对手打败的，而是被客户无情地抛弃的。实体企业必须学会线上和线下两条腿走路，才能走得更稳、更远。

系统学习完个人品牌课程之后，我发现，经营好个人品牌和经营一家公司的底层逻辑是一样的。互联网是一把双刃剑，做得好可能一夜成名，一旦有任何负面消息，就会瞬间一败涂地，再想翻身就不容易了。对于我们这些素人来讲，互联网既让我们看到了希望，也提醒我们要引以为鉴，对网络的力量抱有敬畏之心。所以，我主张用匠人之心来经营品牌，无论是企业品牌，还是个人品牌。

人们常说："站在风口上，猪都能飞起来。"就像是改革开放以后，出现了一大批企业家，那时只要有胆识、找对商机，发家致富不是梦，但又有多少家企业能够撑得过 20 年？现在是大众创业、万众创新的时代，各种创业公司更是如雨后春笋般兴起，但相关数据显示，中国中小企业的平均寿命只有 2.7 年，有多少创业者能走得远、走得稳？

网络主播、个人 IP 也是近几年兴起的，有点像早期的微商，当然越早入局，成功概率就越高，但我相信，很快这个赛道的竞争也会越来越激烈，想要真正将这份事业做得长久，就必须用匠心来经营，用打造百年企业的理念来打造个人品牌，所谓慢，就是快，而最快的捷径就是不走捷径。

打造差异化，是生意长久的根本

作为一名为企业客户服务了 10 余年的实战派讲师，我想分享一个案例：在日本，有一家名叫电化山口的家电零售小店，仅有一间 400 多平方米的门店、一个修理中心，总共 40 名员工，却因为在激烈的商战中保持高盈利水平，在日本小有名气，不仅众多日本大公司纷纷去学习，就连中国的家电头部企业海尔、创维等公司，也专程率队前去学习。我也曾多次带领企业客户前去交流，成功挖掘到了这家经营了 57 年的小店规模不大却长寿的四个秘诀，那就是——定位、聚焦、极致服务、保持用户黏性。

定位

电化山口成立于 1965 年，是一家松下电器的专卖店，起初和其他商家一样，也是主打价格低，生意做得风生水起。20 世纪 80 年代，规模一度扩大到有 6 家门店，但最终因为服务跟不上、顾客满意度下降、价格战导致利润不保，亏损了 2 亿多日元（约合 1000 万人民币），一度处于破产的边缘。

"屋漏偏逢连夜雨"，也就是在那个时候，周边劲敌来袭，这家小店陆续被 6 家大型连锁综合卖场重重包围。面对即将到来的腥风血雨，创始人山口先生夜不能寐，苦思冥想了几个晚上，最终他向员工宣布了一个令人出乎意料的决定，就是卖高价。员工纷纷表示不能理解，"跟别人同价，顾客还不一定选择我们。如果比别人贵，那谁还来买呢"？

山口社长语重心长地说："正因为我们拼价格拼不过别人，横竖都是死，那么不如反其道而行之，做竞争对手不做的事，或者做不到的事。"正所谓定位定江山，想要在激烈的竞争中获胜，差异化定位是至关重要的一步。

敢于“舍”，才会有“得”。最终，这个定位确实让他们丢失了很大一部分顾客，会员人数减少到鼎盛时期的三分之一，但毛利额并没有减少，且商品毛利率是大企业的近2倍，并保持连续20多年盈利。

聚焦，筛选客户

李小龙曾经说过，他不怕会1000种拳法的人，却怕把一种拳法练1000遍的人。只有聚焦，把所有资源集中到一处，才更容易产生效果。

电化山口就是这样，按照购买时间、累计购买金额，将顾客分为9类，对不同的客户采取不同的服务方式，不断把好服务、好产品聚焦在“好”顾客身上，于是就有了更多“好”顾客变成终身客户，并不断带来新客户。

极致服务

上门服务，是山口极致服务中非常重要的一环。因为门店所处社区里住的老人比较多，所以山口的员工针对优质客户推出了每月上门服务，除了提供家电解决方案，比如修理、更换家电产品外，还会力所能及地帮老人做一些琐事，如更换坏掉的灯泡、给小院安装摄像头，甚至当老人出去旅游或是生病住院的时候，他们会十分放心地把钥匙寄存在山口员工手中，委托他们每天去浇浇花、喂喂宠物等。有一次，有一位老爷爷晚上洗澡时，不慎摔倒，磕破了头，他的老伴第一时间打电话给平时服务他们的山口员工，这名员工立即开车赶到，把老人送去了医院，为及时救助赢得了时间。

这些和家电不相关的琐事，正是电化山口为顾客提供的价格以外的价值。对于客户，他们的口号是“一个电话飞过去”。不管有什么问题，只要打一个电话给山口的员工，他们就会开着醒目的“斑马车”（印着斑马花纹的面包车），以最快的速度赶到顾客的家里。

保持用户黏性

想要让顾客不断复购，首先必须和顾客保持紧密联系。家电属于高价、低频的商品，顾客买过一套，可能未来 10 年都不会再光临门店。如果没有黏性，等下一次顾客有需求的时候，就不一定还找同样的渠道了。

山口社长为此下足了功夫，不仅整合了全国各地的优质食材，在每个月按不同主题，比如鸡蛋节、金枪鱼节、伯爵土豆节等，免费赠送给 VIP 客户。在重大节日，还包场邀请 VIP 顾客免费观看国际文化舞蹈团的演出。当然，山口电器的极致服务还远不止于此。

我们常说顾客喜新厌旧，其实这就是人性。作为商家，想要生意做得长久，必须要搞懂人性，始终站在用户角度思考问题，不断打磨产品、服务，牢牢抓住用户的心，让用户不仅自己满意，不断复购，还能源源不断地帮忙介绍新顾客。

以一颗匠人之心去做品牌

在中国，近几年随着电商的迅猛发展，实体店的流量急剧下滑，再加之疫情反反复复，导致很多实体创业者举步维艰。有数据显示，2020 年以来，2 年时间有 46 万家企业倒闭了。进入 2022 年，当大家都以为疫情已渐近尾声，但从 2022 年年初起，疫情在深圳、上海、北京所展开的汹涌攻势，再一次给实体企业造成致命打击。我们必须接受疫情常态化的现实，谋求新的出路。

后疫情时代也是互联网时代，实体店该如何破局？许多创始人开始寻求线上的突破，尝试打造个人 IP，开启企业直播、短视频，运营社群等，但很多效果并不理想。

在当下的时代背景下，实体店的转型首先要从思维上转型，由产品思维转向用户思维，由拼价格转向拼价值，由砸钱做公域转向精耕私域，回归初心以及商业本质。有人担心转型是“找死”，但可以肯定的是，不转型就是“等死”。俞敏洪说过一句经典名言：“宁可死在转型的路上，也不能躺在过去的成功里。”我深以为然。

如果你是中小规模实体企业的创业者，正面临着流量下滑、利润微薄、员工士气低的困境，不妨为自己打开一扇新门，系统学习线上营销思维，尝试打造创始人或者员工的个人品牌，提升影响力，低成本扩大流量池。

首先，要明确定位

想做好个人品牌，首先要明确自己的客户是哪些人，他们有什么痛点，自己研发或销售产品的初心是帮助这些客户解决哪些问题，讲好产品故事，做自己产品的代言人，就像提起苹果会想到乔布斯，提起小米会想到雷军，提起格力空调会想到董明珠。产品本身是没有温度的，但因为有了这些IP，讲述这些产品为什么而生，希望给客户解决什么问题，创造什么样的美好未来，就赋予了这些产品灵魂。

如果说苹果、格力的强大源于产品质量的极致，但小米的质量起初并不那么完美，但影响不了米粉们积极参与、共创产品的热情。所谓粉丝为王，当客户成为粉丝，对品牌无限地喜欢与信任，即使产品略有不足，也能被接受，而且产品可以根据粉丝的反馈不断迭代升级。所以，如果你的产品销量不好，先不用急着寻找各种营销大法，试着回到原点，找回自己的初心，聚焦用户，打磨产品，极致交付，培养一批有深度认同感的忠实粉丝。

第二，确定营销思路

产品销售有四种境界：推销、促销、营销、品牌力。

在好产品相对匮乏的年代，只要主动推销，往往就会有销量；到后来，不搞活动促销就很难吸引客户；而现在，各种电商平台的压价，使得单纯靠价格吸引顾客也变得越来越难；营销，在于营造氛围，让顾客不由自主被吸引，主动成交；而品牌力就像牢牢扎在顾客心中的一根钉子，谁都拔不走。

这也是今天打造个人品牌力的重要意义。做一个极端的假设，实体店的每个员工都成为一个个人 IP，通过每天的积累、服务、裂变，依据凯文·凯利的理论，圈住 1000 个高质量的粉丝，无须费尽心机地去想各种营销方法，只要做好产品矩阵，满足这些人的物质、心理需求，就能源源不断地产生消费，足以养活自己。从理论上讲，如果人人都是一个小网红，那这家门店、这个企业就能基业长青。

当然，不是每个人都有能力或者足够的热情去打造 IP。作为企业，至少要有一个部门专门负责 IP 打造，扩大线上公域流量池，同时还要最大限度地运用好每个员工的私域，对客户进行合理分层，制订有针对性的营销方案。

自 2019 年起，我担任总指挥的线下大促活动超过 20 场，最高销售额的纪录破 2.1 亿元，累计为企业客户创收超 10 亿元。场场必胜的秘诀，可以总结为以下 5 点：

第一，明确目标。通过一场震撼人心的誓师动员大会，提升全员的士气。让员工有信心、有目标，让供应商伙伴愿意相信结果，全力配合。

第二，组织变阵。统筹管理。在过程中，有节奏地指挥，循序渐进、分阶段地制定战术，手把手带教，全面提升员工的能力。

第三，用心服务。严格执行“无服务不营销”，以服务锁粉，促成交。

第四，转化裂变。重视门店现场的布置，强化体验，提升转化，促进顾客裂变。

第五，细致复盘。好的经验保留，再升级；不足的地方及时调整、改善。

最近，在个人品牌领域，也有越来越多的人开始做长直播，目的是打造里程碑事件，扩大影响力，其实归根结底，就是一场营销活动。

那为什么同样做长直播，有的人涨粉、变现效果好，有的人就效果一般般呢？除了有些许实力上的差距外，还有一个关键在于营销的“营”字上面。不是讲足了干货，就有人来买单，就像是开了一家门店，都是上等好货，可宣传不到位，顾客不进门，一切就等于零。所以，线上的营销事件也要像线下实体店的活动一样，当作一个大项目来操作。同样要有目标、有组织、有合理的产品矩阵、有系统的营销方案，直播后还要复盘、用心交付，才能促成进一步的转化与裂变，得到理想的结果。

未来，我将致力于打造线上、线下双剑合璧的里程碑营销体系，助力实体品牌提升影响力，将好产品送到更多有需要的人手中。

命运没有给我一副好牌，我却凭借自身的努力与踏实，成功改变了自己的命运。

有生之年，我不会忘记初心，以一颗匠人之心持续在现在的领域深耕，服务好每一位客户，同时不断升级、迭代自己的个人品牌，过有价值的一生。

持续在现在的领域深耕，服务好每一位客户，同时不断升级、迭代自己的个人品牌，过有价值的一生。

高中红

北京市盈科（苏州）律师事务所专职律师

女工委委员

新女性IP创造社高级合伙人

扫码加好友

高中红 BESTdisc 行为特征分析报告

CS 型

新女性创造社

报告日期：2022年06月27日

测评用时：08分00秒（建议用时：8分钟）

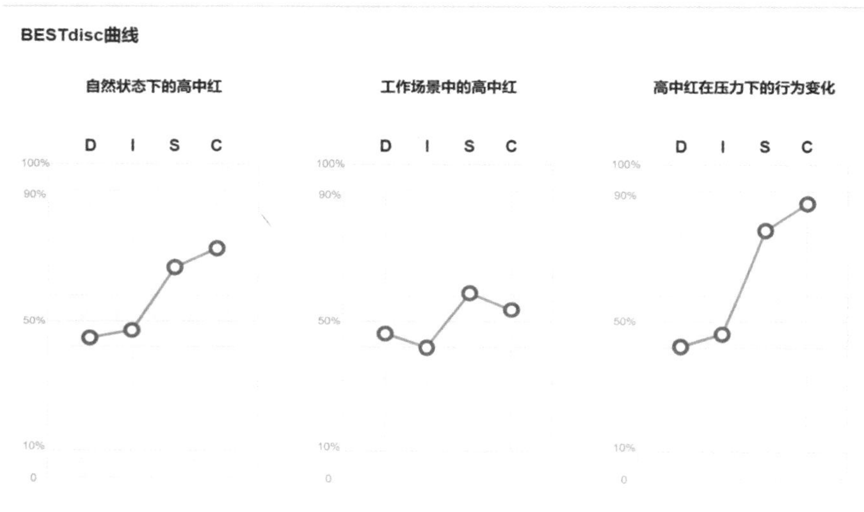

D-Dominance(掌控支配型) I-Influence(社交影响型) S-Steadiness(稳健支持型) C-Compliance(谨慎分析型)

高中红专注于完成工作，努力达到目标。她善于制订计划和思考，愿意倾听别人的想法，也会主动适应环境。她严谨，善于深思，办事可靠，既有专业度，又有温度。面对变化，她会仔细评估，周全而不乏开放心态。对开拓任务认真评估后，一旦认可了其必要性，她就会迅速组织、策划和执行，努力完成任务。

逆境是人生的新机会

做好每一个个案，赢得100%的胜诉率。

我做原生家庭“CEO”的那些年

我坚信每个人都是独一无二的，长相、出身、父母都不是自己能选择的。

如果把一个家庭比作一家公司，我想盘点一下我的原生家庭的“资产”情况。

我的妈妈，她长得很美丽，圆圆的脸、大大的眼，但是，她小时候因患有脊髓灰质炎，贻误了最佳治疗时机而落下了腿部的终身残疾。

我的爸爸，是我见过的天底下最能吃苦的人，他凭力气养活一家五口人，还要供三个孩子上学，生活的重担压得他喘不过气来。在我研究生考试的前夕，爸爸得了恶性肿瘤。

我的妹妹，她聪明好学，非常懂得为家人着想，但因经济条件不好，她15岁初中毕业后便早早辍学了。

家里还有一个父母离异、扔给祖父母的无辜的小朋友——年仅5岁的我的侄子。

盘点完，我发现，家里的状况糟糕透了，老、弱、病、残全都占齐了。但父母那么爱我，拼了命地托举我，他们都无条件地信任和支持我，感恩之情让我不可能只顾自己的前程，扔下他们不管。

家人，就是要相互扶持的。

那几年，在党中央的领导、指挥下，全国组织实施了人类历史上规模最大、力度最强的脱贫攻坚战，立志帮助1亿人口脱贫。当时还有很多大学毕业的有志青年返乡，帮扶乡亲走上致富的道路。

我想，我为什么不可以凭借我学到的知识，先帮助自己的家人过上体面、有尊严的生活呢？自己能解决的问题，就绝不给国家和社会添麻烦，想到这，我热血沸腾。于是，我开始走上了我的原生家庭“CEO”经营和布局之路。这条路一走，就是好多年。就像稻盛和夫在《活法》这本书里写的，描绘美好蓝图的人，他就能迎来美好人生。

有时候，逆境能激发一个人改变现状的强烈愿望以及坚定不移的信念，它也能促使人产生超越现实的想象力和创造力。

因此，逆境，可以成为人生的新机会。

“CEO”布局之一：选择去读研

我从书本中学习到，一个人，千万不要被眼前利益所迷惑，从而排斥学习，做一个目光短浅之人。

在我考上研究生的时候，我爸刚做完一场大手术，家里基本失去了经济来源，但是，父母坚定地认为，我应该去读研。在读与不读之间，我犹豫了。**人在面对巨大的压力时，容易志短**。

我在思考：在经济压力之下，读那么多书，有什么用呢？

记得我读大学的时候，很多同龄女孩早就不再读书了，她们或积极地或被裹挟着外出打工，为家里赚钱；我呢，是不赚反花，有几年，村里人对我及我父母的选择非议的不少，有人直接说女孩子迟早要嫁人的，读那么多书有什么用？

虽然，读书的意义自然不需要被落后、有狭隘思想的人评判，但架不住一家老少亟须解决眼前的困境，我该作何选择呢？

妈妈大字不识一个，她对童年时期的我说，还是识字好，你看我，去公共厕所，都不知道女厕到底是哪一个。只能站在门外等，等到有女性进去，才敢跟在后面进，还是识字好啊。妈妈对识字的认可，让还在童年时期的我觉得，我必须得读好书、识好字。

不读书，出生在农村的女孩子，长大后又有什么好出路呢？

女性的法定结婚年龄是二十周岁。这个年龄一到，她们便早早地嫁人、生子、带娃，伴着家长里短，婆婆妈妈，周而复始，生活简单到一眼可以望到头。

张桂梅校长说，对于农村的女孩子，读书真的是唯一的好出路。

我想换种活法，一种可以让人看到希望和未来的活法，但它需要我不停地向前奔跑。

这时候，我明白了，**没有伞又如何，我本身已经变成了希望！**

抱着这样的信念，我开启了我的读书逆行之路，冲破陈旧、狭隘的思维禁锢，选择坚定地走下去。

就是因为身处逆境，没有选择，才要读书，靠读书走出这个牢笼；就是因为身处逆境，才要更加努力，更加坚定，靠自己走出一条更有希望、更美好的人生大道。

事实证明，我的坚持是对的，而**让自己活成希望本身，会拥有无穷的动力，并足以用生命影响另一个生命**。

“CEO”布局之二：授人以鱼，不如授人以渔

即使你选择的方向和目标是对的，但在奋斗的路上，也并非一帆风顺。

我读大三那一年，家里经济本就紧巴巴的，结果妈妈辛苦喂大的几头猪在临卖的时候，得了病，都快死了，没人要，换不成钱了。

“屋漏偏逢连夜雨”，爸爸的腰不小心闪了，几个月之内也无法赚钱，家里的收入没了。那段时间，爸妈的心气忽然没了，士气低落！他们迫不得

已，让刚考上重点高中的妹妹辍学了。

辍学后，妹妹就被卷进了外出打工的大潮里，去了浙江一家服装厂打工。服装厂早7点上班，晚7点下班，一个月休息一天。订单大、出货急时，妹妹要加班到晚上10点，这样的工作强度，一年仅能帮家里赚回7000到10000元。

妹妹太懂事了，反而让我心里很痛，因为我知道妹妹她和我想法一样，也不想一辈子待在农村，过“面朝黄土背朝天”的生活。

同时，我也很愧疚，我觉得因为我是老大，优先使用了父母数量有限的资源，妹妹因为我占用了家里的积蓄而失去了读书改变命运的机会，这是多么的不公平！

2005年，我妹15岁，在她远走他乡，去打工的时候，我和爸妈的心都碎了！我妈因为舍不得妹妹辍学，且小小年纪便外出打工，心理压力过大，得了抑郁症。我一时无计可施。

我心里始终明白一个道理：授人以鱼，不如授人以渔！

即使未来我有能力帮得了妹妹一时，也不敢断言能帮得了她一辈子！若她未来丰富多彩的人生因此而断送，想想都觉得遗憾无比，我不想就此放弃！逆境，使我产生了巨大的内心力量，我觉得我一定可以帮助妹妹重获读书的机会。唯有读书，才能让服装厂打工妹改变命运，过上体面的生活，拥有美好的人生。

如何才能重获读书的机会呢？

每个周末，我都泡在学校的图书馆里查找资料，我在跟时间赛跑，我下定决心要找到一个机会，让妹妹重新读书。不然，等我毕业出来，她就22岁了，按照农村的习俗，估计都有很多人上门提亲，要嫁人了。

时间紧急，我抛开一切杂念，在学校那个大大的图书馆里专注地查阅资料，希望能找到解决办法。

机会总是偏爱有准备的人！

一个适合我当时情况的机会被我发现了，那就是自学考试。

自考，不用学费的那种纯自学！只需要买学习资料、交考试费、去参加考试，就能“升级打怪”，一点点提升自己。

妹妹只有初中学历，没读过高中，数学和英语都是断层的，高等教育专业中凡是需要数学基础和英语基础的，都不太适合她，因为这会增加她自学的难度，可能会因耽误太长时间或者太难而不得不放弃。

考虑到这个现实情况，我给她报了法律这个自考专业。我当时念的也是法律，其实本来我想给她选个别的专业，万一将来法律不好就业，我们两个人也好分散些就业风险。但没办法，很多专业都不能选，而有些专业我也不了解。若排除就业风险，选法律有个好处，就是我可以指导她的学习，帮她制订学习计划。

当学校放假的时候，舍友们回家了，我一个人在宿舍里已经做好了决定！

我内心欣喜若狂，**逆境，使我不轻言放弃，而结果也如我所愿**。

下学期一开学，也就是春节刚过，我就和父母商量好了，不再让马上 19 岁的妹妹去那个没有任何希望的服装厂打工了，而是跟着我一起，来到了我的大学。

我买了块宽 30cm 的木板，放在了原本 90cm 宽的单人床板的上面，以便妹妹能有栖身之所。这样，妹妹便开始了她的自学考试之路。

踏上万里长征，第一步就是要按照既定的计划，做好每日每时的安排。

她非常努力，早上 8 点前，她已经在学校图书馆里找到座位看书了，晚上 10 点前，她从不回宿舍休息。

为了消化教材上的知识，有时我也会让她去大学课堂上蹭教授们的课。努力了 3 年，她一路顺利通过了自学考试专科和本科要求的所有科目。

担心自学考试学得不扎实，拿到自考本科的证书后，我又鼓励她继续考研，同时参加司法考试。

当时司法考试号称"中国第一大考"，通过率不到 10%，但我妹没有迟疑，她没有停下脚步，而是继续努力，在连续两次失利的情况下，不气馁，终于在第三次的时候顺利通过了。

查到考试成绩的那天晚上，我们激动了很久很久。

要知道，全日制本科毕业的学生，参加司法考试的，当时的通过率也不足 30%。

我妹参加研究生招生考试，因 1 分的英语之差，没考到心仪的学校和专业，因不喜欢调剂学校的专业，她没继续去读。我尊重她的决定。

24 岁那年，她，一个初中毕业生，带着一本专科毕业证、一本本科毕业证、一个含金量很高的法律资格证书，回到了生养我们的地方。如今，她早就过了实习阶段，顺利拿到了律师执业证，在一家规模很大的律所做律师，并且有了幸福的家庭和可爱的孩子。

有时候，人们可能会有一个错觉，那就是选择了对的方向，便可以轻松实现目标，抵达成功的彼岸。**事实上，可能还是免不了经历磨难，走上吃苦这条必经之路。**

我想帮助妹妹完成读书的夙愿，她初中毕业，中间辍学了四年，没有学费，若不创造机会，走上自考之路，那么任何好事也不可能落到她的身上！假如过了 20 岁的黄金年龄，可能她还会继续打工，然后早早嫁人，十有八九继续过父辈们的生活。

但即使走了这条路，对当时的我来说，也并不轻松。

我，一个在校学生，一边读书，一边挤出时间赚生活费、资料费、考试费、住宿费等，以便满足妹妹的基本要求。

为了做兼职，我晚上 10 点，站在冬天的寒风里等公交；为了生活费，也在酷暑的假期，顶着烈日外出做家教。

现在回想起来，若不是当时有坚定的信念、一腔热血，我撑不下去。

回首过去，我明白，**生活越是不易，越是困难，越不能轻易放弃**。这世间道路万千条，只要有心，勇于探索，终会找到适合自己的那一条。坚持下去，方能达到目标。

感恩逆境，想到实现目标后的巨大幸福感，以前所有吃过的苦，都是甜的；想到用生命影响了另一个生命，我做梦都能笑醒。

“CEO”布局之三：少年强，则国强

美好总是在不经意间如期而至。

少年强,则国强。儿童的教育关乎国家的未来,也关乎一个家庭的未来,更关乎一个人的未来。我对此深信不疑,但最让我惊讶的是,我妈妈也对此非常坚信。她认真地说,我观察了身边的人好多年,发现还是读书的人力量最大!

听到这,我一点也不担心她会带不好我的小侄子。事实也证明,在她的这种坚定的信念的影响下,一个懂感恩、有责任心、积极承担力所能及的家务的小朋友,是不可能不优秀的。

在这部分,我只是"培养人才经营战略"的制定者,我会经常通过电话给我妈妈"洗脑",讲真人真事,来鼓励她好好培养下一代,阻断贫瘠的物质和精神的代际相传。

不断地培养人才,这是为家庭负责,也是为社会做贡献。十几年来,我父母做得很好,他们看到,逆境,只是暂时的,而通过**读书学习,改变思维,却可以长久地摆脱命运的桎梏**。

经过十几年,我这个原生家庭的"CEO",通过走这三条自我发展之路,终于过上了当初自己想要的美好生活。

不忘初心,方得始终。

身处逆境,并不可怕,找到自己的使命,就能摆脱逆境。在我的内心深处,我的使命就是带领困境中的家人,摆脱命运的束缚,活出精彩、有希望的人生。

可是,一个人的力量是有限的。很幸运,在我人生的每一个阶段,每当遇到很大的困难时,都有伸出援手的亲人及良师益友,他们的雪中送炭之举点亮了我前行的道路。

人们常说,锦上添花时时有,而雪中送炭不常见。正是这种稀缺的不求回报的无私举动,给弱小的个体带来了无穷的力量。

我时刻提醒自己,**要常怀感恩之心**。

在很多人的无私帮助下,经过我坚持不懈的努力,我的所有目标都实现了,不仅仅是物质层面,最重要的是家人心态的改变,**他们都变得积极乐观,遇事不再自怨自艾,会主动寻找解决办法**。

这正是我想看到的，我改变了家人的人生，而他们也使我更深刻地理解了生命的意义与价值，**逆境就是我人生的新机会**。

现在，当我把一家无资产甚至负资产的“企业”经营得风生水起之后，我便辞去了“CEO”职位，专心发展自己热爱的事业。

走向人生新篇章

从法学院毕业后，班里有的同学考取了公务员，去做了法官或检察官，有的去了企业工作，也有的去了律所做律师。

律师是个充满魅力与挑战的职业，不像体制内的工作，律师会全市场化，因此，**它本身就具备专业化和市场化这两个特征**。

没进入这个行业之前，我一度认为律师就是靠嘴巴谋生，能说会道就可以活得好，甚至认为律师谈商业谈钱，很俗。

真的入了行，才发现根本不是这么回事。**没有金刚钻，揽不了瓷器活**。律师需要内外兼修，既要具备过硬的专业知识，也要有良好的服务意识，最重要的是必须真正能解决客户的实际问题，才能得到市场的认可。

带着这种认知，我决定从 0 到 1，不断突破自己。用专业知识帮助更多的人，做一个有更大价值的人，一直以来都是我的梦想。梦想能不能实现不知道，但首先要有梦想，万一实现了呢？

想要做好一项工作，要制订规划，按照步骤，一点点去积累经验。

天下大事必始于易，把难的事情一步步拆解，再去行动。做好每一个个案，是最好的突破之道。

拥有独立判断能力，帮 L 姐追回投资款

年过四十，L 姐过得不太顺利，婚姻触礁，离异单身，自己的身体也不是太好。

本想着用离婚分得的财产做点投资，以覆盖平时的生活开支，哪知道认识了个创业的“弟弟”，这个“弟弟”嘘寒问暖，让 L 姐感受到了温暖。

“弟弟”创业缺资金，口头承诺给 L 姐固定收益，L 姐就毫不犹豫地把钱转给了他，一笔又一笔。半年后，L 姐发现，自己已经陆续转走了一百多万元，所谓的固定收益，并没有兑现。仅返回少部分的资金回款，最终还有八十多万元没要回来。

L 姐就慌了，她匆匆忙忙地找这个“弟弟”要她的钱，但对方根本就没钱还给她。

L 姐过来找我的时候，告诉我，钱是借出去的，对方答应每月给她固定收益。

在没有看到证据材料之前，先假设 L 姐所说属实，那么按照借贷纠纷的逻辑来处理，我给她列出了相应的证据材料清单：

- 借条或者借款协议书
- 付款的转账凭证（最好备注借款）或者支付现金时的在场人可以出庭作证
- 收款人出具的收条
- 证人证言
- 微信聊天截图

随着证据材料的搜集，我慢慢发现，**这个案件的基础法律关系，根本就不是 L 姐所认为的借贷关系，而是投资关系**。

L 姐向我提供的证据材料如下：

- 银行转账记录，但她自己在转账备注一栏标注的是投资款
- 没有借条，也没有收款人收条，更没有能证明是借贷关系的证人证言
- 微信聊天记录里，对方总是含糊其词，没承认过是借钱

借贷关系的关键证据缺失，我分析整个案子的走向将会对 L 姐不利。想扭转不利的局面，那么**最关键的一个点就是要弄清楚基础法律关系**到底是借贷还是投资。

为了调查清楚，我根据 L 姐说的对方曾设立的公司的信息，申请了调取这家公司的工商内档。不查不知道，一查还真吓一跳，公司的股东和法定代表人全都变更成了 L 姐，我的心里拔凉拔凉的。

L 姐啊，你不是说是借给他的吗？那你为什么要让这家公司变更到你的名下呢？我意识到，L 姐可能被套路了。

一着不慎，满盘皆输。

果不其然，庭审的时候，法官认定八十多万元的转账资金是投资性质。投资，即“收益共享，风险共担”，而借款是“固定回报，不担风险”。

L 姐听信了对方关于公司盈利的话，就想当然地在银行转账记录里备注了“投资款”，为自己要回资金埋下了隐患。

案子打下去必输无疑。和法官沟通后，我建议 L 姐撤回诉请，在法官的参与下，与对方谈判，签订和解协议。谈判花了一天的时间，中间几次谈崩，但好在还是挽回了部分损失，对方愿意分期返还 50 万元，于是 L 姐跟他签了和解协议。

L 姐前期轻信了别人，在没有做好投资前尽职调查的情况下，就草率地投资，给自己带来了很大损失。但她没有一意孤行，在客观分析了案情后，她听进去了我给她的建议，挽回了大部分的损失。

有时候，当事人不一定搞得懂法律的逻辑，他们认为的和法律上认为的，可能南辕北辙。这个时候，**办案律师要尽可能详尽地搜集证据，梳理事实，进而作出独立、专业的判断**。这一点非常重要，它关乎着案件的走向，关乎着当事人的切身利益。我在之后的办案过程中，一直都在不断践行。

最近，在另一个类似案子中，90 后 S 显然就清醒多了。她为了防止投资失败，在签订《股权协议书》的时候，加了一条“自公司设立之日起壹年内，无论盈亏，出资可以退还”的附期限条款。

当时，餐饮行业遇到了疫情，项目就要进行不下去了，S 多次索要投资款无果，找到我帮她起诉。我分析了她的材料，内心忍不住为她的机警点赞。案件还在审理中，相信结果也会验证我们的判断。

很多人都说世界上最难的两件事，**一是把自己的思想装进别人的脑袋；二是把别人的钱装入自己的口袋**。

面对同样的一件事，听到同样的夸夸其谈、承诺未来有巨大收益的声音，具备独立思考能力的人，绝不会人云亦云；而不加以思考即轻信片面夸大之语的人，一定会给自己带来不必要的损失。

互联网时代，信息泛滥，独立判断的能力尤为宝贵。面对单方面夸大且非客观的言论时，我们都要保持克制和清醒。很多时候，**独立思考，独立判断，不轻易把别人的不良想法装进自己的脑袋，既可以为他人负责，也能保护自己**。

不仅打赢官司，还要做有温度的法律人

小南和小北是一对夫妻，他们共同在一家外资企业工作了近十年，小南负责采购，小北负责销售，有时也做售后。因为工作的关系，他们对公司的上下游产业链非常熟悉。

有一天，他们悄悄注册了自己的公司，一个做股东，一个做监事，干起了和公司相同的业务，以低价拉走了公司的部分客户，关键是两人还一直不离职，赤裸裸地挖公司墙脚。

公司知道后，诉求很简单，就想合法解除与小南和小北的劳动关系。

我核查了公司的员工手册，发现公司规定了员工的商业信息保密义务以及竞业限制义务，而且手里也掌握了小南和小北违反竞业限制义务的直接证据，就是他们公司销售产品的增值税专用发票。按照法律规定的流程，我帮公司制作了书面解除通知，公司向他俩送达了该通知。

小南和小北大概是不知道我们已经调查清楚了他们的违约行为，公司本不想再追究，一别两宽，但他俩竟然发起了劳动仲裁，说公司违法解除劳动合同，要求双倍经济补偿，合计六十多万元。

结果也是显而易见的，他们从劳动仲裁阶段、一审阶段，一直输到了二审。在这个过程中，公司也提起了反诉，要求他们停止商业秘密侵权，并赔偿侵权给公司带来的经济损失五十万元。

小南和小北应该是傻眼了，他们起诉公司不仅接二连三地败诉，而且还被反向索赔，要求支付公司的损失。

二审的时候，在法庭上，我看到对方已经表现出协商的诚意，便建议公司二审就此作罢，给他们二人留一线生机，毕竟公司还有那么多员工在关注此案，而且公司通过诉讼，维护自身合法权益的目的已经达到了。

对于有些案件，我认为，比起胜诉，案件能产生的社会影响有时候更重要。毕竟，**法律是冰冷的，而人心是有温度的**。公司采纳了我的建议，双方在二审阶段握手言和。

在法庭上，由于裁判机制的设定，审判员必须要给予胜诉或败诉的判决，然而，现实生活是复杂多变的，**有时候，一份有温度的法律意见，比起穷追猛打，可能效果更好**。兵法中讲"穷寇莫追"，是有道理的。

后来，这家外资企业的老板撤回了在中国的投资，卖掉了厂房，员工们却并没有因此纠缠不休，很快接受了公司给出的补偿方案。

写出一份逻辑清晰、有理有据的法律代理意见，事半功倍

赵老板经营公司非常讲诚信，做人又讲情义，**但他也有烦恼**。他有两个朋友买了他的机器设备，尾款还有十几万元，两三年了都没给他。

一开始，他真磨不开面儿要，后来，这两个朋友的公司经营不善，马上要破产了，被各种债主起诉催款，赵老板坐不住了。万一，公司倒闭了，人也跑了，货款就真打水漂了。

我帮他检索了这家公司的所有涉诉和执行案件，告诉他，这家公司早已经资不抵债，起诉了也没用。好在，他的机器设备是在这家公司成立前，他的公司跟那两个朋友签了合同，才把设备安装到他们的厂房里。

但在真正庭审的时候，想要证明是赵老板的公司跟他这两个朋友存在

买卖合同关系,而非和他们的公司存在买卖合同关系,还是非常困难的。法官在调查阶段,询问得特别仔细。

我对这个案件的把握不是特别大。很显然,如果判决跟他们的公司存在买卖合同关系,官司打赢了,也追不到货款。我们想要的不是这个结果。

但我不想放弃。我研究了一遍又一遍手里的证据,忽然觉得一个案子的难点,对于律师是难点,同样的情况下,对于法官也是难点。

况且,法官一天审理好几个案件,庭审中的信息支离破碎,他们凭自由心证法则可以得出支持哪一方、驳回哪一方,但这统统需要以判决书、书面论证的形式呈现出来。

针对不同的案件,应采取不同的诉讼策略。承办律师输出对案件的代理意见,一靠法庭上的"说",二靠法庭外的"写",**有时候策略是多说,有时候要靠写,大多时候需要二者相结合**。

想到这,我觉得我可以将全部的案情梳理一遍,并连同我的法律意见,一并写进要提交给法官的书面代理意见中。这种方式不仅可以帮助法官回忆案件情况,还可以最大限度地争取他的支持。

最终,赵老板的这个案件,取得了超出他预期的结果,他的绝大部分货款,判决由这两个人承担。他开心地要请我吃饭,我让他烦闷的心情一扫而光,让不讲诚信的人得到应有的教训。**他觉得做人要讲诚信,否则,做事必不长久**。我深以为然。

随着办案经验的增加,我的心智也更加成熟,我知道,除了个人能力提升,也要有更高维度的个人追求。

在工作中修行,追求个人成长

稻盛和夫在《活法》中写道,工作本身,就是一种修行。一个人从二十几岁毕业到六十岁左右退休，人生最年富力强的三十年，都在工作。我从法学院毕业到现在，越来越懂得，个人成长和价值输出，最好的方式就是干好当下的工作。

做好定位，选择好职业方向

每一家企业背后都站着一群员工和他们的家庭，每当我利用自己的专业知识赋能企业，为其解决了法律问题的时候，我由衷地感到高兴，深深地感受到了个人价值所带来的成就感。

当我用为企业提供法律服务的经验反过来为个人提供诉讼或非诉服务时，就更得心应手了。

坦白说，这两年，因为疫情，我做的诉讼案件数量并不多，但当我回头复盘时，结果都让自己小小地吃惊了一把——我代理过的诉讼案件，基本都胜诉了。我只能说，运气太好了，感恩我的当事人给予我的信任及配合。

我没有妙招，没有捷径，我就把曾用在家人身上的那份责任心用在了我的客户身上，用心研究每一个案件。**逆境既是考验，也是财富。先成就别人，才能成就自己。**

在自己擅长的领域精耕细作，坚持长期主义

社会发展很快，竞争也越来越激烈，一夜暴富太虚幻，切忌急功近利，被表象迷了心智，在自己擅长的领域精耕细作才是正途。

学习绝非一朝一夕之功，并且没有捷径，然而，学习有方法，**方法得当，便可以事半功倍。**

我想做一家百年老店，而不是昙花一现的网红店，为此，我不仅需要将基本功练扎实，还需要稳扎稳打，就像成长为一棵大树之前，必须先向下扎根。实际上，每年收入的稳步增长，就是对我市场价值认可的最好褒奖。我

想实现更大价值的梦想,也在一步步走向现实。

坚持学习，做持续精进者

免费有时候是最贵的,想要系统地学会知识,在条件允许的情况下,可以付费学习。付费是认可别人价值最好的方式,别人自然愿意将毕生所学传授给你。

在我们律所的平台上,有很多律师,明明特别专业,但因为不懂得营销自己,始终默默无闻,让当事人无法找到并信任自己。

我觉得所有通过了十几门科目的司法考试,又经过实习期的执业律师,在专业道路上的学习经验是不缺的,缺少的是如何将专业性展示出来,如何输出价值,让客户看到你,知道你可以为他们解决问题。

在自己不擅长的领域,我个人是极其愿意付费学习的。只有高质量地持续不断地输入,才能为他人创造更有价值的输出。

职业本身并没有高低贵贱之分,**你越重视自己,别人也会越重视你**。现在讲的很多细分赛道,就是你喜欢且擅长的细分领域。你能做到极致,成为这个领域的专家,那么,你就是自己的代言人、自己的“王炸”。

只要勇敢一点点,完成从0到1的突破,即使有逆境,也有新机会。**未来,你一定可以成为更好的自己**。

我是中红,一名有温度、有责任感的执业律师。即使身处逆境,也能找寻到新机会,实现人生跃迁。如果你认同我的价值观,在我身上能看到向上、向善的力量,欢迎你来找我。

童童

百亿上市公司人力资源总监
个人品牌教练
人才培训专家

扫码加好友

童童 BESTdisc 行为特征分析报告

CD 型

新女性创造社

报告日期：2022年06月26日

测评用时：05分56秒（建议用时：8分钟）

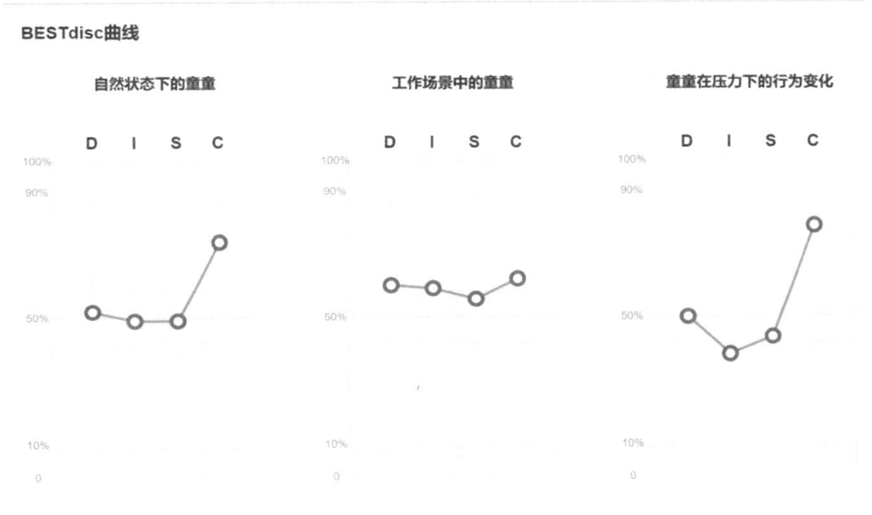

童童自信，坦率，有足够魄力去独自面对挑战，也能带领团队往前冲。她善于分析，很有主见，但也足够谨慎、细致。她自我要求很高，善于审时度势和倾听，适应性很强，会根据情境做调整，建立良好的人际关系。童童注重事实和经验，稳重的她，在做事之前，希望能全面掌握信息。一旦内心孕育的想法得到自己的确定，童童就会坚定不移。

中年的“转念”来得刚刚好

把思想的力量转化为价值。

你好，我是童童，一名在海外工作、生活多年的上市公司高管，同时，我还是一名宝妈，孩子开朗好学、孝顺懂事，父母身体健康、生活幸福。看上去，一切都是那么美好，但其实，曾经的我，生活也是一地鸡毛，还差点得了抑郁症。

我大学毕业后，只身来到深圳打拼，没有任何背景和人脉，从底层做起。为了实现梦想，我牺牲了所有业余时间，把所有的积蓄用来投资自己的大脑。我努力打拼，终于时光没有辜负我，从最初的总经理秘书，成长为独当一面的公司高管。

你可能无法想象，作为职场妈妈的我付出了什么。看似风光的职场经历背后，包含了太多太多只有自己才知道的无奈和艰辛。

为了发展事业，我在孩子刚满一周岁时，就只身出国工作，开拓海外市场，一年半没有回国。再次见到孩子，孩子管我叫“阿姨”，那一刻，心酸、无奈的感觉，同时涌上心头。

回国后，为了国内业务的发展，我频繁出差，没有时间陪伴父母，更不要说陪着他们去旅行。

常年的奔波和工作压力，让我的身体处于亚健康状态，我出现了抑郁倾向。

有一次，我加班到晚上 10 点多，胃病发作，我疼得趴在桌子上，虚弱到连拿起手机的力气都没有。还好巡检的保安路过，带我去了医务室。

当我一人孤零零地躺在病床上，望着和我一样苍白的天花板，我问自己:这是我想要的生活吗？牺牲自己的健康和家庭,真的值得吗?

曾经的我健康、乐观,梦想着能够做自己喜欢并且对社会有价值的事情,能够有更多的时间陪伴家人,过上自由的生活。可现在呢,工作和生活严重失衡,不敢和工作说 No,自己的健康更是亮起了红灯。

不能再这样下去了！这不是我想要的生活！我要做出改变!

重返工作岗位后,我开始有意识地谋求转变,不断探索能够改变现状的办法。然而,都没有很好的突破,直到有一次,我无意间刷到“薇安说”这个公众号,遇到了我的人生导师薇安老师。

当时,薇安老师推出了“个人品牌创富营”21 天的学习课程。我一直是重度付费学习者,学费超过了六位数。各类学习课程,我扫一眼,就能清楚是潜心打磨的产品,还是哗众取宠的产品。薇安老师这个21 天个人品牌创富营,价格不超过四位数,虽然课表上的内容逻辑清晰、框架完整,可是否能像宣传说的那样,超值交付呢？其实我当时心里是有一百二十个疑问的。

那个时候,市面上还有其他打造个人品牌的老师,推出类似的系列学习课程和训练营,学习内容差不多,但价格贵得多。

作为 DISC 思考者类型的我不是无脑跟风者,更不会图便宜,就随便报个班。

秉着长期跟随的决心,为了更好地筛选和对比,我谨慎地挑选了市面上3 个类似的个人品牌训练营,躬身入局,参与学习,其中包括了薇安老师的训练营。

通过深入3 个不同风格的学习平台学习,和不同社群的老师、同学互动,我发现,只有薇安老师的平台没有让我失望！在这里,不仅能综合夯实营销、演讲等专业技能,更是升维学习到高维智慧。在这里得到的学习交付远远超过了课程价格!

更重要的是,这里不仅仅是学习平台,更是温暖的家。薇安老师不仅关心我的成长,更关心我是否快乐。我在职场中被冰冷对待而饱受伤害的心,在这里得到了治愈。

在持续学习的过程中,我变化最大的一点,是转念。

在加入薇安老师的平台学习之前，我一点也不快乐，工作的压力、家人的不理解，让我对自己充满了否定和质疑，对家人充满了无尽的愧疚，觉得对不起父母、对不起孩子。

虽然在每天下班后踏入家门的那一刻，我都会反复提醒自己：放下所有的工作，满怀愉悦地面对家人，但时不时打来的工作电话，让我很难专心陪伴家人。看着家人失望的眼神，我更加自责。我像是进入了一个死胡同，不断负向循环，找不到出路。那个时期的我，整个人面容憔悴，对生活失去了热情，如同行尸走肉。

跟随薇安老师学习之后，我开始转念，尝试与自己和解。我停止对自己的责难，抛开来自性格中完美主义那部分特质对自我的超高要求，无条件接纳当下的自己，悦纳自己所有的优点和缺点。

一开始练习转念，不是件容易的事。固有的思维跟随了我几十年，面对同样的场景、类似的事情，固有思维如同一位恪尽职守的保安，总要出来维持秩序。

在工作中，我对自己、对团队的要求一直很高，甚至到了苛求完美的程度。一旦下属不能满足我的要求，或者做事不能和我一样高效，我就会很生气、很失望，并且从不掩饰这种情绪。这让下属常常有如履薄冰的感受。久而久之，一些事情我不敢放手让下属去做，很多事情都亲力亲为，这让我十分辛苦；团队成员也没有得到应有的培养，无法成长。

有一次，薪酬绩效经理拿着激励方案给我签字，其实这个方案已经经过了两个季度的实施，整体是没有问题的，但是这次我希望做得更好，在细节处理上更用心，比如 100 多名受表彰人员的奖杯顺序要和实际领奖人一一匹对。这个要求之前明确提出过，但在方案中并没有体现。

换成之前，我一定会大发雷霆：这么简单的事情都没有做到！就在我准备发火的那一刻，我转念了，决定用新的思路来面对这件事。我强压着怒火，先深深吸了一口气，接着和蔼地和薪酬绩效经理说：“看得出来，为了这次激励活动，你做了不少准备，整体不错。奖杯和人员一一匹配这个细节，准备得怎么样？”

“童总,100 多人一一对应,会有一些难度。之前两个季度,我们都是领完奖再到台下交换,没出什么乱子。这次表彰源自客户的临时要求,准备时间比之前紧张得多,您看是不是沿用之前的做法?”

我继续深吸一口气,尽可能用和蔼的口气说道:“要求不能降低。你再回去想想解决办法,可以在奖杯摆放和座位安排上多做些思考。今天下班后,我和你们一起布置现场。”

看得出来,薪酬绩效经理很诧异我的反应,迟疑了几秒后,连连应声。

那晚,我带着薪酬绩效组的几位伙伴一起布置了会场,边做边和他们说明这样做的目的,一位薪酬绩效专员说:“童总,您今天很不一样呢,像邻家大姐姐。”

最终,表彰大会很成功。在交流会上,客户称赞我们坚持以客户、以员工为中心,关注员工的体验感,甚至把奖杯和人一一对应这样的细节都做到了极致。

试想,薪酬绩效经理向我汇报方案的时候,如果我发火,结果也能做成我要的效果,但是这样的沟通,体验感不好,虽然不影响最终交付结果,却会打击薪酬绩效经理的积极性,对他的成长也没好处。可见,转念是多么重要。对团队要有充分的包容心态,并且放手让团队自己动手,哪怕效率低一点,长期看,这样做,团队才会成长。

自从那次我手把手带着团队打了样,后面我都放手让团队去做了。事实证明,团队在实际的锻炼中提升了能力,不再是孱弱之兵;而我,也不再事事亲力亲为,从而能够集中精力做最重要的事情,不再疲惫不堪、左支右绌。我对团队每一位成员的信任,也让团队氛围更加融洽。

当我真正做到转念时,我才意识到,所有的痛苦和情感的折磨,都是在提醒我:我的生活背离了真实的自己!我不再苛求自己,做个面面俱到的全能选手,接纳自己在某些方面的力不从心,甚至无能为力。我不再沉溺于过去,也不再为明天忧虑,我只活在当下。

在我有把握处理好和自己的关系后,我开始梳理和家人的关系。

我在一个春光灿烂的下午,选了一个我钟爱的咖啡馆,把过往和家人相处的点滴，不带任何评判地全部在脑海中过了一遍。我拿出纸笔，把自己能做的、不能做的，都梳理出来，并给自己立了规矩：工作的时候全身心投入，陪伴家人的时候就心无旁骛地高质量陪伴。

我主动找到工作伙伴，把转念的决心和想法做了沟通，得到高度认可和支持。工作的时候，我比之前更加努力，百分之一百二十地投入，不去担忧家人。下班后，虽然还是无法控制一些突发事件和紧急工作，但都集中时间统一处理，最大限度地保证陪伴家人的时间。

加班还是在所难免，但是我会在加班的当晚，设置好闹钟，提醒自己：该点外卖了。我彻底抛弃过往饮食不规律的习惯。

同时，我把健身纳入日程里，一周三天，每天 4 点半起床晨跑。工作节奏让我很难保证夜跑的时间，但是每天早晨的时间完全把握在自己手里。努力把握能做到的，坦然接受不能做到的，奋力把生活过成自己想要的样子。怀着这样的信念，早起不再困难。

通过饮食和运动双管齐下，我的健康逐步恢复。通过循序渐进地促进内啡肽的产生，我开启了健康快乐的模式，自己的幸福感和掌控感明显提升。

在生活中，我努力说服父母，去拓展在当地的社交圈子，带他们参加各种老年人社群和老人协会，让他们不在老家也能过上开心的退休生活。同时，我放下完美主义者对周边人高标准的要求，理解和接纳父母所有的行为，不吝惜对他们的赞美和肯定，让他们找回退休前在工作上的成就感。他们开心了，心情舒畅了，帮忙照顾孩子的心态也由抱怨转向了悦纳。

我变得开心、快乐，家里的氛围也变得轻松、温暖，工作职位也得到了晋升。当我正确处理了和自己、和外在世界的关系后，我发现世间的美好开始向我招手。其实，所有的美好一直都在，只不过不同的心境会有不同的感悟。这就是转念的力量！

转念，对于完美主义的我来说，意味着停止苛责自己、恰当地自我反思。

没有自我反思，人生不值得一过；但过度自我反思，人生过不下去。

除了我自己，我身边不乏自我要求很高、容易过度自我反思的朋友。比如小A,不小心吼了孩子一句话后,就开始谴责自己是个失败的妈妈,不停指责自己:“为什么别人都可以心平气和,我却总是这么急躁?”小B,在工作上犯了错误,哪怕问题已经解决,还是会内疚得茶饭不思,不停地自我抱怨:“唉,都怪我!”

当我安抚他们,告诉他们不用这样苛责自己的时候,他们都会问我同样的问题:“什么样的自我反思是合理的?什么样的自我反思是过度的?该如何拿捏好这个‘度’?”

我们当然知道人生需要适当地自我反思,但有时候会不知不觉地越反思就越焦虑。有没有什么依据,可以帮助我们识别,自己是否正处于一个不当的自我反思中呢?

我总结了两个不同,来判断到底是不当的自我反思,还是健康的自我反思。

第一个不同:不当的自我反思常伴有自我攻击,健康的自我反思则是源于自我关怀。

我每次复盘,做自我反思,首先会揪出自己的问题,把自己批评一遍,严厉地警告自己不能再犯。这样做,确实能够让自己不再踩坑,但每一次的反思过后,我的心里都会涌出许多自我鄙视的情绪,精神状态持续低落。

记得鑫鑫上幼儿园中班那年,父母还在老家,我独自带娃。一天下午,临时的客户会议,让我没法及时到幼儿园接鑫鑫放学。老师给我打了一通又一通电话提醒,无奈,身在会场,身不由己。直到接了第五通电话后,我终于赶到幼儿园。

我清晰地记得,那个晚上,鑫鑫小小的身影,坐在偌大的教室里,孤零零地玩着玩具,脸上还有未干的泪水。看到那一幕,我心如刀绞,鼻子一酸,眼泪忍不住地掉下来,我陷入深深的自责中。回家路上,我不停地责备自己没有照顾好鑫鑫:“你是怎么当妈妈的?”“你真的太失败了!”这样的谴责在我脑海中久久挥散不去。接下来的一个月,我时不时就会回想这件事情。每想一次,我对自己的谴责就多一分,对鑫鑫的愧疚就多一分。

这样的状态甚至影响到了工作,让我在工作中出现一些低级错误。直到父母从老家赶来帮我带孩子,这种状态才有所好转。

后来，我学习了心理学，学习转念。自我悦纳、放下不合理的苛责后，回头看这件事，当初走不出来的死胡同，其实是因为在自我反思中，我把自己当成了敌人，并且不断攻击。

这样做，短期内或许有所改变，但长期来看，势必让自己不断内耗，越走越累。这就是不当的自我反思。

如果换作现在的我，遇到类似的情况，我会看到自己在某些事情上的无能为力，但不会把这些无能为力理解为自身的不足，认为自己是不好的、差劲的，而是理解和接纳自己的局限性：我不是故意迟到、不按时接鑫鑫回家的，再像关心朋友一样，鼓励自己去总结经验、做出改善：出现类似的情况，可以请邻居帮忙接送；甚至和父母沟通好，让他们帮忙照顾孩子一段时间。

健康的自我反思能让我们更有前进的动力，关爱自己；不当的自我反思则会让人不停地自我攻击，陷入停滞的状态。

第二个不同：不当的自我反思让人一味地纠结过去，健康的自我反思使人着眼于现在和将来。

小 C 和我分享过这样一段经历。2020 年，她和男友加入了一个微商组织，两人前前后后共投资了 11 万，当上了“代理”。他们认为从此会走上创富的康庄大道，离财富自由又迈进了一大步。

不幸的是，这个微商，后来被查出卖的是三无产品，还涉嫌传销，小 C 他们投进去的钱全部都打了水漂。

小 C 非常后悔和自责，每天都在责备自己：“为什么要信那个微商的话？”“要是当初听家人劝说就好了！”并且不断反思自己是怎么被诱惑的？怎么被洗脑的？怎么就冲动转了钱的？各种思绪缠绕在一起，让她越想越痛苦。就这样，小 C 消沉了一年多，才慢慢走出来。

小 D 和小 C 是同一期加入那个微商组织的，也被骗了 12.7 万元，然而小 D 早就收拾好了心情，该喝喝，该玩玩，生活依旧过得有滋有味。

我很好奇小 D 面对同样的事件，为何会有不同的想法。我问她：“难道你就不难过吗？还是你的心比较大？”

“怎么可能不难过？！”小 D 说道，“我很心痛，也很后悔，差不多有一个多月的时间，我每天都在检讨自己！但是后来转念一想，事情都已经发生了，再怎么检讨和反思，又有什么用？只能接受。”她顿了顿，接着说：“最重要的，是要反思这段被骗的经历可以教会我什么！所谓吃一堑长一智，我坚信，以后任何妖魔鬼怪，就算在我面前七十二变，我都能像孙悟空那样，用火眼金睛一眼识别出来！”

同样的遭遇，不同的自我反思，带来截然不同的生活。要走出被骗的阴影，对谁来说，都不容易。但在自我反思中，不愿意接受已经发生的事实，总在咀嚼被骗的每一个细节，甚至幻想一切还没有发生，这对现在的自己，其实并没有好处。

如果像小 D 那样，在自我反思的过程中，把过去当成一种资源，侧重思考“现在的我能做点什么？未来的我能警惕什么？”，那么，被骗的过去就没有白白经历，甚至是一种阅历财富。

健康的自我反思，是认清既定的事实后，把精力聚焦于现在和未来；不当的自我反思，让人沉迷于过去，心存幻想。

前者具有建设性，给人带来收获；后者让人寸步难移，无法进步。

健康的自我反思如此重要，那么，要如何恰当地自我反思呢？

首先，少自我评判，多尝试用描述性的语言自我对话。自我反思的时候，提醒自己，去描述事情本身，尽量不要给自己贴好的或者坏的标签。比如，前面提到的小 A，那位因为吼了孩子而过度自责的妈妈，在自我反思的时候，可以这样和自己对话：“早上我吼了孩子，当时发生了____事情，孩子的反应是____，我的感受是____。”

其次，少问自己“为什么”，多问自己“是什么”。比如，假设小 E 不小心搞砸了上司交代的重要任务，如果复盘的时候，不停地问自己：“我为什么会搞砸？”这可能很难得出客观的结论，甚至可能让小 E 钻牛角尖，觉得自己很差劲。如果小 E 问自己：“我的感受是什么？”“我的想法是什么？”“有什么是我能做的？”也许此刻，小 E 会感受到，自己心情很不好，意识到是自己搞错了流程，其实可以请教一下同事。

这个方法来自美国哲学博士、组织心理学家塔莎·欧里希。她在研究后发现，“为什么”常常让人不自觉地向内归因，而“是什么”则会让我们更多地聚焦于当下的感受、想法、应对方式，从而帮助我们清晰地梳理头绪，让我们更有能力进行改善。

要改掉旧的、固有的、不当的自我反思模式不容易，毕竟那是长久以来存在于我们心里的。也许是一直被要求“凡事都要从自己身上找原因”，也许是在成长过程中，并没有好好被引导要如何处理犯过的错误。

我想起英国作家阿兰·德波顿在《哲学的慰藉》中写道的：“你问我有哪些进步？我开始成为自己的朋友。”我们的自我反思是否恰当，其实关键在于你是在做自己的朋友，还是在做自己的敌人？

健康的自我反思，核心在于：专注当下，关怀自己。至少不要成为自己的敌人，不要总把自己当成罪魁祸首。如此一来，自我反思的时候，才可能迸发出有效的、令自己豁然开朗的灵感。一个人对自己爱和关怀，天然就会有向上的动力，因为这才是最有效的内在动机。

我在变好的路上，选择先成为自己的朋友，对自己的苛责越来越少，给自己的关怀越来越多，真正做到了转念好好爱自己。

《问道心得》里说：“懂得反省是修行的根本，学会转念是修行的诀窍。”

转念，让我在职场这条修行路上得到质的飞跃。十多年的职场经历，让我深刻感受到，职场人的成功，85%和专业知识、经验技能没有关系，只和软性素质有关。这个软性素质，包括了高维智慧，而转念，是高维智慧中很小的一部分。

北大刘丰教授运用来自科学的四个基本概念——维度、能量波、投影、全息，来解读不同的人类智慧系统。他把量子力学等前沿科学，与中国传统哲学、佛教理论等融为一体，提出生命中最重要的事情就是提升我们的维度。

在学习高维智慧之前，我遇到问题，会把精力放在解决方案上。学习高维智慧之后，在解决所有问题前，我都会先问自己一句：这件事是在告诉我什么？从意识成长的角度对自己进行灵魂考问。通过这样的转念，我发现，工作、生活中遇到的问题都是应用题，不能只把它当作一道数学题来解。因为应用题的答案,来自看待它的维度,解题的第一步是要读懂这道题是什么、要考我的是什么;而不是解数学题,只是按照表象的逻辑去解答。比如,之前我的工作和生活严重失衡,我陷于探索平衡之道而无法自拔,始终没有走出来。当我转念,升维看待这件事情,我发现,这种失衡其实是在提醒我,帮助我,让我超越我自己。

从高维角度看世间的一切,它们无时无刻不在吸引正能量,无时无刻不在精进人生,能够化万物为成长的动力。

高维智慧如此重要,在日常生活中,我们要如何提高自己的人生维度?

读书、观影、旅行都是不错的方法。古人云:“听君一席话,胜读十年书。”如果能和比自己更高维的人交流,那么进步会更快。我就是其中的受益者。我在薇安老师的学习平台与一群有相同志向的人为伍,在浓浓的修“维”氛围中,像海绵一样吸收高维智慧。自己在快速成长的同时,也带动了很大一批人不断升维进步。

非常期待看到我的故事的你,扫描二维码来与我交流,让我不仅有机会赠送你《职场“升级打怪”的三个高维智慧》,更能把更多的价值观传递给你。往后余生,我们一起向上生长。

愿我们都能超越认知局限,提升意识维度,追求生命的终极圆满!

第四章

与伟大格局观者同行

墨玲

Lynn Star Makeup 彩妆学院创始人
墨尔本时装周明星、模特彩妆造型总监

扫码加好友

墨玲 BESTdisc 行为特征分析报告

CSI 型

新女性创造社

报告日期：2022年06月26日
测评用时：07分48秒（建议用时：8分钟）

BESTdisc曲线

自然状态下的墨玲　　**工作场景中的墨玲**　　**墨玲在压力下的行为变化**

D　I　S　C

100%
90%
50%
10%
0

D-Dominance(掌控支配型)　I-Influence(社交影响型)　S-Steadiness(稳健支持型)　C-Compliance(谨慎分析型)

墨玲热情，愉快，亲切，有说服力。她能高效地利用技术和专业知识，对质量产生积极影响。她精确而有逻辑性，善于分析，具有创新能力。墨玲善于分析事实，会透彻地思考，并且仔细地制订计划。她相当受人欢迎，办事可靠且为他人着想，愿意提供服务，特别注意根据情境调整自己，让氛围始终保持愉快。

做一个“明星”，放大和输出价值

从痛苦三宝妈蜕变成国际时装周彩妆师,我都做对了什么?

放弃稳定工作，成为一名全职三宝妈

初夏,阳光一如往常那么明媚。

我在自家小院的后花园中,一边吃着香甜的蛋糕,一边看着时尚杂志,从琳琅满目的杂志上汲取一些灵感。

我在南半球的澳大利亚生活,在艺术气息浓郁的墨尔本已经定居了 17 年。

落地玻璃窗映照着午后的阳光,一边摆弄着毛茸茸的金合欢,一边调配面粉,制作香甜扑鼻的纸杯蛋糕。我想,这就是大家想象中的悠闲的国外生活吧!事实并非如此。因为心中的执着,我做回了真正的自己,我的故事,要从 2010 年底说起。

我是墨玲,一个三宝妈妈。

曾经的我,不化妆、不打扮,辞掉稳定的教师工作,专心在家相夫教子,过着简单清净的日子,收获了简单却又满满的幸福!按道理说,我该满足。

可是,我内心深处有一个声音告诉我,现在的日子犹如一潭死水,枯燥无味,再这么下去,我只会和社会越来越脱节。

就这样，我变得越来越自卑，原本自信满满的我，越来越消沉度日，连一向对我百依百顺的先生都说："你有没有搞错？是我养的你。你天天在家无压力，睡到自然醒，难道连做个饭、带一下娃都做不好吗？"

当时，我也觉得是自己的问题，可是我觉得很憋屈。因为，我也很累呀。难道做好饭、带好娃就是没压力、没价值的事情吗？

不！那绝不是我想要的未来。

在经历过无数次睁眼到天明的痛苦日子后，我开始观察身边事业成功的朋友，发现他们都有一个特点，即都在做自己感兴趣或自己擅长的事情。当时，我自己也在苦想，自己到底喜欢什么？当时的我，对于自己的未来真的很迷茫，可能因为看不到前路在何方？可能对自己了解不透彻？可能还没有找到目标……

当时的我，反正不知从何入手，干脆从自身开始，从外到内，边学边找。形象是名片，形象提升了，起码首先自己变自信了，再去思考自己能做什么。

我喜欢画画，喜欢设计，喜欢美，就在这样的想法驱动下，我报名了一位微博知名彩妆师的线下彩妆班。对彩妆有兴趣，又可以改变一下自己的形象，感觉是一次双赢的学习。通过一个月的学习，我在形象上有很大的变化。首先是皮肤护理，从前，我都是和小孩共用护肤品，导致皮肤衰老明显；再加上经常被大洋洲毒辣的太阳暴晒，脸上布满晒斑，实在让我无地自容。

在彩妆课上，我学会了五官风格判断，还学到了以"柔"带"亲和"，以"亮"带"精致"，以"色"带"气质"，以"暗"带出"立体"，彩妆在脸上隐形而自然，闪烁亮眼。

在自己脸上画出年轻、有活力、自信的感觉，有效化妆，还原美貌！就连我身边的朋友都在问，你最近去学了什么？外形变了，感觉更自信、更开朗！

我开始意识到改变形象的力量。自己的改变，不仅影响自己，还影响了别人！随后，我在澳大利亚报读专业的彩妆课程。不知不觉中，出于对彩妆的热爱，我每年花费至少六位数去不同的国家进修彩妆，终于找到了自己的人生目标——往后余生，成为一名国际彩妆师。

我不想再过灰头土脸的全职家庭主妇的日子，我想要让自己的事业绽放出耀眼的光芒！哪怕我先生说我自私，只顾自己，哪怕他一直反对，足足跟我冷战一个月，哪怕我当时已经做好如果他再反对下去就离婚的打算，我也坚决不妥协！

我告诉自己，我的人生由我决定，谁也阻挠不了我！

我先生看到我的决心后，最后同意了，每年还跟着我去世界各国游学！现在回想起来，也不知道当时哪里来的勇气，但是我感恩自己的坚持。

用8年汗水，蜕变为墨尔本时装周造型彩妆师

当时，没有技能、没有方向的我，决定先从改变自己的形象开始，然后帮助身边的女性改变她们的形象。

通过整整8年的坚持与努力，我终于成为墨尔本时装周造型彩妆师、《非诚勿扰》墨尔本专场后台彩妆师和澳大利亚中国旅游小姐总决赛后台总监。除了大型舞台的工作，我也忙于打理自己的美容院和彩妆课程。在业余时间，我会陪伴三娃学习各种乐器和运动，一边表扬她们的进步，一边在旁边安排自己的线上课程，回复私教学员们的问题。周日则是我的家庭日，我不安排工作，尽情陪伴先生和孩子们！

渐渐地，身边的人总会怀着疑惑问我："天哪！三宝妈还这么拼，不累吗？"

累吗？

当然是累的，但我为了更好地追求自己的梦想，培养好下一代，我绝不会放弃自己。

在我看来，每一个人来到这世上，都需要一份勇气、一份坚持、一个爱好、一个使命感。终其一生，也只有你自己才能去实现自我价值！

创业的路上并没有一帆风顺,2018 年年底,我遭遇了瓶颈。

一位学员问我:“墨玲老师,你的课程这么好,但你一天最多可以跟几个学生上课?天天上课,说着同样的话,你不累吗?”她这番话,给我当头一棒,一语惊醒我这个沉醉于旧梦的人。

我决定突破自己的固有局限,勇敢而美丽地跳出舒适圈,绝不能再这样下去!我决定扫清重重障碍,开始着手设计自己的个人品牌定位。

凭借多年的实战经验,我给自己定位为“明星级彩妆师”。我开始把自己的经验和技法编写好,快速设计了线上的基础和进阶彩妆课程,开启了我后半生的事业。

我总是听到大家有如下困扰:市面上这么多护肤品、彩妆品,到底哪些适合我?已经用了最贵的护肤品在我脸上,感觉没什么效果;出门想打扮一下显精神,却为了化妆总是迟到?想找男朋友,大家说我形象土气;跟同龄人合照,我的脸色黯淡无光,特别显老;脸上的斑点越来越明显,我又经常忘了涂防晒;五官不错的我,总是化妆后显老气;日常化了妆,没多久就晕妆,干脆素颜上班,上司却说我来上班没精神;天天晚上熬夜刷手机、玩游戏,黑眼圈好明显,怎么办?

这些问题背后的原因是大家还不够爱自己!

对我来说,用美影响身边更多的女性,成就她们的美丽人生,是我此生最大的使命!

事业低谷，看不见未来

令我没有想到的是，我这个事业在开头就遇到了诸多困难。

对于定居海外多年的我来说，与国内的联系很少，起步是很艰难的。就连负责国内运营社群的老师，也对我展开层层打击："现在网络信息泛滥，特别是美妆类，上网随便就能够搜到想学的内容，那些博主无论是论颜值，还是论内容，都非常优秀！谁还会付费上你的课程？你这块根本没法做！我还是不参与进来了，免得浪费时间……"

当时，本来满怀激情的我顿时就像被夏天的雷劈了一样，被轰隆隆地炸醒。

既然竞争如此激烈，我还要坚持下去吗？

我认真思考了几天，决定还是咬咬牙上场，我不想如此轻易就被打倒。

第一期课程做得非常艰难，我用尽全力找来身边的朋友、旧同事，耗时整整2个月才招募到30位学员。从招募到运营，我一手策划，对于每位学员的五官分析、皮肤咨询，我都写成报告，然后在课程里去解决她们的问题。

我相信，细节决定成败，从需求出发去上课，才是真正有效的。

五期下来，课程满意度99%，课程转化30%，这是很让我满意的数据。但我足足坚持一年多，线上课程毫无起色，算上我设计课程和开课的时间成本、海报设计费、运营开支等，我一直在亏本教课，招生难、运营难，变现更难！

慢慢地，我的心中萌生了放弃的想法，想要回归国外半退休的生活。毕竟做事在人，成事在天，那时，我自暴自弃地想，估计是老天爷也不想让我把事情做起来吧？

转机出现，拥抱新赛道

转机出现在2020年年初。

那时因为发生疫情，门店关闭、家门不能出，整个城市按下了暂停键。

我封锁在家180天，整整半年时光，本想放下线上，转到稳定的线下实体门店，却接到了暂停营业的命令！当时我感觉自己没有未来了，整个人生出路被堵死了！线下和线上双双没有希望，我该何去何从？

我的情绪一度失控，大喜大悲，性格反常，甚至时常有呕吐的感觉，连小孩都不敢靠近我。晚上睡觉前，都担心能不能顺利入睡或者是否会半夜惊醒，就连平常一周多次与父母的视频聊天，也变为一周一次。每次和父母通话时，我都表现得十分乐观，因为我实在不想父母为远在外国的我担心。

看到我的不适，我先生会给我鼓励，还想带我去看医生。那些失落、无助和焦虑的情绪，铺天盖地地席卷而来，我就像一只小鸟在天上拼命飞，飞累了，却没有找到落地的点。

在我最难过的时候，转机出现了。

偶然间，我得知曾经一起参加各种大型活动的知名摄影师变卖设备，转行去卖寿司。这让我相当惊讶，他的拍摄经验丰富，为什么转行？仔细思考下，我才明白是因为如果思维不进步，一味固守旧商业模式，那么即便再有经验，也很难在线下生意上苦熬下去，只能忍痛割舍自己的艺术喜好，为谋生而工作！

因为知道了他的经历，所以我对自己说，我不要这样，我不能放弃自己的梦想。我决定按下自己的“重启”按钮，寻找新出路。

果然，我在微信视频号上，找到了机会。我发现互联网发展迅速，坚信以后全球办公和全球学习会成为新的时代趋势。我决定抓住时代的机遇，逼自己一把,踏出勇敢的一步。不管成功与否,起码自己尝试过,那就不会后悔! 我这只飞累了的小鸟,在歇一歇后,会继续飞翔!

我说干就干,开始报课学习做视频号和制作分享彩妆的小视频。在最开始制作一条视频时,我至少需要花 3 天的时间去完成,可即便如此,我也没有退缩。

我用心去做这件事,坚持每周一发。就这样,我从一个 0 基础的"小白"起步,不懂就去学,一手包办创作了 50 多条视频。其中一条视频《我用十三年证明,自己的路一直在脚下》就是我当时的心声,一发布就突破了 10 万的观看量,吸引了 100 多个的新关注。这样的数据,对于新手的我而言,无疑是一种肯定,也是一种莫名的力量在推动我前进。不到一年的时间,我就积累了几万粉丝,成功取得美妆博主认证,开启了我的新赛道!

只是,做到后来,我渐渐发现了一个致命的问题。

我一直发布分享彩妆的视频,但是最终还得考虑产品承接和变现的问题。我想到自己的课程可以跟视频号关联在一起,但如何落地是一个大的困扰。

遇见人生导师,事业不断绽放

就在我百思不得其解的时候,就在我最迷茫、最痛苦、最不甘心的时候,我发现我的朋友——声音教练晶晶老师在短短几个月内突飞猛进,格局和势能都提升很快。我按捺不住好奇心,去问她为什么变化这么大,她为我揭晓了答案。

原来,她跟随著名的全球 IP 导师薇安老师系统地学习了个人品牌的打造,所以才有了翻天覆地的变化。

我是个谨慎的人,虽然晶晶竭力推荐,但我还是决定先仔细观察薇安老师一段时间再说。我开始看她的直播分享、翻她的公众号，在一场场直播分享和一篇篇文章里，薇安老师对事业、家庭、生活的思考，对当时焦虑的我来说影响很深！那句“因为淋过雨，所以为你来撑伞”，直接击中了我内心深处。不错，这就是我要寻找的导师！于是，那扇改变我命运的大门成功开启了！

冲着对薇安老师的敬佩，9月底，我报名了她的王牌课程“21天个人品牌创富营”。已经有基础的我，在创富营里得到了子墨教练的指点，包括从用户画像到课程内容打磨，我设计了一个99元的3天懒人彩妆课程，推出当天就有100多人报名，当天变现五位数。

因为客户的痛点被我精准解决，学员们纷纷表示收获很大，运营细致又贴心，学习氛围很好。这一天顶我半年的效益，在多种情绪的冲击下，我哭了！

我的课程为什么之前一直做不好？因为我的流量不够，用户画像不清晰，课程需求不精准等，而上了“21天个人品牌创富营”后，我不会再有类似问题。

同月，我就根据懒人课学员的实际需求，立马推出21天好皮肤训练营，成功转化50%的学员报名，薇安老师说：“转化率在20%～30%，是顶尖高手！”这话让我更加有信心，小闭环已经在潜移默化中形成，这也是我的商业模式的雏形。

后来，我的学员逐渐增加，开启了全球招募。学员们都非常优秀且有能量，她们来自中国、英国、法国、意大利、日本等等。

在我的课程和商业闭环升级以后，我决定报名薇安老师的私董，老师为我1对1赋能之后，认为我适合高价定位。在她的帮助下，我把自己杂乱的课程分类删繁就简，集中精力打造爆款。

除此之外，我还坚持每周直播，打通公域和私域。薇安老师点名让我加入直播赛道，还建议我天天直播，我当时一听，直接吓傻了，我的第一反应是：“啊，怎么播？天天直播？分享什么？”

薇安老师告诉我，直播对于彩妆来说是非常好的呈现方式，让我好好把握，不要错过。就这样，在两百多位同门的见证下，我一口就答应了！

在薇安老师的鼓励下，我说干就干，给自己规定在一周内的固定时间做三次直播，分享我的护肤、彩妆、育儿经验等等，从刚开始只有十几人、一百人、两百人、五百人、七百人观看，到后来每场直播都有几千人观看。无论中间遇到过多少困难，我都咬咬牙，靠着自己的坚持一一挺过来。

在无数次直播锤炼中，我的镜头表达力、直播技巧、解决问题的反应能力都迅速提升！

事业升级，全力突破自我

最近，我收到了一个具有突破性的好消息。

视频号官方邀请我进行“八点一刻”的分享，在开播前还给我设定目标——场观要达到 5 万以上，谁知道仅仅 2 个半小时的直播，场观就突破了 16 万！这让我觉得不可思议，但仔细想想，这归功于我在日常直播中的锻炼和积累。所以，我非常感恩遇见我的创业导师薇安老师，是她一直鼓励我直播，才有了我现在的成绩。

通过直播去加速事业的成长以后，我才明白了 3 个重要真相：

第一，要去持续输出价值；

第二，要从根本上去解决他人的痛点，提供解决方案；

第三，要坚持，有节奏地去做，用一生的热爱去全力以赴，帮助更多女性提高形象影响力，活得灿烂！

2021 年 12 月，薇安老师说我需要设计高价位的服务，私人定制或者私教肯定是以后的大趋势，所以要尽快推出。

我决定逼自己一把，在那个月底首发年度形象私教，从设定一年只招 3 位学员到后面陆续成功招收 4 位年度形象私教弟子，招生情况比我预想的要顺利得多。

2022 年 5 月,我做了一个具有突破性的大事件。

那就是我做了人生中的首次 9 小时大直播,与 10 位优秀的嘉宾连麦。当时,因为室内限制人员聚集,我只好一人上播,直播间的现场没有任何助手,国内学员知道后,过百人纷纷积极参与,轮班制线上助力。我一人连续直播 9 小时,看其他人都有 3 ~ 4 位助手在旁协助,我却独自一个上场,觉得有点凄凉。

在开播前,我真的很怕直播间里会有各种意外发生。我的先生得知我的这些担忧后,紧紧地抱住我,坚定地说:“没事,一切有我在!”这句话就像给我吃了一颗定心丸,我更紧地抱住了他。那一刻,我觉得自己真幸福!

此时此刻,当我回想起那时的种种情景,我依旧会热泪盈眶。幸福是什么?幸福就是在你的人生路上,有明灯般的老师,有爱人的支持,有幸福的事业,有使命感的前进方向!如此,便足矣!

当天直播,我的先生给我当小助手,线上线下协助,顺利完成整场直播,当天 GMV 顺利突破 10 万以上,我成功招募了数位私教弟子。最后,先生还给我准备了一个神秘礼物,他给我送上了一捧我最爱的鲜花,祝贺我的首次 9 小时直播顺利完成。

课程和直播新赛道的突破,让我觉得自己没什么事是做不到的,其实,人生就是一次一次的自我突破!从想放弃到进步,再到行动,最后有收获,当中的所有点滴,都需要自己去经历!

你不亲自去经历、去大胆尝试,你,永远不知道自己有多优秀!

帮助盲人学生,全面绽放美丽

通过多年修习与实战教学,我对于护肤、彩妆,有不一样的理解。护肤、彩妆，都不单纯是为了寻找自己的形象美，最重要的是一份对于自我的独一无二的追求以及对美好向往的执着。

你脸上的皮肤和附着于皮肤上的彩妆，到底是给谁看的？是给你自己看，还是给别人看？

我认为，你的形象首先是给自己看的。每当你看到镜子中的自己，拥有好气色的脸颊，你可以尽情地欣赏自己，也可以告诉自己——哇，原来我可以这么美！我还可以这么年轻！这么闪亮！这是一种成功的自我暗示，让你从内到外散发出自信、有魅力的气质。

然后，才是给别人看的。在生活和工作上，我们都可以把目前的情绪、状态、能量传递给身边的人。

在国外，化妆也是一种礼貌的行为！因为你在传递给别人好的能量。甚至站在国外的路上，你会看到，哪怕是拄着拐杖的老人，她们都涂着口红，这是一种社交礼仪。如今，好形象更被形容为“新的生产力”，现在的人越来越注重自己的形象！

在我所有的学生里，有一位学生让我印象深刻，因为她是一位盲人。

在一次懒人彩妆课程招募时，我突然收到一条与众不同的短信：“你好，Lynn 老师！看到你的懒人彩妆课程，我很想参加。等我眼睛好了，我要来报名！”

我疑惑地回复：“你好！为什么是等你的眼睛好了？”

细问之后，我才知道，她是一位有两个小孩的妈妈，还是一位盲人正骨师、针灸师。她的双眼是全盲的状态。当时，我简直要惊掉了下巴，一位盲人都有如此想要变美的心、一份追求更完美的自己的执着！

我被她深深震撼，并且打动了。

我对她说会 1 对 1 教她，虽然我没有给盲人教授过彩妆，但我愿意尝试，把她教会！她很开心地说：“老师，太好了！我从来没有自己化过妆，这是我的第一次！”

在给她上 1 对 1 私教课以前，我让她把懒人彩妆的七件彩妆单品准备好，用视频方式给她上课。课前，其实我也有点担心，教盲人化妆我是第一次，看不到，那怎样才能教会她呢？

上课前，我特地设计了让她摸自己五官的环节，以此让她找准五官的位置，然后用手把彩妆放到对的位置。我让她把化妆品摆在镜头前，触摸每个产品，告诉她这是什么、有什么用途，接着去上手操作。一般上课，我都是让学生们用刷具上妆，而我给她设计了一个特别的环节，那就是用手指上妆！

令人意外的惊喜，就那样猝不及防地出现了。因为手指有温度，通过一点一抹的方式，出来的效果出奇地好，非常自然。整整两个小时下来，我把整个懒人彩妆的技巧都教给了她，我俩很认真地对着镜头，我边指导，她边操作，成功上完一节别出心裁的懒人彩妆课。最后，她还让室友给她拍了一张照片。

她像个小孩子一样，调皮地问我："Lynn 老师，我现在美吗？"

我点点头："你真美！你的美让我忍不住细细品味。"

教会了这位盲人学员，我对自己的课程更加有信心了。

掌握万能的六步化妆法，为你的人生增色

在这里，我也和大家简单分享下懒人彩妆的 6 大彩妆步骤，为你解密如何通过妆前乳、遮瑕、底妆、定妆、眉毛、眼影、腮红、口红，让你的日常妆容又懒又美。

第一步：妆前乳

这是一个很重要的底妆，就像建房子要先打地基一样，妆前乳是让整个彩妆持久、稳固并且让粉底妆效更高级的基础。油性或混合性皮肤用持久

控油的妆前乳，干性或中性皮肤用保湿类型的妆前乳。还有，值得注意的一点是，大部分亚洲人的肤色比较暗沉，喜欢白、透、亮的效果，所以推荐紫色或者粉色的妆前乳。护肤后，将粉底涂在脸的黄金三角区，去黄提亮，修饰脸型。

第二步：遮瑕

因为遮瑕需要附着在皮肤上，才能有效遮盖瑕疵，所以遮瑕质地一般偏干。日常尽量用隐形，可以在粉底前使用，点在脸上暗沉或者凹陷的部位，轻拍晕开即可。让遮瑕与粉底融为一体，底妆就更自然、隐形。

第三步：底妆

这是脸上最重要，也是面积最大的彩妆部分。不管是远看，还是近看，别人一眼就能看到底妆，底妆又受皮肤的影响。之前，一位彩妆学员求助我，她日常不上粉底时，皮肤还挺好的；一上粉底，皮肤就干燥、暗沉，皱纹更明显，哪怕用再贵的粉底都是不化妆比化妆还好看。所以，她感到非常挫败，这样的尴尬情况，让她不敢化妆。

我为她提供了完美的解决方案，其实最重要的就是考虑以下 2 个问题：

1. 上粉底前，皮肤加强保湿，做好打底。化妆前的醒肤是我在上课或者直播时经常强调的地方，不要在几分钟内把多种护肤品、化妆品往皮肤上涂抹，我们的皮肤会吃不消的，什么“晕妆”“搓泥”“土石流”等等就是这样产生的。

2. 粉底用量的把控非常重要，真的只需“绿豆”大小即可。如果想加强保湿，可以把粉底与精华液按照 3：1 的比例混合，再上妆。我一直强调，粉底不是用来遮瑕的，而是用来均匀肤色的，使用轻薄粉底，出来的才是“若有似无”的好皮肤！

第四步：定妆

对于这部分，不少学员又爱又恨，想妆感持久，但又怕蜜粉太干，脸上粉感太重，重点在于要选择粉质细腻的蜜粉，以印章式的上妆手法上粉，量少、局部轻按。你试试，相信你的底妆就不会有粉感了！

第五步：眉毛

近几年流行自然眉毛。在日常彩妆里，并不需要刻意修改眉形，简单修剪杂毛，用眉粉去描画自己原有的眉形，突出原生眉毛的眉色和眉毛的流畅感即可。

第六步：眼影，腮红，口红

这三个步骤，在懒人彩妆里，我把它们三个合而为一。我们经常说的"好看"，其实就是"舒服"的意思，那么，怎样才能让妆感舒服呢？核心秘诀在于颜色的接近，在眼影、腮红、口红这三个重点体现颜色的部位，其实可以尝试用一支口红去上妆，注意挑选中性颜色、哑光质地，持久、不容易晕妆。用手指轻抹在眼窝、颧骨、嘴唇上，你会看到非常自然、气色又很统一的妆面，是不是很适合懒人出门？

因为五大维度，我成为更好的自己

除了盲人学员的励志故事，最近我的一位私教弟子也让我深受感动。

从我的懒人彩妆课到皮肤训练营再到成为我的私教弟子,她一步步向我靠近。

不久前,她对我“表白”:“老师,其实在认识你那天,我就决定以后要成为你这样的人。我一直希望从事关于美方面的事业,改变自己,再用自己的能力帮助别人改变! 因为遇见你,所以我看到了希望……”

她,是一位宝妈,也是一位会计,对彩妆非常感兴趣,业余去做彩妆师。从报名我的私教课的第一天,我就根据她的情况,制订了详细的私教大纲,从五大维度,去培养她成为下一个墨玲。

这五大维度分别是:

维度一:专业知识,学习实践;

维度二:有效输出,包括但不限于在朋友圈、视频号、小红书等平台发布内容;

维度三:培养沟通能力,参与社群运营,后期开设线下彩妆护肤课程;

维度四:正心正念,以利他之心去帮助别人解决痛点,做“值钱”的人;

维度五:打造营销体系框架,学会营销自己,专业+营销相结合。

最近,她在我的鼓励下,大胆尝试开始创立自己的小型彩妆工作室,从简单的日常彩妆入手,帮助身边的宝妈,教她们简单的护肤和彩妆方法,边学边教,教也是最好的学。我让她记录每个人的成功案例,线上线下同步进行,她还准备做一场百人公益彩妆活动,我大力支持。这个太棒了!

多年前,我是一名每天围着孩子转的三宝妈,不知道自己的未来到底在哪里;现在,我不仅是一位知名的时装周国际彩妆师,还通过彩妆遇见了无数同频的学生,成功通过彩妆,改变了人生。

人生的最高境界在于把自己热爱的事情,在日积月累中打磨成终身事业,并带着一种冥冥中的使命感去前进!

往后岁月,我将全力以赴,用我的经历和走过的路,像灯塔一样照亮想成为我的人们,帮助更多女性提高形象影响力、社会竞争力,帮助她们成为自己的明星,在人生长河里永恒闪耀!

如果你一直觉得自己不够美;如果你一直想改变,却不知道从何下手;

如果你想更爱你自己；如果你想让自己变得更加自信；如果你想让自己充满魅力……欢迎你来找我！

我的梦想是帮助和我一样原本生活黯淡无光、毫无生机的女性们，让她们能够绽放自己的美，变得更加自信，实现自我价值，过形象+能力双丰收的人生！

最后，添加我的微信，你可以获得一份适合新手的懒人推荐彩妆品清单、方法，还原你的美貌！

夏末

个人品牌故事写作导师

个人品牌教练

扫码加好友

夏末 BESTdisc 行为特征分析报告

SC 型

新女性创造社 

报告日期：2022年06月27日

测评用时：08分37秒（建议用时：8分钟）

BESTdisc曲线

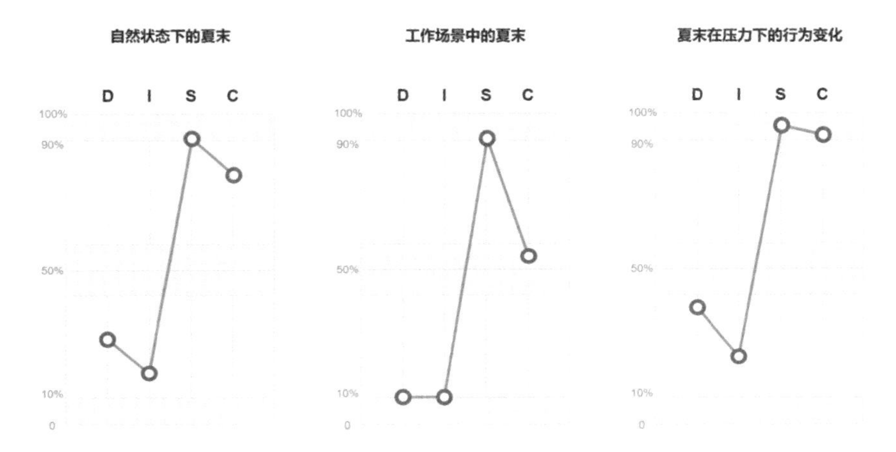

D-Dominance(掌控支配型)　I-Influence(社交影响型)　S-Steadiness(稳健支持型)　C-Compliance(谨慎分析型)

夏末是一个深思熟虑、行事稳重、细致周到、有耐心的人。

她待人处事非常得体，思维敏捷、机灵，而且善于掌握时机，努力且尽责，喜欢执行高标准的任务。她能迅速地抓住关键的事情，而且行事随机应变。在沟通上，她能够照顾他人的需求和感受，愿意聆听和陪伴他人。

我用同理心为大家写故事

当我走进别人的故事中，我才终于找到自己生命的方向。

夏日，傍晚，阳光刺眼。

猛一回头，我发现了那个远近闻名的坏学生。他经常打架，同学们对他总是唯恐避之不及。此刻，**他紧紧地跟在我后面**，我顿时感到有点紧张，一想到我一个女孩子，打也打不过，跑也跑不了，不知如何是好。只见他一双有点凶悍的眼睛，杂草一样的眉毛显得冷峻孤独，头发脏兮兮的，向四面八方炸开来，衣服皱巴巴的，仿佛很久没洗过。

“你家是住在那个岔路口往里走的地方吗？”我率先发话。他愣了好一会儿，大概平时没有人愿意靠近他吧。他狐疑地看看我，点了点头。就这样，我们一边走，一边聊了起来。没想到，这个表面看似吊儿郎当、凶悍狂躁的男孩，在内心深处也有很多自己的想法，甚至也有善良可爱的一面。

一直到分岔路口，我们各回各家。我的心情也从开始的忐忑害怕，转为了喜悦和放松。

我为什么对这件事一直记忆犹新？

因为这是我第一次发现，走进别人的内心，看到别人不一样的一面，获得别人的信任，并收获一份真诚的友情，是多么美好。

那一年，我四年级。

从贪玩的学渣到三个月逆袭，考全校第一

“电视都滚烫的，又半天没学习吧？”爸爸摸了摸电视背面，严厉地责备道。

我是夏末，出生在安徽的一个山村。印象中，父母永远忙碌，爸爸有点严厉。他讲这句话之前的15秒，我已经听到他回家的脚步声，并以迅雷不及掩耳之势，摁了遥控器的关机键。爸爸说完，无奈地摇摇头。

因为成绩不好，还贪玩，我没少挨批评。就这样，我一路平平淡淡地走了过来，来到了高三。

“如果考得好的话，也有可能考上本科……”小姨提醒我妈，这是我班主任的原话。那时离高考还有3个月，班级里总共近60人，我排20多名，偶尔10多名。

“考不上大学，就回家种地。”我妈转身对我说。

我其实挺害怕的，对考大学没有把握，又不想真的一辈子在地里干农活。记得有一次假期，我帮忙摘棉花，有一种很软的虫子，爬到我手上。那种感觉真是刻骨铭心，太恶心了！我当时尖叫到整座山都回荡着我的声音，篮子里的棉花全部打翻在地。

高考在即，平时对学习不怎么上心的我，突然开始对未来有了恐慌。要是真的考不上好的大学，我这一辈子就只能脸朝黄土背朝天了吗？这种恐慌感，让我开始把学习当成生命里最重要的一件事。

别人午休的时候，我一遍一遍在啃不会的数学题。晚上寝室熄灯后，我打着手电筒在被子里复习功课，几乎废寝忘食。

我内心突然冒出了一个无比强大的信念，我一定要考上好的大学！我一定要改变自己的命运！可能是上天感知到了我的信念，加上本身我的学习基础还算扎实，努力终于没有白费，我竟然破天荒地考了全校第一名！我欣喜万分！毕竟，3个月前，我还是一个无法确定是否能考上本科，可能要

回家种田的女孩。

感谢老天的眷顾,也感谢自己没有放弃,咬紧牙关冲刺到了最后,我顺利地进入了一所喜欢的 211 大学,读中文系。

终于可以到外面的世界看一看了,**我满怀信心地想:我的人生从此就要改写了……**

在文字中找到慰藉,却被迫离职

上了大学后,我一下子就从高考第一名的兴奋劲中清醒了过来——优秀的人实在太多了。自己曾经的世界好小,世界一放大,自己就有了渺小的自卑感。

中文系的女孩子不仅貌美,还很有才华,各种演讲辩论社都人才济济。我一个女同学,去了一趟西藏,回来就写了一本厚厚的诗集,我觉得自己普通得如同一粒尘埃。

因为内心很自卑,我就拼命去读书。大学四年,我读了很多书,而这些读过的文字,给了我很多慰藉和力量,也给我后来的写作打下了坚实的基础。

毕业后,我去了一家公司做行政,月工资 2500 元。工作内容琐碎、单调,我很确定这不是我喜欢的工作,内心依然葆有对美好人生的憧憬。不久,做事认真、负责的我,转到了市场部做经理助理,不时需要和国外的客户沟通。工作看上去好像步入了正轨,但是,我的内心总是空落落的,提不起劲。

我对这份工作,既不热爱,也不想长期做下去。寻寻觅觅后,我发现最喜欢的还是文字。于是我转行进入了教培行业,成为一名语文老师,这样刚好也是我的专业所在。这一次,我特别喜欢这份工作。除了上课,时间都是可以自由支配的，不上课的时候，我就读书，读书真的能让我身心愉悦，而孩子们纯真的笑脸也是我坚持的动力。我教孩子们写作，教他们如何写不同类型的文章，教他们如何搭建写作框架，教他们如何更精准地表达自己内心的想法……慢慢地，我收获了越来越多家长和学生的好评。日复一日的语文教学，也让我不断增强了自己的专业能力，加深了对写作的理解。

语文老师这份工作，一坚持就是7年，我帮助很多学生拿到了单科前三的骄人成绩。

记得有个初二的女孩子，虽然进入了重点班，但是语文成绩永远在70分左右徘徊。她的作文比较弱，我首先帮助她克服了一写作文就恐惧的心理，告诉她只要掌握了正确的方法，作文是可以练出来的，包括从结构到措辞，再到如何写好一个场景。除作文外，我再训练她的阅读理解能力，从如何理解一个词、一句话、一篇文章，到结构作用、表现手法等，哪里不会教哪里。就这样，不到2个月时间，她的语文就考到了88分，并稳定在班级第一、第二的名次。

这样的例子有很多，最重要的是，同学们在活学活用中找到了学习的热情和成就感。

一旦学习的热情像熊熊烈火般燃烧起来，考高分只是顺带的事。然而，正当我在教育上一腔热血的时候，2021年，国家出台“双减”政策，后面的事情，或许你们都知道了，整个教培行业，一朝崩塌。覆巢之下，焉有完卵？很快，我也成为被迫离职的一员。

开启线上学习，重新找到人生的方向

是的，我失业了。除此之外，各种不顺接踵而至。那段时间，我几度接近崩溃。有好几次，我对着漆黑的夜空，一个人放声大哭。

我开始思考，我为什么走到了这步境地？这些年，我真正的价值是什么？未来的我，究竟该往哪个方向走呢？

现实一棒子打醒了我。我意识到，从来没有真正稳定的工作，外部的某一个变化，就能令一个行业瞬间灰飞烟灭。**而一个人最靠谱的“铁饭碗”，则是不会被拿走的过硬的专业能力**。这么多年，我最在行、最热爱的，莫过于写作了，我能怎么做呢？我决定重新寻找人生的突破口。

我认认真真在网上查资料、找机会，功夫不负有心人，我有幸认识了薇安老师，她成为我的个人品牌导师。

那时候，我对“个人品牌”还没有什么概念，但是因为这次失业的经历，我知道，我必须要改变自己。付费向有结果的人学习，就是最好的捷径。

都说，读万卷书，不如行万里路；行万里路，不如有名师指路。付费跟随薇安老师学习后，我开启了打造个人品牌之路。我的老师根据我的个人专业情况，赋能我找到了自己的定位——个人品牌故事写作导师。

我眼前一亮。写作，正好是我多年以来的专业，**我也很喜欢听别人的故事，悟自己的人生**。

虽然我心里还有疑惑，写作真的能打造个人品牌，真的有商业变现价值吗？我开始按照老师给我的定位，疯狂地去研究，找到网上广为传播的个人品牌故事与视频进行拆解。一天坚持研究 3 篇，一个来月，我拆解了整整 100 个个人品牌故事。我还和要好的编辑，讨论如何写出更能体现创始人品牌价值的个人故事。

我看到了太多太多普通人，通过写出自己的故事，从而慢慢产生了影响力。我也看到了很多做商业产品的创业家，因为一个好的故事，从而实现了亲近用户、销量倍增的目的。

在这个互联网时代，每个普通人都有自己的发声渠道。每一个好故事，都可能影响无数人。

而我，也第一次真正意识到，自己的写作能力，原来是一项如此宝贵的能力。也是在这个时候，我发现自己过往的种种人生经历，仿佛都串联了起来，形成了一束光，让我看到了自己身上一直被忽视的亮点。

是的，我被点燃了。

我开始和越来越多的人，去畅聊他们的人生故事，去帮助他们挖掘自己人生中的亮点。我开始帮助身边的人，去打磨他们的个人故事，帮助他们从0开始，去被更多人看到。

在这个过程中，我自己的内在能量越来越强。是啊，并不是名人、伟人才有权利拥有故事，很多平凡人的故事所体现出来的精神和品质，也能散发出光芒。那些故事，有些波澜壮阔，有些平淡中有诗，每一个都独一无二。那些在困境中不服输的韧劲，那些在瓶颈期的无止境突破，那些在衣食无忧的人生中，依然不断追求更高梦想的魄力，都曾带给平凡的人们很大力量。

普通人的故事，其实更能够激励普通人，不是吗？

所以，这激发了一个令我激动不已的想法：我立志成为一名个人品牌故事写作导师。我想帮助更多的普通人大胆写出自己的故事。我也是一个普通的女孩，写作是我生命里最热爱的事情。

我想通过写作，帮助更多普通人闪闪发光。

如果有更多人，因为写出个人故事，从而扩大自己的影响力，被更多人认可，这是一件多么有价值的事情啊，它也是我自己未来的目标。

一个普通人，因为一个故事，可能会被更多人认识和记住，例如英语老师CC，因为在公众自媒体平台发了一个故事，播放量近300万，吸引了很多人找她学习英语，实现个人品牌事业的跃迁，收入翻了很多倍。

一个企业家，可能因为自己的故事，助力企业的发展，例如董明珠、罗永浩，大家对他们的个人故事的熟悉度，远远超过了对品牌的认知深度。

一个产品的销售，如果能讲好故事，可能会带来销量的倍增，例如新东方的主播董宇辉，他就是用他积累的才华和细腻动人的小故事，让新东方的农产品狂销热卖。

一个企业本身，如果拥有自己的品牌故事，也能够为企业注入文化和灵魂。

故事，在这个时代多么重要啊。人从小孩子开始，就是喜欢听故事的。好的故事总是让人过目不忘，让人醍醐灌顶。

当我看到了故事写作的价值后，我内心一种使命感油然而生。我要运用我自己的专业能力，帮助更多人写出精彩的故事来！

你想拥有一个自己的故事吗？

由于这么多年积累的专业写作经验，加上我一直在帮助别人写个人品牌故事，所以我拥有一套自己的个人品牌故事写作框架。

“本来我对人生的方向还是有点迷茫，但梳理故事后，我发现原来我有这么多的闪光点。人生目标也越来越清晰，我对自己未来可能拥有的辉煌人生故事充满信心。”我的学员小 H 说。她在我的指导下，写出了自己的个人品牌故事。她原本总是觉得自己很普通，认为写故事是大咖才配拥有的待遇，但在梳理故事的过程中，我引导她找到了自己的个人品牌定位，让她看到她的人生其实有很多独特的闪光点，未来完全可以聚拢起来，创造更多璀璨的人生故事。

这是故事非常重要的意义之一：复盘过去，也展望未来。**通过对过往人生的梳理，挖掘出未来更多的可能性**。

我的学员 Y，因为我给他写的个人品牌故事，10 分钟吸引了 200 多个精准粉丝。这些人中，有些成为他平台的合伙人；有些成为他的客户，建立了长期的合作关系；还有一些伙伴看了他的故事后，说这些故事让他们想起了自己相似的经历和心路历程，让人充满力量。

这是故事的重要价值，故事应该给人力量，而那些挫折和苦难，则让人产生共鸣。故事告诉我们，人生没有从始至终的顺境，但我们依然可以在逆境中学会成长和自由翱翔。故事应该具有带领更多人走向更好的人生的力量。

今天，我教给你**写出爆款故事的八大法宝**。

法宝一：记住好故事的公式 = 因为 + 但是 + 所以

因为 + 所以，只是一个陈述句；而因为 + 但是 + 所以，就能变成一个故事。我曾经在《故事力》里看到这样一个真实的故事，一位全职妈妈在创业融资的时候，给著名的投资人徐小平发了一条短信，短信内容如下：

第一句，我是北大毕业的。

第二句，我现在在开淘宝店，淘宝店的销售额已经 3000 万元了。

第三句，但是我陷入了迷茫，您是一位心灵导师，您能不能开导开导我？

结果，徐小平看到这条短信 3 分钟后，就把电话打了过去。当天，他们就约好见面，谈了几个小时，然后徐小平就打算投资她了。

这位全职妈妈就是电商平台蜜芽的创始人刘楠。经过五轮融资，现在这家公司已经有了 100 亿元的估值。所有这些都源于一个三句话的自我介绍，这个介绍就是一个典型的故事。

只有因为 + 所以，就不算一个故事——因为我想融资（目标），所以我想见你（结果），这只能算是一个叙述。

那什么是故事呢？在因为和所以之间加一个但是，就变成了故事！这个但是就是故事所必备的转折、冲突、矛盾。无冲突，不故事。

法宝二：对比，制造冲突

故事要善用对比。文似看山不喜平，故事更是如此。对比，会让故事更加好看。

个人品牌故事，其实就是关于你在挫折中如何打造个人品牌，事业和人生变得越来越好的故事。**故事要注意前后对比，包括思维、职业身份和形象的转变**。通过这些变化，让读者看到你可以变得更好。

人生，没有一帆风顺的，所以，写好对比，开头的目标设定和结果达成之间，一定要有一个激发器。读者先接纳结果没有直接达成，而是有一些曲折，然后再进行改变，最终实现目标。

写对比一般就是这样，本以为 A 行为会导致 B 结果，但往往，A 行为产生了 C 结果。

几经波折，跌宕起伏，最后终于达成了人生目标。这样的故事让人久久回味。

法宝三：凸显专业化形象

在公众号和短视频个人品牌故事中，要放上一些有关个人成长经历的照片，显得更加真实。选择照片的时候，尤其要注意前后照片的对比，还要注意凸显专业化的形象。

天赋解读师小 A，以前的微信头像是一个随手一拍的慵懒的生活照，她的业务一直无人问津。后来，她学习了个人品牌打造课程后，知道了专业化的形象对于打造个人品牌的重要性，第二天就去拍了一组干练的职业照。

接下来一个月，神奇的事情发生了。她一下子收获了 3 个想要跟随她学习天赋解读的私教学员，还有 10 来个人报名她的天赋解读训练营，第一次实现月入超五万元。

她很不解，私教学员告诉她，看她在朋友圈和视频号发布的专业内容，都是干货，而之前没找她报名的原因，是因为她的生活照头像让人感觉不够专业。这让她惊讶极了。可见一组职业照多么重要。

此外，还要注意凸显你专业形象的其他品格。比如，你是个英语老师，那么眼含笑意、亲和力强，就是一个加分项。当然，除了外在的形象，内在的专业能力更是重中之重。你的专业能力和专业化的服务，就是你的品牌价值，所以，在个人故事中，要展现你专业上的一些品质和能力。比如，小 D 是一个财务工作者，那么做事严谨，就是专业必备能力。在故事中，可以通过案例的方式，展现这一能力。

当然，各行各业想要凸显的专业化形象略有差异。总之，专业化形象，要由内而外。内在的知识储备、专业能力，外在的形象，都要凸显专业化，以此展现你独特的个人品牌的魅力。

法宝四：利他精神

写个人品牌故事，切记不要自嗨。个人故事，并不是事无巨细地记录你的人生经历，它一定要跟你的目标受众建立联系。要明确写个人品牌故事的目的，即让更多的人认识你、喜欢你和信任你，从而在购买相关产品的时候想到你。

你可以在个人品牌故事里呈现一些你能够帮到别人的专业技能。比如，英语老师可以展示一些英语学习的方法，如果读者刚好喜欢你的方法，那自然而然想要认识你。个人品牌故事还要展示你的核心价值观、道德观，比如，“我这么普通，既然我通过努力可以做到，那你也可以”“虽然我很普通，但一路通过努力和不服输的精神，成就了如此光彩熠熠的自己”。这些品质也可以激励他人，让普通人找回追逐美好生活的勇气。

法宝五：场景化的细节描写

在个人品牌故事中，我们经常需要用细节描写来凸显画面感，这样场面就更加立体、鲜活，更能让人有身临其境之感。

比如，同样是表现学习英语很努力，如果你说：“我当时努力学习英语，非常刻苦。”别人感受不到。如果你写：“为了掌握英语单词，每天凌晨 5 点寝室门口的路灯下，都有我大声朗读英语的身影。”这个时间、地点、人物和事件的细节描写，就让事件有了画面感。刻苦努力的形象跃然纸上，更能深入人心。

细节把握，还要注意分寸。细节过少，读者什么也感受不到；细节过多，则显得拖沓啰唆，让人看得不耐烦。

此外，语言要简洁精练，多用短句，少用啰唆、冗长的句子，减少句子过长所带来的阅读疲劳。

法宝六：穿插短视频

如果你在打造个人品牌的过程中，过去做了一些专业性的短视频，那可以截取一些专业方面的视频片段，穿插在公众号或短视频个人品牌故事里。这样更能凸显你的专业形象。

这是一个视频化的时代，在视频里，真人出镜，或者放上你的个人照片，将更加真实，更易拉近你与读者的距离。当然，如果是书籍的话，可以放上一些有关你的成长经历和凸显你专业形象的照片。

法宝七：亮眼数据

如果你有能体现专业能力的亮眼数据，可以放进公众号或短视频故事中，那是实力的见证，可以锦上添花。比如，抖音 200 万粉丝、带领 1000 个人实现销售业绩提升，这都是你实力的见证。但**最重要的是，你希望读者看完你的故事后，记住你的什么特点**？

很多人为了表现自己的专业能力，疯狂地在个人品牌故事里放上自己的各种成绩证明和客户付费截图，但适得其反，让读者败坏了胃口，不利于个人 IP 的打造。

换位思考一下，如果你是读者，你喜欢看到各种各样的业绩霸屏展现吗？广告痕迹太明显，就失去了看故事的乐趣，就像你在地铁口被塞了一张广告宣传彩页，你大概率转身就丢进垃圾桶。

其实，读者更喜欢看到的是你是如何成长的，尤其是你是如何从困境中走出来，成功打造 IP 的。读者被你的故事打动了，自然而然就想要来找你，后续就有了更多合作的可能性。

法宝八：注意个人品牌故事的商业性质

当然，写个人品牌故事，最终的目的是为打造 IP 服务，为了百倍千倍地扩大你的 IP 影响力。

个人品牌故事不同于普通故事，所以在写个人品牌故事之前，你需要先厘清自己的写作意图，是销售产品，还是主要“种草”？当然，这两个也可以并存。

故事，是一种更走心、更容易被理解和接受的产品宣传推广方式。毕竟，人人都喜欢听故事。

讲很多个道理，还不如说一个好故事。

前面讲了很多关于好故事的写作方法，其实，真诚才是最重要的。你是否足够真诚，你讲的故事是否真实，你是否相信你讲的故事，这些才是你的故事能否打动人心的关键。

只要你足够真诚、走心，读者看了你的故事，被你打动了，说不定这就是你们合作关系的开始。

还在等什么？快把你的故事写起来吧

如果你从事销售活动，但是发现说得口干舌燥，还是困难重重，顾客就是不买账，那么，跟顾客说一个好故事吧；如果你打造个人 IP，在线上赚钱，却苦于没有流量，那么，写下一个好故事吧。每一个人，都应该学会讲故事。毕竟，即使你不直接从事销售活动，也经常处在销售和被销售的过程中。

“谁会讲故事，谁就拥有世界。”最后，我将柏拉图的这句话送给你，希望你也能讲好故事。

姚静

零投资轻创业导师
平衡家庭关系导师
情绪问题管理导师

扫码加好友

姚静 BESTdisc 行为特征分析报告

SC 型

新女性创造社

报告日期：2022年06月26日

测评用时：20分58秒（建议用时：8分钟）

BESTdisc曲线

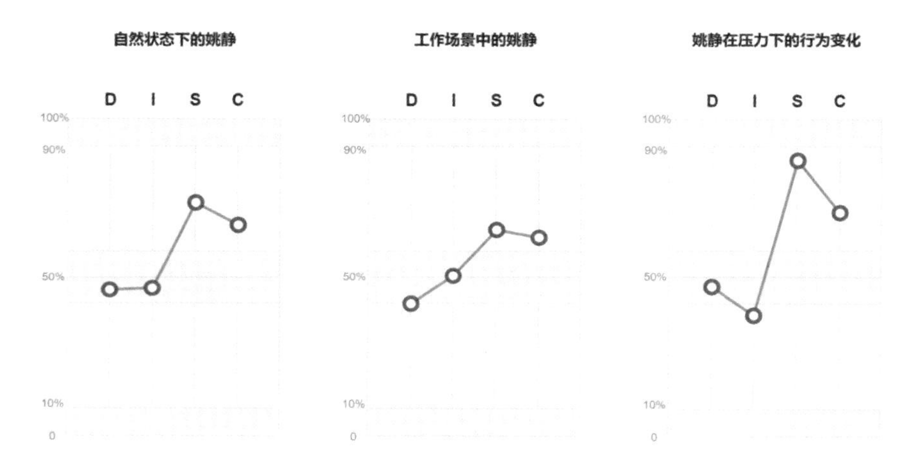

D-Dominance(掌控支配型)　I-Influence(社交影响型)　S-Steadiness(稳健支持型)　C-Compliance(谨慎分析型)

姚静随和包容，处处顾及他人的需要和感受。尽管如此，她也柔中带刚，看重精确性，善于运用逻辑分析和理性的推敲做决定，而且对人、对事要求甚高。姚静善于聆听，能够耐心地与人沟通以达成一致。她觉得能够帮助他人且得到他人的信赖是一种幸福。她将每一份承诺都看得很重，会坚定不移、有始有终地履行。

打通专业能力和营销能力

从职场人士到全职宝妈，再从低谷爬起，我都经历了什么？

2017 年 12 月 31 日是我在 M 公司的 last day(最后一天)，同事特意在胡桃里酒吧餐厅定了一间包房与我道别。同事们拿出特意为我准备的相册，20 多年间的许多我印象深刻的事件像电影一样在我脑海中回放，有欢乐、有不舍、有遗憾……我内心翻江倒海，五味杂陈。

因为遗憾，我走入职场，收获很多

我读初中的时候，会计、司机、老师这样有一技之长的工作是家长希望孩子从事的工作。初中毕业后，我考上了一个财经中专，读会计专业。

中专二年级时，我跟爸爸说，只有中专文凭，在以后的就业中会有点弱，所以我想要读大学。爸爸想都没想就答应了，还说自己有一个同学在财院工作，到时候帮我问问。

到了中专三年级，家中发生一场突如其来的变故，让我彻底打消了这一个美好的愿望。我们从一个还不错的家庭变成了一个有债务的家庭，那时欠几百元都很丢脸,更别说欠几万元了。当时妈妈内退,每月工资 100 元,父亲在机关工作,每个月也就 300 多元工资,还债都困难,更别说供我读书了。

中专毕业后,我开始四处求职,后来表姐介绍我去 N 公司做导购员,工资按日发,每天 20 元,在当时还是很不错的。因为我认真、嘴甜,业绩还不错,我幸运地被转为了非编制的业务员,每月有了固定收入 500 元,比我爸工作 20 多年的工资还高,我们全家都挺开心的。

进入 N 公司后,我发现它是世界食品界的巨头公司,正编人员在 1995 年每月工资就有 2000 多元,这在当时的我看来,简直就是天文数字,所以我也梦想着自己能早点晋级到正式编制。于是,老板布置的工作,我一定积极争取,只要我能抢到,我就会去认真思考怎么超值、超量地完成。

当时,我的工作有一项考核指标,那就是店内品牌形象的曝光度,我需要在我管辖的店铺里,尽一切可能让消费者在最佳位置看到公司的产品和品牌 POP(店面促销工具,如海报等展示品)。我辖区内有一间店铺,无论规模还是销售额,都是长沙数一数二的优质店,而我们品牌却一直做得不太好。每次大家都争相抢最醒目的陈列位置,尽可能地展示自己的 POP,而我却没有绝对优势。在我的货品陈列柜旁,有两个支撑整个购物大厅的擎天大柱子,八九米高,威武醒目,凡是进店的人都可以看到它。那时,我在心里对自己说,总有一天,我要拿下它们,为我的品牌展示服务。

我找到店铺主管和工程部的负责人,软磨硬泡 2 个多月,终于搞定了。当我去挂 POP 的那天,我既兴奋,又担心,怎么挂上去呢?那么高,一不小心摔下来,不死也残。

好不容易借来梯子,两个人都抱不拢的柱子,我一个人就算搭着梯子爬上去也不行。我爬上爬下,来回想办法,可是膝盖都在柱子上磕破了,也没搞定。

工程部部长看着我在大冬天里满脸是汗的样子,劝我说算了吧。当初,他就苦口婆心地告诉我,就算店里同意了,也挂不上去。

一上午过去了,店长怕出安全事故,告诉我说,如果下午 5 点前,找不到专业的人来挂，就不能挂了。我都要哭了，好不容易争取到的机会，难道就这样白白浪费了？

我越想越不甘心——不行！坚决不能放弃！

我在柱子和工程部两边转，结果还是没有进展，急得“哇”的一声哭了。柜长看到后，走过来安慰我：“妹子，别哭，我去跟工程部部长说说，请他帮忙安排人帮你。”工程部部长哭笑不得，说：“我的女儿做事要是有你这么拼就好了，我们帮你吧！”就这样，在几个大男人的帮助下，这件事终于搞定了，我高兴地跳了起来。事实证明，这个位置确实很好，POP 挂了快一年，竞争对手也只能望洋兴叹——没人能挂上去，也没人愿意去取它（取下来也很难呀）。

就连店长每天在店里进进出出，也默默地被我们的 POP 洗脑成为粉丝，忍不住买我们的产品。店长感受到这两个被我发现的广告位的巨大魔力，决定收回它们，做自己店铺信息传递的窗口，要不然，估计在第二年，它还可以为我们的品牌服务。

在那个相对落后的年代，品牌用这种方式不停地暗示消费者购买，见得越多，植入越深（店长的例子就是很有代表性的证明）。除此之外，我还有意外的收获。我的老板看到单店生意在不断变好，所以每每有促销，都往这家店投资，使这家店的单店业绩在全年达到当时我所负责门店的增长之最。店长超级满意，为日后将我们的品牌作为战略合作品牌奠定了基础。

对于品牌方而言，我们是首发，并没有费用投入，资源可以用在直接提升销售额上，精准有效。

当然，我个人也获得了直接收益。三个月后，我的月收入从 500 元涨到了 800 元，开始负责更多的重要门店。

一年后，M 公司找到我，问我愿不愿意去他们公司，一个人负责整个长沙市场，但只能是非编制，业绩达标后立马转正式编制。我接受了这个挑战自己能力的机会。我清楚地记得第一张订单量是 300 罐，要求三个月卖完。我一个月成功卖出 480 罐，增长率 380%。我也正式成为这家世界 500 强企业的正编员工，底薪每月 2980 元。我永远记得这个数字——看到我的工资单，那些债主也不来要债了，因为我们每月固定还债，他们也就安心了。

为了让家人不再为钱担忧，我更加努力地工作，个人收入也越来越高。优秀的工作带给女性的是自信心的提升和眼界的拓展，以及家庭和社会地位的提升。

把自己可以胜任的事，做到最好，并不断总结、改进，得到认可。我越来越享受这种依靠自己的日子，很踏实；我也很享受这种努力的日子，很快乐。我默默地对自己说，我一定要有一份独立、收入高且可持续发展的好工作；我还要找一个可以依靠的丈夫，他可以没钱，但要有能力、上进心和责任心，我要跟这样一个男人组成一个幸福的家庭。

到后来，我有了两个坚定的人生目标：满意的工作和优秀的老公。

我常常用自己的故事教育孩子和感染身边的女性，我感谢自己年纪轻轻就有了清晰而坚定的目标。通过这些年的成长，我明白了一个道理——想要成为人生赢家，过幸福的一生，跟自己是否拥有清晰的目标并是否愿意一直为之努力是分不开的。

然而，就在我以为我的人生会一路花开的时候，我发现了很多问题。

随着孩子们的降临，我发现每天根本没有时间管孩子。老大到了五年级时，成绩滑坡非常严重，没有朋友和自信；老二即将步入小学，一大堆棘手的问题等着我去处理。

高处谢幕后，我获得了养育孩子的宝贵经验

我和先生商量后，决定自己在高处谢幕，回家好好照顾孩子。生活方面的问题都由我负责，教育方面，他管老大，我管老二。

在学习辅导上，先生的方法对提升成绩是有效的。仅仅一年，老大的成绩就回到了班级前几名，孩子越来越自信，同学们争相跟她交朋友，甚至很多家长说，她看上去就长着一张“学霸”脸。

上初一时，老大通过自己的演说，成为学校仲申会的干部、团队队长以及三门功课的课代表。到初二上学期，老大的一切看起来还蛮好的，但她的情绪波动越来越大。我本能地感觉到，老师口中孩子们学习状态好坏的分水岭似乎马上就要出现了。

渐渐地，老大越来越希望依靠自己的努力获得成功，不希望我们插手太多，而我们则不希望出现任何失误，坚决不放手。因此，我们与孩子之间产生了巨大的矛盾。慢慢地，孩子觉得既然自己的努力得不到认可，反正以后依靠爸爸妈妈也不会很差，所以就对学习越来越没有兴趣，成绩从年级前100 名一路直线下降，下滑了好几百名。

孩子的学习出现问题，我和先生的教育观念也产生了分歧，再加上辞职后，我也依然希望自己经济独立，所以我去做电商、开养发馆，折腾了很多，却始终业绩一般，所以我俩三天两头争吵。

在孩子初三下学期的第一周，我们发生了史上最激烈的争吵，严重到我找好律师，要跟他离婚。然而，在长辈们的劝说下，我们经过冷静的思考后，决定痛定思痛，做一双包容的父母，用空间换孩子的成长。

那几天，我平复情绪后，回忆起从前的美好点滴。三年前，老二年纪小，又很乖；老大聪明伶俐，总会给我和先生带来神秘惊喜。直到步入初二下学期，她才变了，放弃了自己通过努力争取来的学校干部、团队队长、课代表等职务，与一些同样跟父母关系不融洽的孩子成天玩在一块。这些孩子不上课，她就陪着他们，渐渐地，她对学习越来越没有兴趣。

为了让孩子和从前一样，我和先生对孩子的管理做了新的分工，我管老大，他管老二。从那以后，我决定做一位温柔、坚定的妈妈，我负责生活起居、带着孩子做家务、与孩子老师交流孩子的在校情况……而先生，则决定做一位学者型的爸爸，带着孩子看书、锻炼、看电影、看纪录片。我们一起带着孩子玩游戏、分享各自的读后感……

这些方法对老二有用，她的学习习惯和生活习惯都越来越好，能吃苦耐劳，学习会按计划，有条不紊地完成，还有时间看书、打乒乓球。她也爱跟大人讨论自己看的书，特别乐意当一个小老师，喜欢跟你分享她看过的书……

但是，令我崩溃的是，我们夫妻俩绞尽脑汁想出的这些方法对老大没什么帮助。到了初三下学期，老大的状况成了这9年学习中最差的，经常闹情绪，有时候闹着闹着就不去上课，被老师批评几句就趴桌上睡觉。

我默默地思考，到底该怎么办呢？

我找她聊了一次：

我问她："你这样的成绩，可能最多读一个职高，你接受吗？"

孩子："我当然要读高中，读高中才能读大学。"

我："想读高中，必须要做出改变。你可以吗？"

孩子："可以啊……"

我："你觉得你可以做出什么改变？"

孩子："我也不知道，我想找L老师提高一下我的英语，可以吗？爸爸不是说数学和英语这两门课很容易提高分数吗？"

我："那我们试试吧。你要有信心，很多时候只要我们有坚定的目标，梦想是可以成真的！"

孩子之前上过L老师的课，她带的学生都能很好地提分。即便抗拒她的学生，她也能耐心教导，孩子往往都会喜欢上她，我就毫不犹豫地去联系了这位老师。就这样，孩子跟着自己喜欢的老师，学习态度开始有了转变。我只关心她的生活起居，鼓励她把握考前的最后几个月。随着成绩的逐步提升，孩子也暗暗给自己鼓劲，终于凭自己的本事，考上了心仪学校的重点班。

虽然孩子的成绩提升了很多，但是我对于自己的未来并不明晰。我，到底该何去何从？我想我的问题也是很多女性在结婚生子后会面临的。

我的答案很明确：孩子要养育好！事业要经营好！

不会养育孩子不要紧，多多学习，提升自己这方面的能力，养育好孩子，夫妻关系会更稳固！

工作能力不强不要紧，只要跟对老师、用心学习、舍得付出，肯定会收获一份属于自己的事业！

人生最迷茫时，遇到贵人

如果人生可以重来，我想，我会有所改变。比如，我会在大学毕业后，就规划好自己的人生。因为有一点是可以肯定的，那就是不论男人，还是女人，美满的婚姻和幸福的家庭生活，会让人感觉很幸福。因为人是群居动物，生来就需要温暖、需要爱。让我们试想一个画面吧，经济基本富足，孩子学习十分努力、上进，家庭和睦，我们老了以后，还能和另一半相伴相依，这不是一幅美好的家园图吗？

这画面很美好，但是我们也会觉得，很难实现。为什么呢？因为我们在年轻时，没有好好思考过人生规划的问题，各种欲望引领着我们，我们没有想明白自己要什么，所以我们会错失机会。我们如果提早规划呢？可能结果就大大不一样了，那么，成功的概率也会高很多。

在家庭中，无论男人，还是女人，都可以决定家庭的幸福指数。

怎么决定？如何带好娃、照顾好家？既能保证自己不与社会脱节，还能有较高的家庭地位和社会地位？

我相信对很多人，尤其是宝妈来说，这是非常不容易做到的事。

我在这条路上也摸索了很久，曾经一度严重否定自己。因为自己否定自己，别人并不完全了解我，看到我的不佳状态，也会随之否定我，所以我一直苦苦挣扎。

直到有一天，我收到了来自朋友 Anita 真挚的一条微信消息，邀请我去观看薇安姐的直播盛宴。于是，我蹲守了一天的直播间，听薇安姐的讲述，看她带出来的教练侃侃而谈自己如何取得骄人成果，我觉得我的经历和她们相似。那一刻，我知道自己有希望了。它是我一直在寻找，却苦苦找不到的方向，我想把它当作自己绝地反击的机会。

我没有任何犹豫，立马报名上课，我参加了线上创富营的学习。薇安姐的课，让我打通了许多思维节点。

第一，以前的我觉得只有自己无比强大，才能吸引和影响别人

薇安姐让我认识到，每个人都能吸引跟自己同频的人。如果我的能量有100分，那么我可以吸引能量在50～99分的人；如果我的能量有80分，我也可以吸引能量在30～79分的人；如果我的能量有60分，我还可以吸引能量在10～59分的人。我们每个人只要积极、真诚、有正能量，就会吸引愿意跟我们一起前进的人，就可以成功打造自己的个人IP。

一旦我们建立了自己的个人IP，这个IP就可以跟随我们一辈子。哪怕到了80岁、90岁，只要我们愿意，只要身体好，我们就可以一直工作，且越老越值钱。

第二，以前的我找不到自己的机会点

我意识到，在未来要走得远，需要打造自己的个人IP，以建立自己的私域流量。但是，我始终认为人需要有超强的专业能力，才会有可能建立自己的个人IP，才有机会获得私域流量。而一窍不通的我，怎么可能做到？

薇安姐让我认识到，一个想获得成功的人，只要打通了专业能力和营销能力，就可以获得成功。她带的学员中有无数人成功了，恰好验证了这一点。

专业能力和营销能力双强的人，只要打造出自己的商业模型，并进入一个高能的人脉圈，经过训练后是很容易“出圈”的。这类人可以通过打造自有的IP产品＋做个人品牌教练＋分销新女性创造社管道产品去获得成功。

专业能力弱而营销能力强的人，需要提升自己的专业知识，掌握个人品牌教练的技巧，打造出自己的个人品牌。这类人可以通过拓展自有的实体

产品（如果没有也可以不做）+做个人品牌教练 +分销新女性创造社管道产品去获得成功。

专业能力强而营销能力弱的人，需要学习营销知识，学会个人品牌教练的技巧，打造出自己的个人品牌。这类人可以通过打造自有的 IP 产品 +分销新女性创造社管道产品去获得成功。

专业能力弱和营销能力都弱的人，他们没有机会了吗？当然不！他们只要学会了营销知识和专业知识，还有个人品牌教练的技巧，就能慢慢打造出自己的个人品牌。这类人可以通过分销新女性创造社管道产品去获得成功。

综上所述，每种类型的人都有机会在个人品牌这条赛道“出圈”。

第三，个人品牌非常值钱，但有很多拦路虎

那么，主要有哪些拦路虎呢？

拦路虎一：知识体系问题。知识体系不够完善或者根本没有，不知道怎么做爆款课，不知道如何输出价值，不知道如何构建商业模型。

拦路虎二：营销体系问题。没有流量，不懂如何获得流量，不会营销成交，产品卖不上价。

拦路虎三：资源匮乏。不知道卖什么，没有高端人脉圈，没有贵人相助。

拦路虎四：行动力不足。缺乏行动力，容易知难而退，遇到困惑找不到人帮忙，常常半途而废。

薇安姐让我意识到，在新女性创造社，这四条拦路虎都有克星。

针对拦路虎一，个人品牌教练体系可以帮到我。

针对拦路虎二，IP 导师营，营销成交课，直播年度营……这些不断迭代的课程可以解决问题。

针对拦路虎三，卖新女性创造社管道产品、合作类产品，成为视频号的供应商，有流量扶持，提高主播孵化能力……这里有无限机会。

针对拦路虎四，在新女性创造社，有私教一对一辅导、陪跑。

我感恩在人生最迷茫的时候，遇见贵人薇安姐。在我们的生命中，有些

人就像光，就像灯塔，与他们相遇，让我们的人生从此与众不同。对我来说，薇安姐就是这样的人。

人生上半场的波折，只为成就下半场的闪耀
——成为个人品牌教练是我余生的不失之志

经过短短 3 个月的训练，我就可以参加个人品牌教练的考核，通过后，我就是有资质的个人品牌教练了。当老师的感觉真的很好，既能帮助别人，也可以实现自己的人生价值，让自己活出有钱、更值钱的人生。

细想一下，不管你是谁，都可以打造个人 IP。

如果你是教师，打造个人 IP 可以提升自己的传播力，造福更多孩子。

如果你是一位按摩师，除了用技能解决问题，还可以通过授课，让更多有缘人学习你的技能。当有一天，你的体力跟不上你的工作强度时，你还可以通过授课延续你的价值。

如果你是一位公司职员，在公司任职时，有公司作为背书，你被尊重；一旦离开公司，你可能什么都不是。但是，如果你是一位销售商，打造个人 IP 会让你像董宇辉一样绽放光芒，人们会追着你跑，而不是你求着别人买货。

如果你是一位律师，可能要熬很多年才能出头，打造个人 IP 会让你名声大振，在众多同行中被人一眼认出，迅速提升知名度。

总之，打造个人 IP，对每一个人来说都有非同寻常的意义。

为了让孩子更好地成长，这两年我也在不断学习和创业，但每次走一段就会遇到一个很难突破的瓶颈。这也是我会走出来学习的原因。

这几年，我做过洋葱电商、艾多美经销商，开过养发馆。2021 年 11 月，我又开始做 XKA 团购。

我很看好XKA，因为它用秒杀+高性价比+高品质+生态链产品的组合拳构建自己的商业王国，我觉得很有远见。

最开始，我是一位XKA的消费者。

当时，我的一位朋友拉我进购物群，我在群里面待了一年多，没买过东西，因为群里的很多东西只要一上架就被一抢而空，我心里有点反感，想着这年头还需要抢购吗？不是有钱就行吗？碍于面子，我没退群。有一天，我偶然看到女儿一直想买的一个水杯居然在群里有，而且比淘宝还便宜，我就下单买了。买回来一看，我惊呆了，因为它质量很好。

从那以后，我就经常在群里买点小东西，后来越买越多。半年后，我也做了团长，一切顺理成章。

紧接着，我带了很多团长，但是问题也随之而来，我发现有很多团长不用教，就能做得很好，因为她们有IP、有朋友；有些团长做做就没劲了，她们有热情、想赚钱，但没有IP，光在消耗朋友圈。

怎么把大家带好？这成了我迫切要解决的问题，因为我不可能只招有IP的人，且IP特别强的人不一定会跟着我，所以，我就明白个人IP打造势在必行！

于是，有了我前面的故事。当我跟着薇安姐开始做IP时，我就感受到她的圈子在不断给我能量，也让我认识了很多有力量的女性，更欣喜的是她们很多愿意接受我的理念，跟我一起干事业，于是我笃定我的选择没有错。这也恰恰印证了，每个人一旦跟着对的人开始打造个人IP，就有“磁场”，薇安姐是势能“磁场”的发电站，大家相互转换能量，个个事业开花。

人生最有价值的投资就是对自我的投资，从什么都不懂到价值百万的个人品牌教练，不管你是做哪一行的素人，我们都可以帮助你打通一条生存之路。

不管你所在的行业是否受到疫情影响，你都不用担心失去工作。恰恰相反，因为个人品牌的光芒，我们的幸福指数会骤然上升，让我们一起过有成果、有钱、更值钱的人生。余生朝着梦想的方向去努力，让更多人因为我们的存在而变得美好、闪耀，我们的人生将充满意义。

Gill

"官姿燕"品牌创始人

懿盛贸易(广州）有限责任公司CEO

广州隽晔投资发展有限公司总经理

新女性创造社亿级私董

扫码加好友

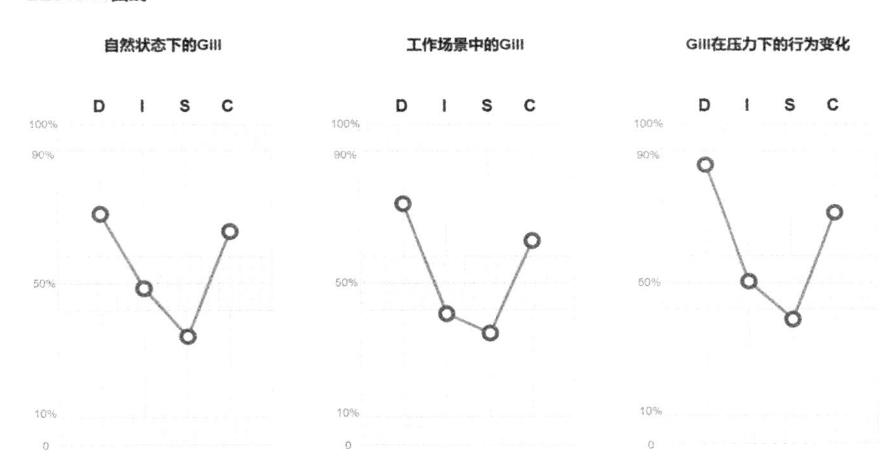

Gill 自信、果断，会积极地推动事情的进展。她注重精确性，善于运用逻辑分析和理性的推敲来做决定，善于分析事实，会透彻地思考，并且仔细地制订计划。Gill 能有逻辑地将项目的信息运用到不同的情境中去，通过事实和数据来说服别人。她追求完美，在知识和能力方面有非常高的水平。

选择与谁同行，比要去的远方更重要

无论你是不是创业者，都应该给自己一次破圈成长的机会，我愿意成为你成长路上的陪伴者。

亲爱的朋友，你好！我是 Gill，我是一名创业者，同时也是 3 个孩子的妈妈。

由于家境优渥，我从小过着公主般衣食无忧的生活，一直很幸福。但是，后来发生了一件差点把我击垮的事，至今都是我的内心之痛，也让我重新思考人生的意义。再后来，我做了一个让很多人都意想不到的决定。

我的故事没有绝地反击的逆袭，没有逆天改命的震撼，这是一段追求高级人生的自我觉醒之旅，我希望能带给你思考与启发。

如果你想知道成为人生赢家的密码，想要事业、家庭、健康兼得，你一定要认真读完我的故事，并且一定会颠覆你以前的认知。

1984 年，我出生在广东省广州市南沙区，这里是广东自由贸易试验区。从小，我过着衣食无忧的富足生活，父母的教育理念是要让我们多看看世界。每年放寒暑假，别人可能要去打工赚钱，而我和姐姐则可以到国内外旅游，增长见识。我和姐姐从小就被精神富养，但关于为人处世的家教非常严格，父母一直给我们灌输做人要有大格局的思想。

我的爸妈是一对形影不离的模范夫妻。最好的家庭教育就是夫妻恩爱，我很感恩，自己从小就是一个在爱的沐浴下成长的孩子。

爸爸是我心中无所不能的超级英雄，无论工作有多忙，从小到大，每个周末他都会雷打不动地抽时间陪伴我们，跑步、爬山、到游乐场玩、去吃大餐等等。高质量的陪伴让我们从小就有很强的家庭观念：不能因为事业而忽略家庭。

爸爸经常教育我们:“要赚正当的钱。”这句话一直刻在我的心里。良好的家庭氛围与家人无条件的爱对我以后的创业有很大的影响。

说实话,说到童年,我的记忆里只有幸福的时光。唯一让我觉得烦恼的,就是我自幼身体不太好。

小时候的我,动不动就感冒发烧。上幼儿园时,我每到深夜就会流鼻血,看了很多医生都不行。为了增强体质,在小学阶段,我开始打各种增强免疫力的针,“为什么每天放学后,其他人可以回家,但我要去打针?”我经常抬起头,委屈地问妈妈。

我每天要喝各种补汤和吃营养品,以及要坚持运动。平时他们把我保护得很好,不让我跟其他小朋友靠得太近,怕他们有病菌,传染给我。

那时候的我对于这一切都充满了疑惑,但是现在看来,我十分感谢父母一直没有放弃对我的营养调理,并且帮助我形成了良好的作息及饮食习惯。现在,我的体质、状态比同龄人都要好。

父母对我没有过高的要求,只希望我能平安喜乐地成长就好了。我的人生也没有什么波折,读书生涯过得循规蹈矩,大学毕业后出来工作,这样的人生看上去挺棒的,对吧?然而,随着我慢慢成长,我也开始思考人生的意义。我希望能够靠自己,去创造更多的价值,回馈这些爱我的人。

大学毕业后,父母希望我能留在身边,过上安稳的生活就够了,于是爸爸安排我去他的下属单位上班。但是,对于刚步入社会的我来说,这无疑是一种束缚。我不想永远活在父母的光芒下,过着千篇一律的生活。我想撕掉这些标签,重新定义自己的人生。

最重要的是我想成为父母的骄傲,可以做出成绩来,回报他们从小对我的爱与付出。

所以,我一边工作,一边想着:我要出来创业!

“出来创业,首先要有一定的社会经验。”爸爸的话提醒了我。创业不是一时冲动,而是长期甚至终生的事业,一定要打好基础。我听从他的建议,先到社会上历练一番。所以,在体制内工作期间,我不断学习,别人下班去玩,我去学习外语、企业管理等,去接触各种有价值的人脉,积极“破圈”,

不断自我更新、升级认知。

有人不理解我，说我瞎折腾，本来就不愁吃穿，何必这么拼命呢？应该出来吃喝玩乐，好好享受青春。我一直觉得只有自己争取到的东西，才是真正属于自己的。

我的确家境不错，父母给了我非常多的支持，但是，我如果可以将良好的家庭条件作为杠杆，去撬动自己想要的人生；站在巨人的肩膀上借力，去看自己想看的风景；利用从小到大培养出来的眼界与见识，去努力达到更高的目标：这不也是自我价值的实现吗？于是，我开始尝试做一些投资，我的商业投资眼光也在此时崭露头角。

2006 年，我投资平价地产，低价入，高价出，一进一出，利用房地产的红利发展期，赚到了人生的第一桶金。我又尝试投资其他项目，如茶叶、美妆等，都能取得不错的结果。我身边的人都说，我非常有商业头脑和天赋，这也给当时年轻的我莫大的信心。

无论做什么投资，我都时刻谨记爸爸说过的话："要赚正当的钱！"

2008 年，我结婚了。先生出身书香世家，人品与才华都让我很欣赏，他跟我一样，是一个有目标、有追求的人。我们志同道合，婚后他对我宠爱有加，我们就像我爸妈一样恩爱。

几年的社会沉淀，让我有了原始的财富积累，结识了各行各业很厉害的人物，人脉资源非常丰富，万事俱备。

2011 年，我放弃了爸爸给我铺好的路，毅然决然地辞职，出来创业。

家人的爱给了我无限的奋斗动力，**而我完成了创业第一个阶段的目标，我证明了自己的价值，我终于可以凭我的能力，好好去回报身边爱我的人了**。

辞职后的几年，我跨界做了很多尝试，把之前在职时做的投资扩大规模，再慢慢加入新的项目，每一步都走得很稳。公司很快步入正轨，发展很顺利。

当所有人都觉得我发展得一帆风顺的时候，我却受到了人生最致命的打击，世界轰然崩塌。

2018 年，我最爱的爸爸因病去世了……

我一下子失去了前进的动力，因为之前努力的动力主要是家人的爱，我一直很努力，想成为爸爸的骄傲，可是心中的超级英雄，永远离我而去了。

我常常梦见爸爸，好像他从来没有离开过，但当我伸手想触摸他的脸时，却发现手里只能抓住空气。在恍惚中回到现实，我总是在半夜醒来，偷偷落泪……

之前，我曾3次看到躺在ICU病床上的爸爸，他身上插满了管，双眼紧闭，我不知道他是否可以感受到我，但我每次看到他，心里真的好心疼、好难受。这也使我再一次深深意识到健康的重要性。看到病床上的爸爸，我内心是那么的无能为力、那么的绝望，因为我知道，哪怕用再多的钱，我也换不回爸爸的健康了。当没有了健康，那我们努力去拼搏、奋斗得来的金钱、名利，又还有什么意义？我连好好去回报爸爸的资格都失去了……

爸爸的离世，让我一度沉浸在巨大的悲伤中，无法走出来。

直到，我的第3个孩子出生。看到一个新生命的诞生，我有了一种使命感。爸爸虽然离开了，但他对我们的爱和影响是不会消失的，我要把这种爱延续给下一代。受到爸爸的影响，我一直努力创业，也努力去爱身边的人，即使再忙，我也绝对不会因为事业而牺牲家庭。这是爸爸留给我的精神财富。与此同时，我也十分注重自己与家人的健康。

很多人觉得创业与家庭不可兼得，但事实是因为努力创业，我才有了保护家人的底气；因为有了家庭的爱，我才了解了创业的意义，才有勇气去面对创业的劳累与不确定性。

在家人的支持与鼓励下，我重新振作起来，我要好好生活、好好工作。我知道，这也是爸爸所希望看到的。

我一如既往地持续学习，不断提升自我。公司的业务板块拓展很快，业务范围很广，包括了金融、运输、教培、传统商品贸易等，还打造出了自己的品牌产品。

2020年，在一次机缘巧合下，我遇到了薇安老师，她是3家创业公司的创始人，也是一位创业导师，全网粉丝学员有100多万名。她帮助数万名学员实现5～7位数的价值倍增，同时也是畅销书作者。她成立的新女性创造社，是一个个人IP孵化平台，有专业的团队帮助学员打造个人品牌。

我觉得她“成为有钱、更值钱的智慧新女性”的创业理念跟我的想法不谋而合，一向做事果断的我，直接选择成为她的高端事业合伙人。现在，我还成为新女性创造社第一位亿级创始人IP，拥有各种顶级人脉资源。

我与薇安老师有一个共同点，就是既发展事业，也在乎家庭，并且注重身体健康，这三者的平衡都是我们人生里非常重要的事情。我们的内心一直处于平和状态，很少会焦虑不安。

跟随薇安老师学习后，我开始从线下转为线上，以企业创始人身份打造个人IP。进入后疫情时代，线上赛道能打破时空限制，从而拥有无限广阔的市场。另外，企业要生存和发展，绝不能一个人埋头苦干，要学会抱团取暖、互相赋能。而我们作为创始人，必须要有前瞻性、大局观，顺应时代发展，才可以走得更稳、更远。

很庆幸，因为我一直坚持学习，在疫情到来时，公司受到的影响不大，因为我早已做好了应对措施。

我一直有一个梦想，我很想做一个关于健康养生方面的项目，关注人的身心成长。我从小体弱多病，加上经历了至亲的离世，健康一直是烙在我生命里很深的印记。

于是，我创立了“官姿燕”滋补品品牌，致力于传达一种健康养生及关注人成长的理念。

说实话，我的产品一开始是为自己身边的家人和朋友打造的。虽然我一直创业从商，但是我并没有去把它进行任何商业化的运作。因为，我是发自内心地希望，我身边的每个人都能健健康康的，我希望自己能够力所能及地去帮助他们拥有更好的营养品、掌握更全面的养生知识，更重要的，是让他们对健康重视起来。

因此，从产品的选材到加工，每一个环节我都亲力亲为地去审核。我从小吃的用的东西都算得上是最好的，所以，我对自己的产品的要求非常严苛。慢慢地，家人、朋友们自发地给我转介绍，加上我自己的圈子资源非常丰富，于是我的滋补品品牌越做越大。

除了为大家提供高端的滋补产品外，我还把多年来积累的人脉资源利用起来，让各行各业优秀的人聚到一起，互相分享商业、健康养生、心灵成长、亲子关系、夫妻关系等内容，相互赋能、彼此扶持，遇到什么问题一起商量解决、互相帮助。

人最大的价值不是你能赚多少钱，而是有多少人因为你的存在而变得更好！

我身边很多有能力、有学历、有颜值的人，他们或者一直停留在自己原有的舒适圈里，或者因为家境不错，所以思维被禁锢，没有活出自己的价值。

我从小家境就比绝大多数人好，可我早早地就意识到了，稳定的人生固然好，但是一辈子这么长，谁都希望能够通过自己的努力，去创造出一些价值来。相比折腾的人生，没有意义、没有价值的人生可怕多了。

因此，很多人都很羡慕我，因为其实每个人都很想改变自己，但是，他们找不到方向，找不到可以倾诉的人，缺乏迈出第一步的勇气。

我遇见过太多这样的人了，我想为他们做一些事情，所以建立了这个圈子，鼓励他们勇敢地走出来，大家一起抱团成长，创造更大的人生价值。

例如，很多企业老板问我："你是如何做到不受疫情影响，生意反而越做越好的？"

我觉得，对于创业者来说，每一年都会遇到困难，只是疫情这个困难比较大一点而已。很多企业做不下去，疫情只是一个外因，真正的内因还是领导者一直活在自己的圈子里，思维太狭隘了，不懂抱团取暖、整合资源，只会一个人埋头苦干，面对困难时单打独斗，因此，抗风险能力、转型的速度都跟不上世界的变化。

再例如，我身边有很多女性朋友，大部分是富太太，生活富裕，内心却很空虚，整天不是围着孩子、老公转，就是以高端的娱乐方式来麻痹自己。外表看上去光鲜亮丽，内在的空洞滋味只有自己知道，所以，我挺想去做一些事情来帮她们真正改变。因为我知道，每个人都有巨大的潜在价值，只要找到自己的方向，激发动力，就可以活出更有价值的人生。

现在的我是一名创业者，也是3个孩子的妈妈。走向创业之路，是源于想要回馈家人的爱，而这份初心伴随我走到今天，我内心激发起了除了"小家"之外，更大的社会责任感，所以，我创立了亿级 IP 创始人圈子。我要用自己多年创业的能力、商业天赋、优质的圈子，去帮助更多的创业者实现更大的价值，去真正帮助他们解决在企业定位、发展、资源等方面的问题，去为这个社会的经济发展贡献自己的力量。

我也深深明白，做这份事业，需要有格局、智慧与勇气，所以，现在我把自己多年的经验整理出来，与大家分享，希望能带给你们一些启发与帮助。

新时代的企业家一定要打造个人 IP，助力企业的生存和发展

什么是个人 IP？ 个人 IP 其实就是个人品牌。

在遇到薇安老师之前，我还在传统行业里，用传统的商业模式经营着自己的业务。

跟薇安老师学习后，我的思维被打开了，有了“卖货先卖人”的概念，即先要打造出自己的形象，再向别人推销自己的产品或服务。

打造个人品牌，就是把个人当成一个品牌来运营，打造影响力。相比冷冰冰的产品品牌，人们更喜欢活生生的、有生命力的、有温度的人。

例如，讲到格力空调，大家购买它之前，对它的质量不会有特别的感受，因为各个品牌的空调层出不穷。但是说到董明珠，大家肯定会想到这位女企业家身上的坚韧、执着的品质，从而对格力空调的质量有了更坚定的信心。这就是创始人的 IP 影响力对于产品本身的价值提升。这也是典型的人在前，货在后。

很多企业家都是企业的创始人，他们最了解企业的情况，如果把企业家 IP 打造出来，就可以成为企业的代言人，企业家的精神则代表着企业的精神，他的人品就是企业的文化底蕴，可以在消费者心中形成鲜活的人物形象，这个形象是与企业紧密联系在一起的。人在前，货在后，当人们喜欢你这个人

时，你的企业卖什么产品，别人都容易接受。另外，人物形象会比企业形象更容易被人们记住，印象会更深刻，因为人是鲜活的、有情感的、有个性的，打造企业家IP是让外界知晓企业的最快途径。就像我，以自己来打造企业家IP，我的个人形象属于性格比较果敢、直爽，做事有魄力的类型，同时，我是一个事业与家庭都能兼顾的女性创业者。我会把自己的性格、特质融入公司的定位当中，与公司的业务内容结合起来，鲜明的形象就出来了。

定位，决定了你的受众，所以我们在确定定位的时候，一定要提前想清楚自己的用户人群：梳理用户人群的特点，对他们进行需求分析，了解他们希望从你身上得到什么；了解他们的生活状态，根据他们的生活习惯来选择价值输出的方式。例如，我所吸引的人群就肯定和我自己的定位是高度一致的：创业者或者高管，以及有资源、能力的高端消费人群。

我了解到有很多富太太，她们喜欢通过沙龙、茶话会等轻松、愉快的方式来交流、学习，那么我就可以用这些方式开展活动，为她们提供服务与价值。另外，我了解到很多创业者，因为忙碌，根本不太关注自己的健康，甚至无心顾及家庭，而我的"官姿燕"滋补品品牌以及创始人IP圈子，就可以帮助他们解决这些问题，传达健康养生理念，为他们提供一个高质量的生态圈，供大家交流学习。

接着要持续输出你的内容，可以通过公众号、视频号、朋友圈、直播等方式进行输出，形成持续的影响力。比如，我会通过视频号及出书来输出自己的内容，传播自己的价值，逐渐形成自己的影响力。

借力整合资源，创造更大价值

创业总是和创新、创造及创富联系在一起。

为了确保公司可以持续发展，创业者在每个阶段都要问自己，资源对于创业者来说是非常重要的，但每个人的资源是有限的，怎样才能用有限的资源获得更大的价值？

如果，我们懂得重新组合资源，就会产生 1 +1 >2 的效果。例如，我手上有 A 这种资源，其他人有 B 和 C 这两种资源，我们就可以进行资源组合，变成 A +B、B +C、A +C，又或者是 A +B +C。重新组合后的资源又成为一种新的资源。我们看到很多联名的产品，其实也是一种资源组合，组合后可以把原资源各自的客户群体聚合起来，产生新的客户群体。这就是优秀创业者的一种创新思维。

例如，我的“官姿燕”品牌，其实就是一个资源整合的案例。我把高端滋补品与人脉圈两种资源结合起来，既能满足人们对健康养生的需要，又能满足心灵成长的需要，可以吸引更多的客户。

我们要把有限的资源发挥出最大的价值，从而节省资源成本。一个优秀的创业者，一定要学会利用杠杆来撬动自己身边的一切资源，也就是所谓的借力。比如，我加入新女性创造社也是一种发挥资源杠杆效应的做法，我可以借用薇安老师的团队来助力达成自己的事业目标。而我自己创立的品牌，也是希望为大家提供不同的人脉资源，帮助大家发挥资源杠杆效应。

做好时间管理，平衡事业与家庭

这些年来，我被问得最多的一句话是：“你是如何平衡事业与家庭的？”我每次都觉得很扎心，因为男企业家很少会被人这样问，但女企业家就经常会被问到。女人有时候真的太难了！

由于从小体质差，所以我从来都不会以牺牲健康、家庭为代价去创业。因为创业是为了让家人生活得更好，把家庭照顾好了，会让你更有动力去创业，两者是相辅相成的，不是相互矛盾的。

很多人想，事业成功的女性，家里一定是一地鸡毛，其实真的不全是。创业以来，我从来不熬夜，11 点前就睡觉。

我会提前做好时间安排，工作时，提高工作效率，将家里的事安排给其他人处理；在家时，尽量不问工作，给予孩子高质量的陪伴。我每周不会花很多时间陪家人，但陪伴他们的时间一定是完完全全属于他们的。

我有 3 个孩子，他们处于不同的年龄阶段，对于陪伴的需求是不一样的，我会根据他们的需求来安排陪伴的时间与内容。在孩子上学时，我会抽时间与先生单独相处，即使只是简单地吃个饭、散个步或者是一起回公司，在路上也可以交流。

我是公司老板，也是妻子、母亲、女儿，要时刻做到身份切换，快速代入到角色中，并且享受这个过程。

当然，做到这些，也是因为我自己用到了很多高效能的方法，我做事以效率优先为原则，关键的做法是一个时间段只做一件事，这是高效做事的重要方法。在工作上如此，在生活中更是如此。

工作时，要全神贯注，把可能会分散你注意力的东西拿走；陪伴孩子时，要全心全意，把工作完全放下，如把手机放在一边、把电脑关闭等。做到工作在当下，生活在当下，不要三心二意，手上做着这件事，心里又想着另一件事。

坚持学习，提升自我价值

在世界范围里来看，越是成功的企业家就越始终保持着对学习的热忱。比尔·盖茨 52 年来坚持每周读一本书；万达集团的董事长王健林坚持每天把晚上的时间用来学习，十年如一日……

我发现很多企业走不下去，都与领导者的眼界与能力有关，而他们这方面的能力缺失是因为没有持续学习,遇到问题只能用旧方法来解决,思维没有打开。另外,很多有能力的朋友,他们走不出自己的舒适圈,不敢迈出改变的第一步,这也是跟他们没有坚持学习有关。因为获得的信息量少,不了解外面的世界,一直把自己局限在小世界里。

创业这么多年,虽然不能说是一帆风顺,但遇到的问题我都能解决,一个很重要的原因就是我坚持学习,突破自己的舒适圈,走出去看世界,接触各种各样的人,进入新的圈子,脑袋时刻保持输入的状态,就会有源源不断的解决问题的思路。

因为学习让我的眼界开阔了,格局变大了,让我可以用更高的视角看待问题,不会被眼前的小利益蒙蔽双眼,而是从长远的利益出发来制订计划。不会被一些小困难击垮自信心,相信自己有能力去解决。

很多人羡慕我的出生,有人甚至会说,我的起点就是他们拼命要到达的终点,但其实,无论你拥有什么样的起点,在这个高速往前发展的世界上,如果不进步,你就是在倒退。

我如果没有早早开始追求自己人生的意义,那么现在的我,肯定不会有能力来帮助身边这么多的企业家去解决他们的问题。

出生在一个优渥的家庭里,是我的幸运,我的确比绝大多数人享受到了更多的资源。也正因为如此,我要懂得借助这些先天优势去给社会创造更大的价值,而不是享受这些上帝的赏赐,去过无所事事的人生。

我觉得这种领悟,才是我人生最大的财富。

我真心希望,能聚合一群人,建立一个高能量的圈子,可以抱团取暖,在事业上可以共享资源、互相赋能;在成长上,可以彼此滋养、互相鼓励。无论你是创业者,还是普通人,都应该给自己一次破圈成长的机会,我愿意成为你成长路上的陪伴者。

我有创业者的担当与格局,也有作为妈妈的烦恼与智慧,你我一样平凡,但不平凡的是我们都有一颗热爱学习、追求成长、渴望改变的心。所以,勇敢一点吧,迈开腿,走出舒适圈,给自己一次机会,活出不一样的人生!

如果,你在创业路上披荆斩棘之时,希望有个人伴你同行;

如果，你在平衡事业与家庭中苦苦挣扎，想有个人带你走出彷徨；

如果，你开始真正注重自己的身体健康，决心打造健康的生活状态；

如果，你想要和我一样，终身成长，抱团借力……

欢迎你来找我，我会与你分享自己的经验，陪你一起前行，我们彼此成就，成为越来越好的自己，一起创造更好的、更大的人生与价值。

第五章

极致利他，也拥有自己的丰盛

代利民

薇安成长商学院超级天使合伙人

个人品牌教练

服装公司高管

扫码加好友

代利民 BESTdisc 行为特征分析报告

ICD 型

新女性创造社

报告日期：2022年06月26日

测评用时：16分45秒（建议用时：8分钟）

BESTdisc曲线

自然状态下的代利民	工作场景中的代利民	代利民在压力下的行为变化
D I S C	D I S C	D I S C

100% 90% 50% 10% 0

D-Dominance(掌控支配型)　I-Influence(社交影响型)　S-Steadiness(稳健支持型)　C-Compliance(谨慎分析型)

代利民具有非凡的影响力，机灵活泼而又反应迅速，是天生的领袖。她能带领人们共同描绘未来蓝图，并去实现它。她具备创新精神，但也注重实事求是，会谨慎调查并寻求所有可能的备选方案，最终解决问题。她能客观、冷静地运用逻辑分析能力，条理清晰地制订决策。她灵敏而有远见，有相当强的洞察力。

你若喜爱你自己的价值，你就得给世界创造价值

从小护士到霸道女总裁，再到个人品牌教练，我都经历了什么？

诺贝尔文学奖得主加西亚·马尔克斯在《活着为了讲述》的扉页上写下了这句话："生活不是我们活过的日子，而是我们记住的日子，我们为了讲述而在记忆中重现的日子。"这句话，我深以为然。

2022 年 3 月的最后一天，处于樱花季的温哥华全城都被笼罩在一片粉色花瓣之中，浪漫而唯美。

院子里的三株茶花开得正好，微风吹过，摇曳生姿。Water 和 Yuki 在院子里追逐奔跑，时不时跑到我的脚边，讨好地蹭着我。

望着摆在屋里的两个大行李箱，我抬手看了看表，还有不足 24 个小时，我就要登上回国的飞机了。上一次和孩子们分别，时隔两年才换来了两个月的相处，这一别不知再见又是何时。

两个孩子在异国生活了 12 年，对他们而言，这里早已经是他乡成故乡了。12 年来，我和他们每年在一起的时间最多不超过一个月，一晃眼，他们已经在这里扎下根来。

这一次，是我们相处时间最久的一次，我好想弥补曾经缺少的陪伴，我好想和他们多说说话。可是每天做好饭，喊他们下楼来吃，但常常一等就是几十分钟。吃完饭，他们又匆匆上楼，各自回房间，关上房门。每天我们说的话，只有寥寥的几句，掰着手指都可以数清。

走之前，我曾几次提议：我们开个家庭会议吧。

然而，三个男人都没有附和我，或许是十几年来，我们相处的时间太少，

大家已经不习惯面对面的沟通方式了吧。

对于两个刚刚成年的宝贝，我多想有机会为他们讲述妈妈这前半辈子的故事，让他们可以少走弯路。

我想告诉他们，人的一生很长，也很短。任何时候，都不能停止学习和成长。没有成为学霸，没有进入常青藤名校，并不意味着你这一生就不能过得精彩。学历固然重要，但绝不能和学习能力画等号，在工作中的学习能力决定了你的人生高度。这一点在我身上就得到了充分的验证。

毕业成为一名小护士

我是代姐姐，出生在一个很普通的家庭，爸爸是高级工程师，妈妈是没上过学的家庭妇女，但是他们很恩爱。父母在四十岁时才有了我，我在家里最小，哥哥姐姐都比我大很多，所以我是最受宠的那个宝贝。家境并不殷实，但是我的童年无忧无虑，我过得很幸福。

在我上小学六年级那一年，一天夜里，一直心脏不好的妈妈突发脑血栓，一夜之间，我就突然成了一个没有妈妈的孩子。这一年，我小升初，从小学习就不错的我几乎没怎么费力，就考上了当时已经是北京最好的市重点中学——人大附中。

在这里，全北京市的尖子生云集，在小学一直名列前茅的我毫无优势。

一晃多年过去，现在回想起来，我常笑着说我的中学时代是在学霸的夹缝中求生存。高考结束后，我们班有 13 个人考上了清华、北大，而我，偏偏以一分之差落榜了，无奈之下，我上了大专。

我在高级护理专业毕业后，被分配到了北京一所著名的市属医院，成了一名白衣天使。工作四年，我已经清晰地看到了我未来的路：资深护士——护士长——护理部主任，在论资排辈的医院里就这样一直熬到退休，内心深处有一个声音告诉我：不！这不是我想要的人生！

因为清楚自己想要什么样的人生，所以我下决心离开医院这个事业单位，进入一家当时处于头部的保健品公司。

经过在市场上的摸爬滚打，我发现我对市场营销有很强的敏感度，在商超及药线创新推出的陈列方式竟然被中央电视台经济频道的一档栏目看中，主动邀请我在节目中做客。当时受邀的除了我以外，就只有百事可乐的一位负责人，那是我三十岁前最高光的时刻了。

2006 年，我老公的前老板让他帮忙为一家服装公司在北京物色人选，他无意间和我谈起这件事，我怯怯地问："我可以去试试吗？"从保健品跨界到服装领域，我自己都不知道哪里来的勇气，回想起来，应该是我的骨子里从未停止过的对美的向往吧。

还记得我刚刚毕业，在医院工作时，每天下班去坐地铁，会路过一个书报亭。每次《时尚》发行的日子对我来说就像是过节，10 块钱一本的杂志对于刚刚工作、只有几百块工资的我来说，是一笔不菲的支出。但是杂志里各种品牌的服装和配饰都令我向往，所以每一次，我都会咬咬牙购买，宁可在别的地方省吃俭用，可是在买《时尚》杂志这件事上绝不吝啬。

多年以后，因为业务和时尚集团的人打交道，我还开玩笑说："你们从胡同里一路发展到 CBD 的时尚大厦，有我的一份贡献。我买你们杂志的时候，你们还是男女同刊，正反面阅读呢……"她们纷纷用不可思议的眼神看着我。

虽然这本杂志和我日后从事的工作并无直接关系，但我明白，这是培养我审美的第一位老师。

跨界进入服装行业，成为外企高管

入职服装公司之后，我才发现原来这是一家做男装的公司。跨界有点大，就从最基础的运营部门做起，尽心尽力做好本职工作。一年半以后，机会再一次来到我的面前——我有机会从幕后运营招商部转调到前台品牌销售部,那可是每年要背负 9 位数任务的部门,而我一天店面没站过、一件衣服没卖过、一件货品没叠过、一条领带没打过,我,真的可以吗?

从小不服输的性格让我决定接受挑战,更重要的是,我从不想让信任我的人失望。我往日的所有光辉业绩全部清零,一切,从一张白纸开始。

2008 年 2 月,我正式开启服装零售管理之旅。那段时间令我永生难忘,因为我刚刚转过来,就赶上开季培训,和我的拍档 Alice,还有香港的设计师、陈列师,我们四个人拖着 6 大箱货,14 天飞了 13 个城市,从东北到云贵川,从海滨城市青岛、大连到乌鲁木齐,再到大西北的兰州,每天我们不是坐最早一个航班,就是坐最晚一个航班。那段日子,我们每晚常常只能睡三四个小时,就要起床赶飞机。

Alice 在倒数第二站时,终于坚持不住,倒下了,由同事护送回京,坐着轮椅去了医院。那时,我刚转到品牌,对于原来的操作不好妄加评论,但是经历这一次之后,我对于这种舟车劳顿、人困马乏的培训效果提出了改革建议,之后我们再也没有用这样的方式去做过培训。

对于一个零售管理的门外汉而言,我要学的东西太多了,公司内部的几个品牌之间也面临着竞争。以我的个性,我绝不做第二!

那时,香港和内地相比较,在专业度上,香港的确更胜一筹。每一次香港同事来内地巡店,不管是哪个部门,总能被他们发现一大堆问题,很多人对他们极其反感,我却享受这种极致的挑刺。我在各种挑刺中飞速成长,很多次跟他们巡店,调整陈列一搞就搞到十点商场闭店,饿到胃痉挛,回到家已是半夜,万籁俱寂,只有孤独的星光和月光照耀着我。

就这样,在我和团队的努力下,我从接手时区域年销售 1.5 亿元,第二年到 1.8 亿元,第三年到 2.3 亿元,第四年再到 3.3 亿元,业绩一路飙升,把其他品牌远远地甩在身后,建立了一支无往不利的销售团队。

我凭业绩成为公司第一个由大陆人担任的品牌经理、品牌总经理,从负责一个区域到负责全中国,从负责一个品牌到负责五个品牌,就这样一晃过了 16 年。

16 年前，曾经有一位大师对我说："未来十年，你是奔波劳碌的命。"

没想到，被他说中了，16 年来，我不是在机场，就是在去机场的路上。我的飞行距离超过了一百万公里，平均不到一周就飞一次，在航旅纵横上的纪录超过了 99.98% 的用户。我走过了中华人民共和国行政版图上的所有行政区，去过近 100 个城市，也去了十几个国家。

十年过去了，我找到当年的大师，问他，"十年了，我可以解脱了吗？十年，我和孩子分离，我一个人养家，我好辛苦"。

大师说："你还要再辛苦五年。"

流光弹指，又是五年时光转眼逝去，公司从高峰到低谷，我肩上的担子越来越重，我依然无法停下奔波的脚步。慢慢地，我不再去追寻那个答案了。因为这些年在红尘历练的我，早已明白——身不苦则福禄不厚，心不苦则智慧不开。

记得 2010 年，老大 14 岁，老二 8 岁，我每天高强度地工作，回来要给孩子们辅导功课。弟弟比哥哥淘气多了，也不爱学习，每次做作业就像是进行一场战争。记得一次为了不写作业，他竟然钻到桌子底下，怎么都不出来，就这样竟然在桌子下面睡着了，我无奈又心疼。

老师每次在卷子上排名次，还要写上倒数第几名，我去学校理论，老师振振有词，告诉我应试教育就是要排名次，于是我产生了惹不起但躲得起的念头。

我的想法很简单，国内的学习压力太大，各种培训班压得孩子喘不过气，不上培训班，家长又会陷入无止境的焦虑中。我家老大曾两次在假期游学美国，他表现出来的状态是国外的学习、生活更适合他，而老二喜欢冰球，从小就表现出一定的天赋。那时，我和老公没有过多的纠结，倾其所有，决定送 2 个孩子去加拿大读书、打球。

当时，老公的事业受阻，对于我那 2 个出国读书的孩子来说，我们夫妻二人总要有一个人做出牺牲，陪伴在孩子身边，于是，养家的重担就落在了我一个人的肩上。

孩子刚刚出国时，我和孩子承受着分离之苦。每一次视频，弟弟在那头嘟着小嘴，嘀咕一句，“妈妈，我想死你了”……这一句话就足以勾出我无尽的眼泪了。

无数个深夜，我扪心自问，我这么做对吗？我为他们的人生做了决定，我会不会害了他们？这些问题让我无比焦虑，但是无法对人诉说，因为没有人可以帮我做决定，也没有人可以给我答案。

所有人都只看到我最光鲜的一面：事业顺利，一路高升；孩子在海外留学，引无数人羡慕。我的性格很要强，也从不把自己软弱无助的一面展示给外人。

在公司组织的一次培训课上，老师让我们每个人画一幅画。画完之后，老师让大家互相看看画作，并猜猜16位同学之中，谁是压力最大的那一个，结果大家都没猜对，老师说：“是Sabrina（我的英文名）。”

刹那间，我所有的情绪再也绷不住了，我在课堂上号啕大哭，我再也无法压抑自己内心的焦虑和恐惧。

老公在海外陪读，没有身份，所以不能打工，他们三个人在国外的支出全靠我一个人。无意间，我听到有同事在背后议论我：“Sabrina家里一定很有钱，老公肯定是做生意的，否则靠她供两个留学生，怎么可能呢……”

听到这样的议论，我只能笑笑。是啊，谁相信呢？

谁相信，我这个外表光鲜亮丽的霸道女总裁，每到信用卡还款日，就会在各个银行奔走，倒腾着不同的卡来还钱？

谁相信，在多少个寂静的夜晚，我会一个人哭醒？

谁相信，当叛逆期的儿子遇上更年期的老爸，火山爆发时，大洋彼岸的我束手无策，一边哭，一边开车，因为心神不定，好几次都差点出了车祸……

谁相信，当公司遭遇变故，我一手带出的销售团队在一夜之间就要全部拱手让予他人，我还要装作若无其事……

今天回过头来看，这一切都是老天给我的考验，或者说是一种成长的礼物。只有经历过苦难，面对幸福才会更加珍惜。

去年，几个同龄的闺蜜陆续告诉我，她们已经办理了退休，开始领退休金了，我这才意识到，不知不觉间，我已经来到了人生的下半场。

是啊，我已经拼搏了半辈子，是不是该享享清福了？未来回温哥华和孩子们团聚，我想在院子里种上我最爱的绣球花，我想给我最听话、最乖的Water最长久的陪伴，儿子和女朋友如果生个混血宝宝，我每天会带着他（她）在门前的花园里尽情地玩耍……

就在我无限向往我的美好退休生活时，孩子们在这两个月就给我上了一课。他们已经不再是对我无比依赖的宝贝，他们有了自己热爱的工作，有了自己的生活，有了自己的朋友，有了自己的爱情，他们不再属于我。对他们而言，我并没有自己想象的那么重要。

我的前半生，为了他们一路打拼，难道我的后半生还要为了他们而活吗？退休之后，继续做他们的保姆？两个月的相守已是如此，后半生还有几十年，结果又会如何呢？

突破，变身为个人品牌教练

带着思考，我回到了国内。4月2日，飞机降落在浦东机场。从机场到隔离酒店的路上，除了耳畔的风声呼啸而过，路上没有一辆车、一个行人。一排排关停的商铺，一个个封闭的小区，我难以置信，这是我记忆中的上海。

2020年疫情初始，经历过"非典"的我们都认为几个月就会过去，最多撑半年吧，结果一撑就是三年，本就步履维艰的公司更是雪上加霜。短短的三年，公司已经经历了数次架构调整。坐在办公室里，看着桌上一张张合影，我的心里五味杂陈。

这是我带出的一支管理团队，几年之间从三十几人，走的走，裁的裁，只剩下了十几人。职场人的命运常常是掌握在市场的手中，事实残忍，但这是人力难以抵抗的。不是你不优秀，不是你不努力，而是当巨浪来临时，没人能够阻挡，要么是它助你乘风破浪，推你攀上更高峰；要么是它将翻江倒海，卷你沉入最谷底。

生活、工作，何去何从……

稻盛和夫说过，心不唤物，物不至。或许老天听到了我内心渴求突破的声音，于是为我推开了一扇窗。

2022年4月24日，薇安老师的新女性平台"官宣"从知识付费转型为知识服务，更推出了个人品牌教练孵化的项目，这犹如一道光照入了我的生命。

和薇安老师的缘分还要从2021年夏天说起。

2021年7月18日的深夜，一个朋友在微信发了一个训练营的招生广告给我，点开链接，是薇安老师的个人品牌创富营。我很早就关注了"薇安说"这个公众号，但没关注过薇安老师的课程。广告中的个人品牌打造的概念引发了我的好奇，我在职业生涯中一直从事着品牌的打造，对于品牌，我有着很强烈的认知和敏感度，但是，"个人品牌"这个概念，我还是第一次听到。广告文案中通过个人品牌变现的种种案例，更是引发了我的好奇心。

英国物理学家斯蒂芬·威廉·霍金说过："记住，要仰望星空，不要低头看脚下。无论生活如何艰难，请保持一颗好奇心。你总会找到自己的路和属于你的成功。"

一年以后回头看，我要感谢自己的好奇心。正是源于当初的这份好奇心，才为我重新出发推开了一扇窗。

很多人步入职场后，工作了十年八年，但是经验就停留在入职后的前几年，而之后的日子停止学习，靠着惯性去工作，慢慢地失去了竞争力。

在薇安新女性平台学习的这一年的收获，相当于我过去几年的学习积累。

在十几年的职场生涯里，我一直从事的是传统零售、线下经营，模式相对固化。2020年疫情暴发，逼得我们不得不开始重视线上营销与推广。

还像以前一样在朋友圈发广告卖货吗？现在品牌泛滥，产品过剩，供大于求，消费者已经不会再相信王婆卖瓜，自卖自夸式的销售模式了，交易已经从商品买卖关系转变为服务关系了。

这几年来，周围出现倒闭潮、裁员潮，我们公司也难以幸免。疫情期间，我们连续休无薪假，来缓解公司现金流的压力，如果不这样做，公司难以为继。在这种大环境下，受影响的又哪里仅仅只有我们这一家公司呢？在这黑天鹅事件中，我发现有一类人活得很好。什么人呢？那就是通过打造个人品牌，在线上赚钱的人。

互联网让商业活动的渗透力急剧增强，造就了传统商业无法比拟的爆发力量，我们每个人都无法阻挡自己成为互联网世界的一员。

互联网的核心流量就是人，每个人背后都有一部手机，这部小小的手机有着无穷大的商业价值。薇安老师帮助无数素人通过个人品牌打造，通过一部手机，成为自己圈层的核心，像太阳一样散发能量，燃烧自己，照亮别人。

那么，我又该如何打造自己的个人品牌呢？

在我最困惑的时候，薇安老师跟我通了一个电话，她对我说的话，直到今天，还一直在我耳边萦绕，她说："亲爱的，我要怎样才能帮到你？"这就是薇安老师始终践行的平台理念：极致利他。

她对我说："我和你一样，在职场做管理多年，我们对自己的经验已经习以为常，但是从事教育多年，我发现对于很多初入职场的年轻人来说，我们在大公司所接受的培训，我们的职场经验，对于他们来说，都是有价值的。我们可能还不完美，我们还做不到 100 分，但是 80 分的我们可以教 60 分的人，60 分的我们可以教 30 分的人，向上学习，向下输出，终生成长。"

这样一席话让我醍醐灌顶，犹如一道光，照亮了一直在黑夜中不断摸索、挣扎，却始终不得法门的我。

在跟随薇安老师学习的一年中，我看着老师不断挑战自己，不断迭代自己的商业模式，在 2022 年 4 月 24 日"官宣"，从知识付费转型为知识服务。这一天，也是我正式确定自己定位的日子，我的定位就是个人品牌教练。我为自己找到了未来几十年为之奋斗的梦想，帮助 1000 多名女性通过打造个人品牌，找到自己的价值，过有成果的一生。

西方哲学的奠基人苏格拉底说过："世界上最快乐的事，莫过于为理想而奋斗。”当我有了明确目标后，我发现整个人都豁然开朗。

过去的我，认为作为职场人，如果不掌握某种技能，就无法打造个人品牌。

现在的我，坚信人人都可以通过打造个人品牌，活出更好的人生。

过去的我，把事业依附在公司平台上，患得患失；今天的我，知道自己就是最后的退路，笃定前行。

过去的我，认为我最大的价值就是对家人的奉献；今天的我，知道帮助更多的人成就自己，才是我应该有的社会价值。

在现在这个用视频来表达的时代，薇安老师相继为我们推出了短视频、直播课程，从宏观的趋势到具体的实操，和团队手把手地带着我们从零起步。

在教练的指导下，我推出了自己的第一条口播短视频，播放量近万，过百的点赞量。好多朋友都说我的短视频给了他们很大的启发，希望我可以定期更新。

薇安老师坚信，现在直播是打造个人品牌必不可少的手段，于是身体力行地带领团队和我们奋斗在直播赛道上，还为我们请了专业的教练团队。正是在薇安老师的督促和引领之下，我也在公司创立直播营，并开展全员KOL 计划，不断地为团队灌输个人品牌打造的理念，我希望他们和客人之间，从传统的买卖关系转换为人在前、货在后的服务关系。这条路不容易走，但我知道我们必须走，否则我们终会被市场淘汰。

团队的小伙伴们常年在店里等待客户上门，对于线下服务流程烂熟于心而从零开始做短视频、做直播，对于他们来说，是很大的挑战，难免恐惧、忐忑，我都感同身受。为了和他们并肩作战，我也勇敢地开启了自己的直播，希望他们看到我可以，会觉得他们也可以，甚至会比我做得更好。

在我的鼓励下，全国各地的店铺都纷纷开启了线上直播，小伙伴们通宵达旦地准备一页页的文稿，把直播的种种注意要点一一罗列出来，他们忙到凌晨四点钟才睡觉，他们说就连结婚都没有这么紧张过。当我看到他们在直播间越播越放松；看到他们在直播间收获自信，收获成长；看到他们在直播间感谢我时，我流下了幸福的眼泪。这一刻，我知道我不仅仅是他们的上司,也是带着他们一直努力向上的良师益友。

事实上,这也是我一直在探索的管理模式。我希望通过我的人生经历,可以给靠近我的人一些实实在在的启发。

喜爱变化,喜爱自己

德国伟大的作家约翰·沃尔夫冈·冯·歌德说过:“你若要喜爱你自己的价值,你就得给世界创造价值。”

在课堂上,老师曾经带着我们做过一个游戏。他让我们每两个人相对而坐,观察对方一分钟,然后转过身,自己做一些改变,再转过来观察对方的变化,结果我们每个人基本都在做减法,纷纷摘下手表、耳环、项链,脱了外套等等。原来,在我们的潜意识里,改变即是失去,所以当改变发生时,我们大部分人的第一反应都是抗拒。

如果我当初不敢改变,那么今天我可能仍旧还是医院里的一名护士,在救死扶伤,但我不会成为一个走遍千山万水、看过世界,今生无悔的人。

如果我当初不敢跨界、没有进入热爱的服装领域,我不敢想象,没有了热爱,我是否还能在无数次巨大的压力下,坚持走到今天?

如果我当初在公司一次次的变革中,不能接受岗位的调整,在被边缘化后,放弃自己,那么还会不会有事业上一次次触底反弹?

如果我现在就在自己的舒适圈,安心等待着退休的那一天悄然而至,当我要离开这个世界的时候,我会不会为今天的不努力而后悔?

验证我们是否活得最好的方法就是看我们是否喜欢变化。如果没有辛勤的付出,得到的结果将毫无意义;没有经历过伤痛,便不会懂得欢乐的意义;没有经历过磨难,信念也不会变得坚定。

在无数个时刻,当我觉得走不下去的时候,我就会想起这个故事,它支撑我迈过一道又一道人生中的难关。今天借由这本书，我把这个简单的故事分享出来，希望可以帮助更多的人找到努力的方向，一路坚持下去，到达彼岸。

在一个漆黑的夜里，一侧是悬崖，一条看不见终点的山路，只有车灯可以照亮眼前的三十米，目的地在几十公里以外，试问我们能到目的地吗？答案是能。正是这个小故事带给我启发，让我不再为不可预知的未来而焦虑，我只把眼前的三十米认认真真地走好，每一个三十米的累积，助我最终达到胜利的终点。

作为职场人，我们的很多光环都来自外部环境，如来自公司的平台、来自公司的产品，而当这些外部光环在这个多变的世界变得逐渐黯淡之时，我们也会随之变得不堪一击。

这个世界充满了不确定性，没有我们想象的那么坚固，如何与世界的这种不确定性对抗呢？答案只有一个，那就是让自己变得越来越强大。打造个人品牌就是构建自己人生的护城河，增强自己的抗打击能力。

我常说，我无畏生死，哪怕静悄悄地离开这个世界，我也无憾。

如果你已经读到了这里，那么我知道，我的故事已经通过这些文字留了下来。

如果你和我一样，一个女人撑起一个家，一路走得很辛苦；如果你和我一样，曾经在职场打拼多年，但是命运不掌握在自己手里；如果你和我一样，也曾为了不可预知的未来而焦虑……那么来到我们的身边吧，这里有无数优秀的女性和你一路同行，我们相互扶持、鼓励、陪伴、托举。

我们努力学习，终生成长，成为自己的贵人。

我们不断迭代，把握机会，遇到生命中的贵人。

我们为爱成交，全力托举，成为别人的贵人。

我们极致利他，彼此成就，成为彼此的贵人。

我们追逐光，后来活成光，逐渐点亮自己，然后照亮别人。

来吧，让我们一起过有结果的一生。

明言

财富能量导师

身心IP教练

扫码加好友

明言 BESTdisc 行为特征分析报告

ID 型

新女性创造社

报告日期：2022年06月26日

测评用时：11分50秒（建议用时：8分钟）

BESTdisc曲线

自然状态下的明言	工作场景中的明言	明言在压力下的行为变化
D I S C	D I S C	D I S C

D-Dominance(掌控支配型) I-Influence(社交影响型) S-Steadiness(稳健支持型) C-Compliance(谨慎分析型)

明言天性友好、乐观、有热情和动力、适应性强，能敏锐地察觉挑战并做出相应的改变。她热情的天性，加上灵活的沟通方式，通常能够使别人敞开自己并全情投入。她非常善于打开局面，愿意尝试冒险，是个优秀的主动开拓者。她能领会团队的意图和需要，并知道如何去激励成员，因此也知道要采取什么样的方式去渡过难关。

找到自己的天赋钥匙，让生命变得丰富

当我们真心地关注他人并能为他人提供服务时，个人价值自然会体现出来。

我是明言，是一名潜能开发导师，也是一名财富能量导师。

不知道你是否曾遇到这样的问题：工作不理想；社会关系各种不顺；考虑了所有人，却唯独忘记了自己的需求……其实这些我都经历过。现在，我从困境中逆风翻盘，每年的销售业绩破 1000 万元，人生全面开花，同时找到了自己的天赋使命，做自己喜欢的事业。

我想要给你讲我的故事，希望你能从中汲取力量，发挥自己的无穷潜能，活出自己喜欢的样子。

从被宠爱的公主到被嘲笑的灰姑娘

我出生在雅安，四川的一个小城市。我的童年过得很幸福，我家在军工厂大院里，父母都是国企的员工，日子过得富足而幸福。

我人生中最美好的时光，是每天在路上等爸爸下班。他总是抱起我，用满脸的胡子扎我，给我一个大大的亲吻。那个时候的我，就是在爸爸的爱中沐浴长大的小公主。

然而，好景不长，在我7岁的时候，爸爸因为癌症住院了。

在一个雨天，我突然被叫到他的床前，爸爸的脸又瘦又黄，他有气无力地拉着我的手，说："孩子，爸爸就盼着你未来能考上大学，出人头地。"

我不知道爸爸为什么讲这样的话，但是我心里生出了恐惧，我觉得我要失去他了。说完，他的手放下了。任我和妈妈怎么摇他的手，哭得怎样撕心裂肺，却再也得不到他任何的回应了。

屋外大风席卷着暴雨，打在窗户上，树也被刮倒在地，咣的一声。顿时，**我知道，我能依靠的大树也倒了**。

爸爸的病花光了家里的所有积蓄，我家从一个人人羡慕的小康家庭变成了只剩孤儿寡母的家，为此，我还经常被人欺负。更让我绝望的是，奔丧以后，回到学校，迎接我的并不是关心和安慰，而是同学们的指指点点，我耳畔响起了大笑声："你没有爸爸了，没有人保护你了，你打也打不过我的。"瞬间，我的眼泪滂沱而出，我拼命跑出教室，到操场上号啕大哭。

然而，这一切我不能告诉妈妈，生怕她伤心。

那个时候，我常常在想，既然人总有一天要死，**那活着又有什么意义呢**？**既然活着没有意义，那学习又有什么用呢**？

从对生活无望的"学渣"到妈妈引以为豪的"学霸"

是的，随着爸爸的离去，我的魂也没了，成绩更是一落千丈。

直到有一次，我玩到天黑才回家，妈妈气得罚我跪搓衣板。在爸爸的遗像前，妈妈歇斯底里地喊道："你爸爸去世前怎么给你说的啊？"我一下子怔在原地，我想起爸爸去世前的画面，愧疚的眼泪滑落下来，我在心里暗暗发誓：要活着就要好好地活下去，像爸爸说的那样，考上大学。

从那以后，我一头扎进书本中。我告诉自己，一定要好好学习，考上大学。在初中时，我努力地进入全班前三，并且以全市第66名的成绩上了省重点高中。刚进高中，我就又被打脸了。老师用方言讲课，我听不懂，一下子排名倒数第三了。这样怎么考大学啊？怎么对得起爸爸的嘱咐啊？我流着眼泪，拼命学习。上课犯困的时候，我就去揪腿上的肉，让自己清醒一点。听不懂的地方就去找同学请教。

功夫不负有心人，在我的不懈努力下，我一举考上了中国农业大学。金秋九月，我只身一人，来到北京求学，充满对未来的期望。在大学中，我充分发挥了自己的天赋，既当棋牌社社长，还在学生会工作，发现了自己特别喜欢和人打交道，并乐在其中。

研究生一毕业，我以流利的英语和过硬的应变能力，应聘上了一家世界500强企业。

从人人羡慕的人生赢家到差点失婚失业

然而，还没来得及高兴，我就傻眼了，对销售一窍不通的我，感觉困难重重。不怕不会，就怕没有可以跟着学习的人。

很幸运的是，我的领导愿意带我。接下来，我和领导一起出差、学习，我如饥似渴地吸收着知识和经验，经常研究销售成功案例到深夜。终于，用了一个月，我彻底明白销售是怎么做的了。

在做东北渠道市场的三年，我每个月有一半时间在走访客户，一天最多见6个客户。仅仅3个月，我把东三省的中大客户都拜访了个遍。很快，我们品牌在这个区域的占有率达到了40%，重点中大型客户的占有率在

80%以上。因为工作能力突出，我被调任负责全国TOP20的客户。

遇到困难和问题，我从未退缩，很快拿下了几个龙头企业的订单，每个客户都从0实现了年销售500万元的突破。连续三年，我都获得外企里最高的销售年终奖。紧接着，我被调任负责全球最大的客户，一个人顶了公司的半边天。

别人看我光鲜亮丽，一路顺风顺水，但是我的发展遇到了瓶颈。市场没有办法扩展，销售水平停滞不前，没有办法成长，我心里觉得很不踏实。**我想要继续挑战自己**，于是跳槽到了一家美企。换了市场，换了客户圈子，没有了熟悉的工作方式和人，我很快交了白卷。半年内从销冠到鸭蛋，我实在接受不了这样的落差。

那时，我还怀上了二胎。因为工作太拼，导致孕7月差点早产，我才停下来。好不容易保胎到9个月，又因为胎盘早剥大出血，进行了紧急剖宫产。

屋漏偏逢连夜雨。在月子里，从小带大我的姥姥去世了，我没法参加她的葬礼。妈妈很伤心，为了照顾我，也没回去奔丧，家里到处都充斥着悲伤的气氛。

大出血导致我气血不足，老二出生吃不饱母乳，天天哭。孩子感受到我的烦躁情绪，天天睡不好觉。我晚上还要忍着伤口的疼痛和巨大的困倦，一次次起来给孩子换尿不湿和喂奶，身体的受损加上严重的睡眠不足，让我痛苦不堪。老公正值职场上升期，孩子总是莫名其妙地哭，打扰了他休息，他总是黑着脸、狠狠地说："你连个孩子都弄不好，还能做什么事？"后来，孩子哭，我也哭。身心俱疲，还被老公责备，自我价值感特别低。能量低，我的业绩也一直往下掉。我特别焦虑，晚上睡不好觉，头发大把大把地掉，我担心会失去家庭和这份看上去体面的工作。

我开始自我攻击，感觉自己妈妈做得不好，工作也一塌糊涂，老公还批评、责备我。我觉得自己一无是处，没有价值，更揪心的是，我发现在我情绪不好的时候，我就开始打骂孩子，就如小时候我妈妈对我一样。在一次打孩子，孩子哇哇大哭之后，我也自责地大哭起来。**照照镜子里那个顶着黑眼圈、头发枯黄、脸上还挂着泪的人，这还是曾经的我吗**？

我脑子里闪过一个念头：我就要这样过一辈子了吗？我爸爸希望我活成这个样子吗？我吓坏了，我突然意识到，我不能这样下去了，**我要找回那个快乐、阳光的自己**。在机缘巧合下，我接触了心理学，我发现了我的情绪的来源。我下决心要治好自己，于是每个月在外面学习 4 ～6 天，包括人偶心游、家庭系统整合、本体能量等课程。在课程上，我做了很多疗愈，穿越了和爸爸的告别，处理了我和妈妈之间的隔阂，转化了儿时形成的心智模式，宣泄了积压多年的情绪。

找到人生使命，进入高光时刻

5 年过去了，我已经累计完成了 800 个小时的线下课程、助教时长 400 个小时，并完成了中科院心理学硕士的学习。在处理好情绪后，在转变原有的观念后，我意外地发现，我三年都没有谈成的大客户开始与我合作了，更让我开心的是，我还用我学到的东西，帮助客户及客户的家人，我和客户的关系也从单一的合作关系变成了多维度的关系。

当我开始用我学到的心理学知识去帮助别人时，当我看到一个生活无望的人来我这儿做咨询后，露出轻松的笑脸时，我不断看到并肯定了自己的价值。

我开始思考，**这辈子如何过得更有价值和意义**？接着，我系统学习了新精英的职业生涯规划课程，并拿到了职业规划师的证书。我惊喜地发现，自己的第一天赋是沟通、销售，主业有近千万元的营收，还实现了每年 20%～30% 的增长；第二天赋就是赋能他人，副业收入从月入 1000 元到过万元。**我发现，我已经走在使命的道路上了**。

我带的学员变成了我的合伙人，想要和我一起去影响更多的生命。在我的个人成长团体里，喜报不断。我通过自己的成长过程分享，让他们看到了自己的思维和行为模式的卡点，在帮助他们清除卡点后，我感受到了他们的轻松和喜悦。

一个因为重度失眠20年而天天郁郁寡欢的学员说:“老师,我现在5分钟就能睡着了,而且我还学会了如何和家里人处理关系,和孩子能够交心了,我老公都升职加薪30%～40%啦。”

一个和父母关系疏离的学员,在我的陪伴下,和爸妈几十年的心结被解开。同时,我还指导她如何和客户沟通,让她在第三个月的时候,销售收入增加了10多万元。

一个身体不好的学员是蛋糕店老板,在跟我学习一个月之后,身体变好,而且蛋糕店的生意从平平淡淡到忙得接不过来单。她的内在觉察越来越快,还摆脱了纠结和内耗。

这样的故事还有很多。

你知道为什么我能获得这些成绩,还带着我的学员落地变现吗?

这一切都源于我们找到了自己的天赋使命。这就是我梦寐以求的人生事业——既可以点燃他人,还可以自我成长,顺便获得财富。

所以,如何找到自己的天赋使命?我分享给你6步法:

第一步,对这件事特别有兴趣,即便一开始不给你钱,你也很开心地去做;

第二步,做这件事的时候,忘记了时空的存在,而且心里会很高兴;

第三步,曾经在这条路上吃过苦、受过罪,比别人学得和做得都更快、更好,还会得到别人的夸奖;

第四步,在这条路上,很快就有人找到你,并让你能赚到钱;

第五步,你很快找到可以帮助你并和你一起去做的人;

第六步,你很快学习完,并能开始教别人了。

当我去复盘我的人生的时候,就发现,不论是在外企做销售,还是现在做的助人的事业,我都是活在自己的天赋里。付费学习5年,我发现我的同学90%都是女性。**因为,我们不想被定义为仅仅是好妈妈和好妻子,我们期待实现自我价值,所以学习去成长、改变。**

可是如何成长,如何改变,才能找到自己的专属财富之路?就需要去挖

掘自己身上蕴含的巨大宝藏。用最高效的方式选对赛道,深耕下去,拿到成果。

我深知现在的每一个女性都很不容易,既要照顾好家庭,还要在事业上时刻在线,时间和精力都是短板,所以我想写给女性一段话。

写给每个女性的一段话

亲爱的:

今天想要跟你说说心里话,你是不是也这样呢?

你忙着搞好事业,忙着照顾好孩子、照顾好老公,却唯独忘了自己。忙着忙着,你忘了照顾自己的身心健康,忘了好好地爱自己。你付出了很多,不求回报,但还会有家人和同事不理解你,甚至责备你,所以,你的时间和精力都被耗在了各种关系中,耗在了各种纠结中,无法好好提升自己,摆脱现状。

这就像一个打不开的死结一样,循环往复,所以出现了很多不快乐的妈妈,以及被焦虑压制天赋潜能的孩子。

我想用自己的亲身经历去唤醒你。曾经的我,也像你一样,为了照顾妈妈的情绪,所以学会了懂事和乖巧。因为懂事,所以选择压抑自己的想法,不敢勇敢和真实地表达。因为不敢真实地表达自己,所以放弃了很多在公众面前展示自己的机会。

我曾经从生命的至暗时刻里两次爬起来,深深理解别人那无助和痛苦的感觉。所以,**我希望我受过的苦,你不必再受**。

我想要帮助更多的人醒过来,学会正确地思考当下的人生,找回内在的力量,拿回对人生的掌控权,遇见最好的自己。

那么,如何去做呢?下面 4 点是我花费了 50 万元,从生活的泥潭中爬起来,现在熠熠发光地站在你面前所总结的经验和教训。如果它们能够帮到你,那我会特别开心。

面对情绪，学会转念，分享给你我总结出来的 FEDC 四步法

- F(Find)寻找根源:找到困扰你的一些想法,找到这些想法困扰你的原因,一步步写下去(从显意识到潜意识探索)。
- E(Emotion)情绪来源:在这个想法下,你的情绪是什么?什么时候会有这样的情绪(触发创伤胶囊)?
- D(Demand)需求探索:在这种情绪里,你想表达什么?你有什么样的需求?
- C(Change)转念拿到资源:在这件事上,你学到了什么?获得了什么样的力量?

举个简单的例子,我曾经不好意思请别人帮忙,很多时候觉得能自己解决的问题,就自己解决。有一次,当我遇到困难,想要别人帮忙的时候,我觉得不好意思,还有点紧张。那这里面一定有什么卡住了我,我得去探索一下。我闭上眼睛,深呼吸,放一些轻音乐,开始写 FEDC。

F(Find)寻找根源

为什么我会觉得请别人帮忙不好意思?因为觉得麻烦别人是不好的。为什么麻烦别人是不好的?因为别人可能在忙,打扰到别人了。那打扰到别人了,会有什么结果?别人可能会拒绝我,说明我不够好。

E (Emotion)情绪来源

为什么被别人拒绝了,会觉得自己不够好?被别人拒绝,很没有面子,

说明别人不重视我,让我觉得很不舒服。什么时候是第一次不被重视,感受到被拒绝的?

我脑海里浮现出一个画面:我小时侯,妈妈在忙,我发现了一个好东西,特别开心地跑去和妈妈说:“妈妈,快来看看我这个吧!”妈妈很不耐烦地说:“没看到我现在忙着吗? 没空,这孩子怎么不懂事啊。”我此刻的情绪是伤心。

D(Demand)需求探索

这个时候,我需要妈妈关注,但是被拒绝,然后还被贴了一个标签,所以感觉很不受重视和不被爱。

此刻,如果有情绪,可以想象自己回到原来那个时间,在脑海里和妈妈对话,把自己的想法和需求表达出来。

C(Change)转念拿到资源

在这件事上,我学习到的是:如果孩子或者别人找我帮忙的时候,哪怕我忙,我也应该先和别人好好解释。忙完后,回去和他们聊一聊或者帮助他们,而不是敷衍了事,或者用贴标签的方式回应别人。所以,在这件事上,我学到了如何更好地与他人相处。

通过这件事的自我探索,我发现**情绪是一个信差,让我们能够更好地去了解自己的思维和行为方式**。

通过自我探索,我不再天天抱怨身边的人,抱怨他们激起了我内在的情绪。**我会把越来越多的关注点放在资源和拿回自己的力量上**。

所以,亲爱的,所有的人、事、物都是来给我们送礼物的。**有人带给我们开心、快乐,我们感谢他们带给我们美好;但如果有人带给我们愤怒、不开心等情绪,我们也要感谢他们,因为他们让我们看到,我们内在的情绪被激发了**。

当我们更好地觉知自己的情绪，不断去反省自己的思维和行为模式的时候，我们就不再会为外界的人、事、物牵着鼻子走了。同时，我们就会越来越感恩我们遇到的人、事、物，因为我们知道，它们都是来帮助我们成为更好的自己的。

找到天赋，拿回内在力量

我发现很多人即便很优秀，但是依然会不够自信。我知道你曾很在意别人的看法，但我希望你从此之后，停止自我攻击和自责。此外，我还要恭喜你，因为你属于只占总人群的千分之一的高敏感人群。因为你足够敏感，所以你才能更好地感知他人的情绪和需求。未来你学习、成长后，可以做咨询师或者心理学导师，去帮助别人排忧解难。

我想起了一个高敏感孩子的故事。这个孩子一见到我，就开始紧张，生怕自己说错了话，脸上没有笑容，还有着不属于她这个年纪的忧愁。她说："老师，我总觉得自己不够好，我很关注别人怎么看我。"在做了情绪处理和转念之后，我给她做了潜能的解读。最后，她问我："老师，我真的有那么好吗？我们不应该关注自己的缺点，天天改进吗？"我听了以后，特别难过，我对她说："**孩子，如果我们的长处和优点就像太阳一样大、一样亮，即便天空里出现了一些小黑点，是不是在太阳的光芒下，我们也看不见啊？**"听了这句话，孩子的眼中出现了光芒、泛起了泪花。

我轻轻地和她说："**孩子，以后请看待自己的优点，就像看待太阳一样好吗？我相信未来的你，能像太阳一样光芒万丈，你愿意相信自己吗？**"她边流泪，边说我愿意。看着孩子轻松的笑容和眼中泛起的光，我感慨万千。

如果每个家长都能看到孩子内在的光芒和天赋潜能，孩子会感觉多么幸福啊！

如果每个孩子从小就能树立自信，就像太阳下茁壮成长的小树一样，孩子该多棒啊！

所以，我许下了一个心愿，这辈子要帮助 100 万个人，了解自己和孩子的天赋潜能。彼此多一分理解,让孩子能够开心地成长,这是多幸福的一件事啊!

当我们了解了自己的天赋潜能后,就可以知道自己的长板在哪里、短板在哪里,然后就可以找到能帮助你的人了。

遇到困难不要怕，感恩生命中的贵人

在人生低谷的时候,一个人“升级打怪”很不容易,需要很大的勇气,但是,只要你不放弃,心里充满希望,就可以遇到或者找到贵人来帮你。

回望我的前半生,在这35年里,我虽然自己独立做了很多事,**但是内心是孤独的、不自信的,甚至认为自己是不被理解的**。在一个个昏暗的夜里,我都看到自己内在的无助,但是我又无比幸运,在人生最低谷的时候,我遇到了很多贵人来帮我。首先是我的两位心理学老师,他们教会了我如何转念、排解情绪,打开心门去感知他人。然后是薇安老师,她教会我要聚焦,给我赋能,给我指明了人生的道路,并激励我前行。在个人品牌路上,我依然在不断挑战自己。但是这一次不一样,因为我不再孤单,还感觉很幸福。因为在薇安老师的平台上,有那么多一起成长的伙伴给我打气,助力我实现梦想和价值。所以,在成长的路上,一定要找到小伙伴,陪自己一起成长,这样才不会停滞下来。

最后,我也想要分享给你,如何知道自己是否走在正确的人生道路上。

走在正确的人生道路上

我在学习和给别人做职业生涯规划的时候,发现有两类人特别容易迷茫。

第一类是刚毕业的大学生。

不知道自己到底能做些什么,不知道自己的未来该怎么走,对自己的能力和定位不清晰。

第二类是30～40岁的中年女性。

面对职业发展的瓶颈和事业、家庭的平衡问题，不知道该何去何从。她们在焦虑中学习了很多东西，又没有办法实现收入的跨越式增长，继续陷入事业、家庭的矛盾中。

我也曾面临这样的矛盾，我有两个孩子。我一方面希望时间更加自由，可以有更多时间去陪伴孩子；另一方面，我还想实现个人价值，提升收入。所以，我学习心理学、职业生涯规划、个人品牌等一系列课程，目的是更加了解自己，希望未来可以从事自己喜欢、擅长、可以做到老的事业。在无数次跌跌撞撞的自我探索中，我觉得我找到了。

如果你想了解如何摆脱情绪困扰，如果你想了解自己的天赋潜能（参与第248页关于如何找到自己的天赋使命），如果你想找到适合自己的事业方向，欢迎你来跟我聊聊，我一定秉持最真诚的心，知无不言。

在未来的时光，希望你的善良与爱有人懂，希望你的受伤与无助有人疼惜。让我为你的奋斗打气，助力你的梦想变成现实，让我陪伴你，活出你喜欢的样子！

昕瑶

性商导师

性能量开发师

私密潜能开发师

扫码加好友

昕瑶 BESTdisc 行为特征分析报告

SC 型

新女性创造社

报告日期：2022年06月26日

测评用时：06分29秒（建议用时：8分钟）

BESTdisc曲线

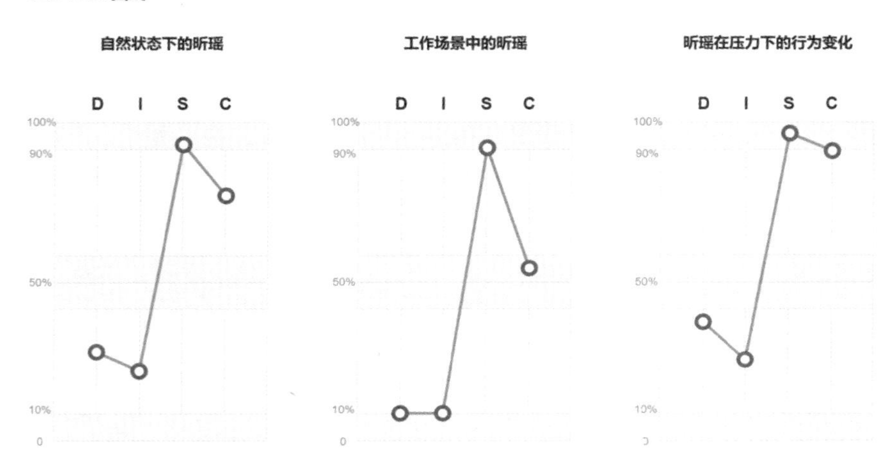

D-Dominance(掌控支配型)　I-Influence(社交影响型)　S-Steadiness(稳健支持型)　C-Compliance(谨慎分析型)

昕瑶有耐心，可靠，稳重，忠诚，真诚，细致周到，工作努力。她对待他人友善、亲切，是好的倾听者。在工作时，她给人的印象都是沉静含蓄、深思熟虑和耐心宽容的。她注重实际，自我克制。承诺一旦做出了，她就会坚持不懈、排除万难地履行。她非常善于运用逻辑分析去了解问题和做决定，同时律己甚严。

大胆取悦自己，才能释放出超人能量

90%的人引以为耻的事，却是幸福人生的标配。

亲爱的朋友，你好，我是昕瑶，是一位擅长经营亲密关系的性商导师。多年前，我曾经是一位编制内的初中语文老师。从人民教师到性商导师，这个职业跨度是不是有点大?

然而，一切似乎在冥冥中自有安排。

在爱里长大，在爱里缺失

我出生在浙江温州的一个小县城，小时候家境不错，是村里最早拥有彩色电视机、松下 VCD 等电器的人家。

还记得，每到周末，村里一大帮人来到我家的院子里，乌压压坐成一片，一起看电视，场面好不壮观。

有爸妈的呵护，有最干净、漂亮的裙子，是老师眼中的优等生、同学们眼中的佼佼者，我的日子幸福而美好。

但，我心里永远有一块阴影。

“房子不退回去，就不要回来了，滚出去!”随后，一只塑料桶在我面前被砸得稀巴烂。我顿时大脑一片空白，整个人都缩了起来。

我的父母会因为各种事情吵架，只要意见不合就“开战”。

那时，只要听到父亲大声说话，我就会心跳加速、全身紧张，生怕“战争”又要爆发了！

这让我有一种深深的无力感，我不喜欢跟同学打交道，因为我害怕被他们知道父母感情不和。

我只能把自己丢进书籍里，在武侠的世界里仗剑走天涯、在言情的世界里伤春悲秋，这让我有了片刻逃离现实世界的轻松和快乐。

我曾经利用一个暑假的时间，足不出户，把金庸小说集“飞雪连天射白鹿，笑书神侠倚碧鸳”全部看完。金庸、古龙、席慕蓉、琼瑶……他们的小说陪伴了我的整个少女时代。

无心插柳柳成荫，因为阅读这个强项，我不仅如愿考上大学，还在毕业的时候，参加了温州市教育局举办的非师范转师范类考试，以全市总分第2名的成绩考入教育系统，成为一名初中语文老师。

教书的那三年，我在教学上取得了不错的成果，学生经常在语文竞赛中获奖，经常获全年级语文单科最高分，全班语文平均最高分经常是我们班。但是，我并不开心，整天跟一群比自己小不了几岁的毛孩子打交道，孩子们的调皮捣蛋让我心力交瘁；也因为不善于社交，在教学中，我并没有找到乐趣和成就感。于是，教书三年后，我办理了停薪留职，奔赴爱情。

从青梅竹马的美好到生活的一地鸡毛

“你老公上小学的时候，我们全家就都知道你了。他经常在我们面前说起你，说你是全班最漂亮的，也是管人最厉害的……”二哥说。

老公是我的小学和初中同学。

上小学时，我是班长，他是班级里特别调皮捣蛋的“孩子王”，后面跟着一群“虾兵蟹将”，经常不服管教。

“哎呀！干吗扯我头发呀？”我恶狠狠地回过头，他朝我做个鬼脸，一溜烟跑远了，气得我直跺脚。

上学故意迟到的是他，上课做小动作的是他……各种状况不断。

那时，我不明白这人怎么这么讨厌；后来才知道，那是他为了引起我的注意。

初二时，他因为父亲做生意，转学了，从此，我们各奔东西。**然而，缘分就是这么奇妙**。

大一的时候，他通过我一个高中同学联系上了我，于是我们开始了长达两年的信件和电话联系。

后来，有一次我到郴州去，他拉开一个抽屉，里面有满满一抽屉的 IC 电话卡，将近 200 多张，他说全是当初在部队时打给我的。有时为了打一个电话给我，要排队两个小时，这些 IC 卡见证了我们的爱情。

一直到我大学毕业、他从部队退役，我们才正式确定男女朋友关系。

“如果继续留在部队，你会比较辛苦，我希望能为我们拼一个未来。”为了爱情，他放弃了部队的升职机会。之后，他子承父业，跟随他的父亲在郴州做生意，我在老家教书。每年的“五一”、“十一”、暑假、寒假，只要有机会，他都会排除万难，来温州陪我。

他告诉我，每当坐火车离开，看到站台上越来越远的我，他都忍不住想要流泪，心想一定要努力把我接过去，不想再这么和我分开了。

三年后，我还是忤逆了母亲（母亲一直反对我放弃工作），停薪留职，背井离乡，来到郴州。

还记得，当我背上行囊、打开家门的一刹那，母亲在背后对我说的决绝的话：“你自己不要工作，以后不要后悔。以后受了苦，也不要跟我说，我不会再管你的！”

我置若罔闻，坚信自己的选择没有错。

刚结婚的时候，我俩总有说不完的话，他经常带我出去玩，尝遍美食，日子像花儿般美好，我以为这就是王子和公主的幸福生活了。

然而，一切的美好都在怀孕、生完孩子后戛然而止。

那时，我们还和公婆住在一起，老公的事业也在上升期，早出晚归，根本没空顾家里，所以，基本上都是我和婆婆在打交道。

“我心脏受不了啦，扑通扑通要跳出胸口！”孩子还小的时候，他一哭，婆婆就喊受不了。她还总喊着身体各种不舒服，有时候是头，有时候是胸，有时候又是胃和肠道。

一开始，我吓得要死，生怕婆婆有什么三长两短。但是每次到医院去看，医生都说：“一点事都没有啊！”虚惊一场！

每年都要送婆婆去医院“抢救”几次，每次医生都说没事，一家人被折腾得够呛。公公说那是他一生中最心累的几年，他却不知道还有个我在给他垫底。

在这样的情况下，别说帮我搭把手带孩子了，她能把自己照顾好就是万幸了。

记得有一次，我们一起坐火车回郴州，儿子中途发烧了。无奈之下，一下火车，我就带他去医院看病。

这时，婆婆又开始不舒服了，说胸口闷，要去二哥家睡觉（二哥家离医院不远）。

于是，我只能一个人抱着 8 个月大的儿子排队挂号，排队看医生，排队取药，排队打吊瓶……

最让人崩溃的是，打吊瓶的时候，孩子哭闹不止，我只能右手抱着他，左手举着吊瓶，不停地来回走动，哄着他。

这种状态要一直持续到打吊瓶结束。整整四个小时，我的手臂由开始的又酸又麻，到后面毫无知觉。

孩子的撕心裂肺、我的手忙脚乱和周围孩子生病、4 个大人陪同的画面形成了鲜明的对比。

那几年，与其说是婆婆和我一起带孩子，不如说是我学会了独立带娃，还要照顾她时不时爆发的各种情绪。

生活太累了，神经也总是紧绷着，我变得极度压抑和痛苦。

而老公呢？

他总有吃不完的饭局、赶不完的应酬、忙不完的事，等他回家后，想要他搭把手，几乎是不可能的事。他要么看电视，要么“葛优瘫”，没有陪伴、没有沟通、没有共情。

翻看手机通话记录，电话“夺命连环 call”，向他朋友打听行踪……**我千方百计想要找到他“变心”的证据。**

“哪个男人做生意不需要应酬？谁会天天在家带小孩？那不是你们女人的事吗？不是还有阿姨帮你吗？简直不可理喻！”这是他的回应。

婆婆也觉得我无事生非——他儿子这么上进、有责任心，怎么会有二心？她以前一个人还带过 4 个孩子呢！现在我有阿姨帮忙带孩子，还疑神疑鬼，就是闲的。

那一刻，我才明白，再简单、纯粹的爱情，在柴米油盐面前也会黯然失色。

很多人都羡慕从校园到婚纱的美好爱情，但是生活的一地鸡毛从来不会因此而减少。

有人说，即使最幸福的夫妻，一生中也有 100 次离婚的念头和 50 次要掐死对方的想法。

那段时间，离婚的念头不止一次地闪过我的脑海。

我很痛苦，也很迷茫。

因为从小见惯了父母亲吵架的样子，我的婚姻也这样，这让我对婚姻失去了信心。

我不敢跟母亲诉苦，因为当初是我不听她的劝告，义无反顾地丢掉工作，来到郴州的，这是我自己的选择。

好长一段时间，我整宿睡不着，我越来越沉默，越来越不爱说话，经常会莫名其妙地哭，渐渐地，都忘了笑是什么感觉。

我终于意识到，我生病了！

长期的压力导致我患上了产后抑郁！

尝试自救，涅槃重生

有人说:“不会游泳,换100个游泳池也没用。”

是啊,你不会处理亲密关系,哪怕离婚,哪怕换了100个人又如何,结局还不是一样?

当我意识到这点的时候,我决定改变现状,一定不能再这样下去了!

首先,我试着去医院,找心理医生做咨询,做了几次,但是效果并不理想,我发现自己还是没有办法走出那个怪圈。

于是,我开始自学心理学,尝试自救!

我还开始学习各种技能,报了驾校和会计班,因为我不想再待在家里了!我必须要寻找出路。

这时,我不得不感谢我的另外一个习惯,从20多岁开始,我就喜欢泡美容院。因为在那里,我可以得到完全的放松,有人可以倾诉,成为我坏情绪的一个出口。

就是在美容院里,我碰到了一个归国华侨,她跟我讲到了女性私密。

她说,女人生了孩子之后,免疫力和抵抗力会下降,容易有妇科方面的疾病,而且身体也是会有变化的。她还说,“女人身材的变形,会带来男人的变心”。说实话,当时的我并不十分认同这句话,但是我知道应该对自己好一点,因为当时的我正饱受妇科炎症的困扰,基本上每个月都要去医院报到。

小时候,母亲把我带得比较娇,我经常生病。还记得,我小时候拉开橱柜的门,里面一大块地方都是放的药,各种各样的药,真的是把药当饭吃。所以,我对很多西药产生了耐药性,也讨厌吃药。这个归国华侨说这种私密调理是不开刀、不扩宫、不用仪器、不用药物的,瞬间让我有了好感度。

于是,半信半疑的我偷偷做了私密,开始改变。

那时，心理学知识已经学习一段时间了，我也开始用其中的一些小技巧和方法，尝试做沟通和交流。

想不到，当我改变了，老公也跟着改变了。

两个人的互动和交流增多，似乎又找到了初恋的感觉，他会主动和我聊工作上的事情，他也开始主动带小孩，甚至在公婆面前向着我说话。

我们的关系大大缓和，我的心情也逐渐开朗，一切都在往好的方向发展。

有一天，他随口说了一句让我又好气又好笑的话："哎，最近也不知怎么回事，老是特别想要。"

我突然意识到，是我之前做的私密开始显现效果了，原来他的改变缘于私密。原来女人的私密真的这么重要，可以关系到一个家庭的幸福和稳定。

有人说，幸福的婚姻需要经营。**是的，幸福的婚姻需要情感和欲望的共同经营**。

还有人说，婚姻是最好的修行。是的，**婚姻这场修行需要修心，更需要修身**。

所有的这些改变，一定要从女人开始，因为女人对于情感的需求远远高于男人。

在婚姻里，谁痛苦，谁改变！

从初尝甜头到确定人生新方向

自从我的改变让我和老公的亲密关系越来越好，家庭氛围也越来越好的时候，我更加坚定了要继续改变的决心。

我渴望突破、渴望成长，我不想再被别人左右人生，掌心向上，处处受制于人的感觉太难受了！我希望我的人生拥有更多的自主权。

我爱美，喜欢养生，也喜欢泡美容院，我也预见到了私密行业将是刚需，是每个女人、每个家庭都需要的。

当我把这个决定告诉老公时，想不到他二话不说就同意了，还赞助了我十多万元。

于是，我放弃了到手的会计师证，转身进入私密行业。

如果说，我刚开始进入私密行业，是想逃离家庭的束缚，带点懵懂，带着对外面世界的好奇，带着对未来的憧憬，那么，在南京碰到的一个客人让我对这个行业有了更深的认识和理解，**让我更加坚定地走这条路**。

那是一个40多岁的姐姐，她给我留下了非常深刻的印象，她气质温和，皮肤白皙，珠圆玉润，给人的感觉非常舒服。当时，她和老公正在闹离婚，已经处于分居状态，她想挽救她的婚姻，正在到处找类似的私密项目，刚好一个朋友向她推荐了我们。

不开刀、不扩宫、不用仪器、不用药物，是我们私密项目的特色，也是她的要求，我们就像拍结婚照定亲——一拍即合。在疗程操作的过程当中，她跟我聊了他们夫妻之间的很多事情。

原来，她的老公出轨了公司的一个女同事，已经有1年多的时间了，是她老公主动跟她说要离婚的，孩子、房子都不要，就是要离婚。他们两人的婚姻已经持续十多年了，有一个12岁的可爱、懂事的女儿。当她把从老公手机里偷偷截取的小三的照片给我看的时候，我惊掉了下巴。小三身材瘦小，皮肤黝黑，长得实在一般，他们二人依偎在一起，身后是天安门广场，照片是两人偷偷去北京游玩时拍的。

我无法理解男人为什么非要离婚，是个正常男人都不会选择小三这样的吧？直到她说出实情，说她做过宫颈手术，卵巢也出现过问题，生孩子之前，还做过几次人流。

在一次吵架的时候，她老公喊出了一句话，让她伤心欲绝。他说："我跟你在一起的十多年都白过了！你的下面太松了！一点感觉都没有！只有跟她在一起的时候，我才觉得自己是个男人！"

后来，她了解到那个女人先天不孕，从来没生过孩子。就是因为这个原因，她的老公要抛妻弃女，放弃家庭，不要车房，也一定要跟小三在一起。一个男人可以为了性，决绝、无情到这种程度，这是我第一次深刻地认识到性的重要性。

之后，连着3个月的时间，我们帮她做了修复，她的私密处紧致如初。

那时，刚好马上要过年了，两人虽然闹着离婚，但是双方老人都不知道，他们还是想等过完年再说，所以，过年的时候，她的老公还是回家住的。然后，也就是过年的这十天半个月，他们的关系开始有了质的转变。正月过后，我们接到了她的喜讯，她老公把已经搬出去的衣服一点点搬回来了，终于不再闹着离婚了。

那个姐姐一次又一次地对我表达感激之情，我竟无言以对。

如果说，之前自己的经历让我对性的重要性有了懵懂的认知，那么，这件事情可以说彻底颠覆了我的三观。

原来，性对一个男人、对一个家庭来说，真的非常非常重要；

原来，性真的可以让一个家庭破裂，也可以让一个家庭破镜重圆；

原来，在人性面前，经营婚姻真的需要技巧和方法，单纯地用道德去对抗人性，显得太过苍白无力。

聪明的女人如果懂得顺应人性，去做些改变，往往可以起到事半功倍的效果。

从小跟着奶奶信佛的我，坚信“种善因，得善果”。中国有句俗话叫，“宁拆十座庙，不悔一桩婚”。我就想：如果说我可以修复濒临破碎的家庭，**帮助更多的女性守护婚姻，满足她们对情感的需求**，那我是不是也在为自己积累福报？我是不是也在做一件对社会有意义的事情？

于是，本着这样的初心，我在私密行业一路坚持走下来，直到现在。

12年的坚守，不改初心

从2010年直到现在，一晃12年过去了。

在这些年里，我学习演讲、学做讲师、学习性学、学习妇科知识、学习技术、学习亲密关系，全方位地提升自己，获得了成长，也收获了财富。最牛的是在南京的一次会销上，我一个晚上收获了 100 多万元的业绩。

这一路走下来，我也打开了自己的心结。当我的专业知识越来越扎实的时候，我也理解了婆婆当初为什么这么折腾。她是典型的更年期症状，事实上是可以解决的。**私密保养就是一个特别好的解决方案**。

就在前几天，一个在 8 年前做过我们私密保养的老会员到我们会所来复查，她已经 50 多岁了，她跟我聊："身边的朋友和同事都绝经了，经常感觉干涩，但是我从来没觉得干涩过，一直很滋润。而且很奇怪，她们在更年期的时候，这里不舒服，那里不舒服，我从来没觉得……"

是啊，做过私密保养的女性就有这个好处，可以保持健康和年轻态。虽然我们无法阻止女性更年期的到来，但是可以让更年期平稳地度过。

婆婆当初就是因为更年期激素失衡，身体适应不了，才这么折腾。如果我早些进入私密行业，也许我们一家人都不用那么煎熬了。

性福，才能幸福

在私密行业越久，我越热爱这个行业。因为我见到了人生百态，见到了身为女人的诸多不易，而我是有力量帮助她们的。

如果说刚开始，我们更倾向于解决女性的健康问题，比如松弛、干涩、宫颈下垂、卵巢早衰，以提高女性的免疫力和抵抗力等，我自己就是这块最大的受益者，因为十多年的时间，我从来没有因为妇科的问题再去过医院。而近几年，我们在解决女性健康问题的同时，更多的是希望提高中国女性的性商，全方位提升婚姻的幸福度。

中国女性的性商普遍不高。因为传统观念的束缚，因为男性视角，女性一旦跟性扯上一点关系，人们就会戴着有色眼镜看待她们，女性的压力可想而知。在这样的社会大环境下，女性越不懂性，似乎越纯洁，越受到男人的追捧，但残酷的现实是：**越不懂性的女性，越不容易幸福**。因为她们对男人、对人性一无所知，只能一次又一次身体力行地“踩坑”，用青春和健康作为代价。

我希望改变这一切，哪怕我的力量微乎其微。当我从原来的线下转移到线上，新的问题又出现了。

以前，我只用面对女性群体；而现在，我还需要面对男性群体（因为视频号、抖音等公域包含男性群体），容易碰到有色眼镜。在去年的个人品牌创富营里，薇安老师给我的定位是性商导师，而一个“性商导师”的标签就足足让我纠结了一年多的时间。因为，我也害怕亲戚、朋友、孩子的同学和老师看到，他们会对我、对我的孩子、对我的其他家庭成员有不一样的看法，我怕会打扰我们的正常生活。

我不止一次小心翼翼地问老公：“你真的不介意我的定位是一个性商导师？”他每次都很云淡风轻地说：“没关系呀！你是在上课，做你喜欢的事就好。而且你上次不是还帮助小 A 解决了他们夫妻的问题了嘛？我觉得挺好的。”

从此，我更加坚定了自己要走的路，我就是要传递正确的性价值观。性学本应该是阳光下的行业，不应该被污名化。所以，我报名了此次的“畅销书作家联盟计划”，就是想引导你拥有更亲密、更健康的两性关系。

下面，我想分享一些两性观点，希望对你有所帮助。

性，是身体的情话

美国学者托马斯·拉科尔曾说：“性不仅仅是性，性是一种语言，是一座桥梁，是从孤独通往亲密的所在。”

男人和女人之间需要性，因为这是身体的情话，两个相爱的人很自然地想拥有对方的身体，用身体来诉说彼此的需求，用身体来表达最直接的爱，表达区别于与他人的亲密之情。

曾经有一个会员，她的男朋友每个周末会开车3小时来到她所在的城市，只为了短短两天的相处，周日晚上又连夜开回去，坚持了2年的时间，毫无怨言。

夫妻之间、恋人之间区别于普通异性朋友的地方就是因为有性的存在，我们崇尚身、心、灵的结合，大家发现没有，排在第一位的永远是身体，所以，一旦缺少身体的接触，心灵沟通一定会有问题。

夫妻床头打架床尾和，靠的是什么？还是性。

性，是婚姻生活的润滑剂，它可以让夫妻之间的矛盾大事化小，小事化了。而不和谐的性生活却可能让鸡毛蒜皮的小事演变成“世界大战”。真正的亲密关系，一定是性与爱的结合。

让性在爱中得到升华，爱在性中得到绽放。

高潮，让女人喜悦而绽放

弗洛伊德曾说过：“一切的精神压抑都是性压抑。”性压抑不仅仅影响两性关系，更会影响人的性格，使人更容易自卑、软弱、缺乏活力、无法接纳自己。

我在湖南有一个会员，是两个孩子的妈妈，她经历过顺产和剖宫产，私密部位损伤严重，极度不敏感，不想过性生活，她也一直认为自己性冷淡。我第一次见到她的时候，就非常奇怪，她为什么拉着一张苦大仇深的脸，好像别人欠了她500万？

原来，生过孩子后，因为松弛，她和老公的性生活一直不和谐，没有任何愉悦感可言。后来，她做了我们的私密疗程，一段时间后，肉眼可见地看到她从不笑到爱笑，从一张怨妇脸到少妇脸，眼神灵动，面若桃花，浑身上下散发着女性柔美的气质，让人情不自禁地想要多看她一眼。

她和老公就在今年年初一起去成都旅游，在那里重温了浪漫时光，仿佛又回到了恋爱的激情时刻。现在的她越来越开心，越来越自信。

你看，这些都是高潮带给她的变化。

性压抑在中国是一种非常普遍的现象，《性福中国蓝皮书》调查显示：超21%的职场女性从未享受过性高潮。事实上，以我从业12年的经验，中国女性的性压抑比例远远不止这个数。性压抑会给女性身体带来一系列的伤害，比如性腺的堵塞，子宫、卵巢、乳房的病变，也会使女性心情抑郁。

中国第一性学家李银河也曾经说过：性压抑会使女人丧失作为一个人的独立和自由的感觉，不敢去追求快乐，只能麻木、压抑地生活。**而高潮，可以让女性喜悦而绽放**。当一个女人的身体被无条件地接纳，享受生命最原始的体验的时候，女人犹如尽情绽放的花儿，由内而外地散发出独特的魅力和自信的光芒。

很多人觉得女人的高潮可遇不可求，事实上，高潮是上天赋予每个女人的本能，只要用正确的方法疏通性腺、激活G区，人人都可以抵达，而这也是我们擅长的。

性能量，是生命的能量

性能量是一个人的生命能量，它是人类所有能量的来源！男性拥有的是阳性能量，女性拥有的是阴性能量。充沛的阳性能量，能给男人带来自信、勇气、魄力和战斗力；而充足的阴性能量，能给女人带来积极、阳光、包容的心态和气血通畅、美丽的容颜！

那些特别具有创造性、特别成功的人，都是生命能量旺盛的人。就像模特卡门，她91岁高龄，仍然活跃在时尚界，她的生活依旧精彩，现在的男朋友基本上都比她小40岁左右。别人问她："卡门老师，你怎么现在还这么热衷于我们的这种生活？"**她反问："你可以不呼吸吗？"**是啊，对于一个性能量高的人来说，性如呼吸般简单。

不过，男人和女人生命能量被点燃的方式并不相同。男人生命的激情是从海底轮被点燃的，海底轮是男人性能量的触发点，所以男人爱上女人，首先渴望的是跟她做爱。但这种行为只是本能的、野性的、未升华的性能量，只有通过恋爱，才能升华性能量，最后帮助男人释放出长久的生命激情。而女人的生命激情是从心轮被点燃的，所以女人爱上男人，内心首先涌出的是崇拜、感动、欣赏等圣洁的情感，然后才有与性相关的行为和欲望。

男人因性而爱，女人因爱而性。

然而，因为社会的传统是从男性视角进行解读，或者由于其他心理因素，很多女性的天然能量和欲望得不到尊重，生命力和创造力也慢慢枯萎。

当一个女人想要活出生命的质量，就一定要做好私密护理，重新唤醒生殖轮，让阴性能量回归，提升和滋养女性的生命力，重新焕发出生命的光彩。

性，是爱和归属感的需要

性，不仅仅是两个人的关系，还关系到孩子的幸福。

有些女生情路坎坷，往往是由原生家庭的不幸造成的，我们每个人其实都不可避免地被打上原生家庭的烙印。

在厦门的时候，我曾经遇到过这样一个客人。

她是一个游戏人生的女人。她为了证明自己的魅力，不断寻找“猎物”，男朋友换了一个又一个，她享受这种追逐的感觉。然而，她的内心并不快乐！

她说，她的父亲是个花花公子，母亲绝望而痛苦，但是又无力挣脱。她小时候，母亲天天以泪洗面，这种画面在她脑海里挥之不去，她就暗暗发誓，一定不能成为像母亲那样的女人。所以，成年后的她不断地换男朋友，每次在两人感情比较稳定的时候，她就会提出分手。她在害怕，害怕自己一旦投入更深的感情，就会像母亲一样被抛弃。

她站在被遗弃的妻子这一形象的反面，在和男人的游戏中享受征服的快乐。

她想证明自己和母亲不一样，自己坚强、独立，可以对男人发号施令，可以随意抛弃男人。童年时期所受的伤害和挫折，最终成为刺激她性欲的源头，让她内心深处的负面能量得以转化。

可是事实上，她和母亲一样孤独，都不曾被爱过，她是一个严重缺爱的女人。将身体疗愈和心理疗愈相结合，是目前较为可行的方法，否则她一辈子都难以跳出这样的怪圈。

坚持一段时间之后，她有了很大的变化。路漫漫其修远兮，如果想被彻底疗愈，她还有很长的一段路要走。

幸福的童年治愈一生，而不幸的童年需要用一生去治愈。

夫妻和谐的性关系可以给孩子爱的归属感，甚至影响他一生的幸福。

愿天下的父母都能够给孩子做一个幸福的榜样。

随着社会的发展，越来越多的女性挣脱家庭的束缚，越来越重视自身的身体需求和情感需求，她们不再把自己当作男人的附庸，这是社会进步的表现。

食色，性也。在两千多年前，我们的祖先就有这样的认知，身处现代的我们是不是应该以更加坦然、积极的态度去对待它呢？

正视性，科学地对待性，**让生命因为性，变得更有活力**。愿每个女性都能绽放属于自己的魅力和光芒，过上最幸福的人生。

钟声

薇安成长商学院私董

新营养IP生态圈创始人

极养新世纪功能医学检测基地发起人

ACI国际高级营养师

营养IP孵化导师

扫码加好友

钟声 BESTdisc 行为特征分析报告

IDC 型

新女性创造社

报告日期：2022年06月26日
测评用时：07分08秒（建议用时：8分钟）

BESTdisc曲线

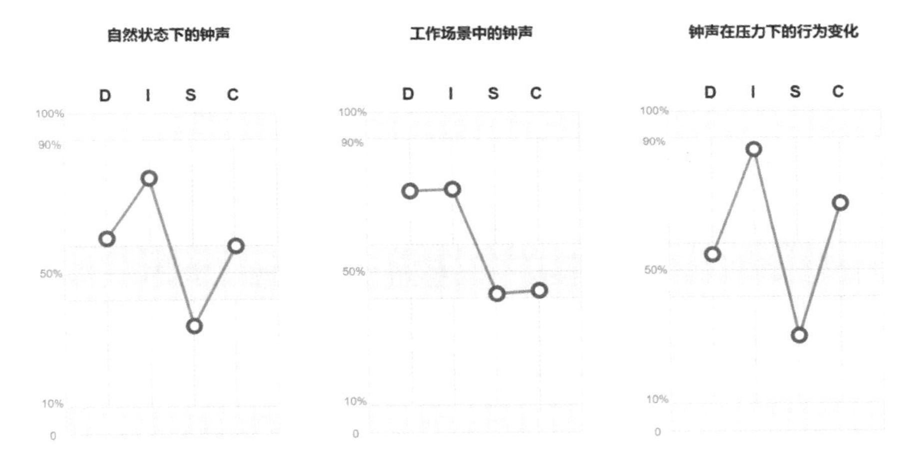

D-Dominance(掌控支配型)　I-Influence(社交影响型)　S-Steadiness(稳健支持型)　C-Compliance(谨慎分析型)

钟声非常有才能，且擅长人际交往，非常乐观向上。她能把美妙愿景描绘出来或用核心目标来激励团队。她以行动为导向，对具有挑战性的事情干劲十足，有很强的驱动力和充沛的工作精力。

她慷慨大方，而且有同理心，愿意支持别人，善于洞察和分析问题。遇上困难时，她会迎难而上，马上想出有创意的对策，拥有非凡的创新潜能。

长期主义者拼的都是体力

85后宝妈，裸辞后，自学成“医”。

公主的背后，是负重的“骑士”

1987年2月14日，情人节，我出生在一个国有氮肥厂里。我从小家境比较优渥，父母宠爱。

在那个粮油都很稀缺的20世纪80年代，我却能够吃上国外进口的零食，水果更是稀松平常，这让小伙伴们羡慕不已。他们经常一放学，就往我家跑。1998年，父母双双下岗，父亲开始经常出差，母亲开起了麻将馆，我感觉生活依旧美好。

然而，意外猝不及防地发生了。2008年的一天，当我在街上派发传单时，突然接到了父亲的电话。

从来不在我面前表露任何困难的父亲，居然要我放下工作，回家照顾母亲。我有点担心，匆忙赶回家，看到一向坚强的母亲，仰卧在床上，痛苦地呻吟着，腰上还缠着绷带，一向注重形象的她，头发也很脏乱。我心疼不已，一面责怪她怎么不小心点，摔伤了脊椎，站都站不起来，只能躺着受罪。

没想到，母亲开口说的话却是：“麻将馆的客人就要来了，你快去泡茶……”没等她说完，我生气地大叫道：“难道你的身体还没有生意重要吗？这几个月不做生意会死吗？”她却说：“妈妈也是没有办法，如果断了生意，再想做起来就难了。你不知道，你大学的生活费都是在麻将馆里一点一点赚出来的。”

那一刻，我突然不知道该说什么才好，原来**我一直以为的衣食无忧，都是父母在替我负重前行**。当我接替母亲打理麻将馆的生意后，我才更加体会到了生活的不易。每天起早贪黑，忙前忙后，经常忙完一天的生意，都凌晨了。我数着手里的 10 块、20 块，刨去开销，最多的一天也才赚了 160 块。

我在心里默默对自己说，将来我不能再让父母这么辛苦了。我一定要找到一份**即使偶尔不工作，也能有收入的事业**，不用再像母亲那样，躺在病床上，还在为生计发愁。

那时候，我跟初恋在一起两年了，幸运的是，他和我的父母一样，非常宠我。

2010 年，我们去深圳打工，遇到公司拖欠工资，没有一分钱的时候，是他去借钱，才让我平稳地度过了那段异常拮据的艰难时光。进入社会后，他非常努力地工作，我在事业单位上班，朝九晚五，稳定、轻松，没有感受到什么社会压力，其实都是他把我护在手心里。

2013 年，26 岁的我们如愿签下爱的契约，步入了婚姻的殿堂。

生活偶有泥泞，但日子总体平静而美好。

女子本弱，为母则刚

5 年前，我通过剖宫产生下女儿。

可当我拖着虚弱的身子，沉浸在初为人母的喜悦中时，**刚出生 9 天的女儿，却被告知感染了肺炎，需要住保温箱治疗**。看着弱小的女儿，无助地躺在保温箱里，哭得撕心裂肺，却没人及时安抚时，我整颗心都碎了！恨不得冲进去将孩子抱在怀里，替她承受这一切！但我什么都不能做，只能眼睁睁地看着她哭得小脸通红，不停挣扎。

我心如刀割，眼泪止不住地往下流，我第一次强烈感受到了什么叫母女连心。我唯一能做的就是，疯狂地挤母乳，让她尝到妈妈的味道。经过了备受煎熬的10天，女儿的肺炎好了！我颤抖着把孩子抱在怀里，生怕弄疼了她！

谁料，当我们满心欢喜地接孩子回家时，又一个晴天霹雳再次降临！

医生说，孩子因为抗生素的副作用，影响了肝功能，感染了巨细胞病毒。听到这个消息的那一瞬间，我再也忍不住了，抱着孩子号啕大哭。我真的想不明白，为什么上天要这么折磨我的孩子？她还是个没有满月的婴儿啊。心疼、愧疚、自责、无奈、恐惧……我的情绪几度失控，恨自己没能给她健康。

可是当我拉着孩子柔软的小手，她冲我笑的那一瞬间，我一下子清醒了。**现在的我，再也不仅是那个任性的女儿，被宠的妻子，我成了一位母亲，一位需要对生命负责的母亲！我不能再软弱和逃避了，我必须要为我的孩子遮风挡雨！**于是，我和老公带着孩子，踏上了18个月的求医之路。进出医院，成了我们的日常；镇静剂、肝功能药、消炎药、中药也成了女儿的家常便饭。

整整540多天，12960多个小时，777600多分钟，我度过了人生最黑暗的时光。

最后，巨细胞感染治好了，但孩子的身体抵抗能力被严重破坏。急病不断，慢病不好，反复的肺炎、支气管炎、扁桃体炎、肠炎……各种问题层出不穷。

每次看着孩子，天真地把吃药当作开心、好玩的事时，我的心再次被撕裂，对她的未来感到无比担忧。**我暗暗地告诉自己，我一定全力守护好我的孩子！**

我狠下心辞掉干了7年的稳定工作，全身心地自学儿童护理、药品和营养领域的知识。只要是和孩子健康相关的知识，我都会如饥似渴地学习。

记得女儿第一次高烧40℃时，我五天五夜没有睡觉，看书、上网查资料，几乎把发烧的知识研究了个底朝天！女子本弱，为母则刚。我的付出终于有了回报，女儿在1岁半后，身体慢慢好了起来！**然而，我却在这暗无天日、神经紧绷的日子里，彻底失去了自己。**

从受益者，到传播者

孩子生病期间，为了坚持母乳喂养，我一直把吃当作压力的宣泄口，总觉得自己多吃点，孩子就能多吸收一点营养。

可最后孩子好了，我整个人却垮了，痛经、鼻炎、咽炎、疲劳综合征……加上长时间的自责和内耗，我常常失眠，精力很差，情绪低迷。

两年的时间，我成了一个身材臃肿的彻头彻尾的胖妈。

大学闺蜜看到我的样子，震惊地说："钟声，你再不减肥，对不起你自己！"这句话一下子打破了我的保护罩！

我开始正视镜子中的这个女人，面容憔悴、满身脂肪。那个曾经爱美的钟声，不见了。

是啊，除了是女儿，是妻子，是妈妈，我还是我自己。我心爱的女儿肯定也不希望，自己的妈妈是这个样子！于是，我下定决心要减肥！

但是，问题又来了，我知道对于身患疾病的婴儿来说，母乳喂养越久，对孩子越好。**那怎么能不节食、不吃药，还不影响我的母乳计划呢？**

心有所念，必有回响。我在朋友圈里，刷到了周芳老师有用营养调理减肥的方法，效果很好。出于对她的信任，我主动询问了具体方法。没想到，她满足了我所有的需求。不用节食，不用药物，反而还可以为母乳喂养加分，让我喂得更营养、更久。

我一直是个严谨的人，绝不会拿自己和女儿的健康做赌注。于是，我和老公做了一系列安全查证之后，决定深入学习营养减肥法。

没想到，这个偶然的尝试，竟然改变了我的一生。

这是我人生中第一次减肥，我非常认真地学习饮食结构调整，严格坚持和执行。没想到，**神奇的事情发生了：**

5.5 个月，我从 140 斤减到 110 斤，衣服从 XL 码换到 S 码，整个人身轻如燕，重拾自信！**更神奇的是**，自己长达 20 年的痛经、鼻炎、咽炎都改善了 90%，精神状态也好了很多。当我实实在在受益后，我决定正式加入营养圈，潜心学习！我特别想把这件好事儿分享给所有有需要的姐妹！尤其是在学习过程中，看到高血压与慢阻肺相关的内容时，我从心底涌起了强大的希望！

正所谓，养儿方知父母恩。人到中年，除了孩子，我们怎么能忘记含辛茹苦养育我们的父母呢？他们操劳了大半辈子，身体正在日渐衰老，如果我们没有足够的金钱和时间，怎样才能帮到他们呢？**答案是营养健康知识！**

所以，我更坚定了深入研究营养学的想法。我想靠自己的力量，守护全家人的健康！

凭着自己的韧劲儿，我自学预防医学，还考取了 **ACI 注册国际高级营养师证**。在学习的过程中，我的认知一次次被颠覆，打破了很多之前的健康误区！

因为热爱和不断努力，我在营养健康领域越来越专业，甚至真的回报到了家人身上：

2019 年，我的母亲确诊甲状腺癌，做手术割掉了部分腺体。术后，她的甲状腺功能一直非常低，几乎无法分泌甲状腺素。我对她进行了长达两年的营养调理。2021 年年底，她的甲状腺功能居然恢复正常，医生都觉得不可思议！

2021 年，父亲由于慢阻肺，无法深呼吸，被紧急送进了 ICU。抢救结束后，在积极配合医嘱的情况下，我为父亲采用了营养素重症疗法和营养餐食。没想到住院的第五天，他的二氧化碳数据恢复到了正常人水平，医生看完数据,主动让我们出院。

你们能感受我的那种心情吗?

在 ICU 住院的短短 5 天里,爸爸的病床周围逝去了三位病人。出院回家后,爸爸说:“还好我恢复得快,多亏了女儿的营养素,还省了不少钱。”妈妈说:“幸好你严格,一顿重复的菜都不准给你爸吃,每一顿必须严格遵守你那个饮食原则,才会恢复得这么快呀。”

那一刻,我倍感欣慰!4 年全身心的学习,终于让我有了强大的能力,可以在危难时刻,用知识和工具保护自己最在乎的人!这种成就感难以言喻!

有钱都买不来幸福,但健康可以!

成人达己,终身事业

我的搭档静儿,是一家生物试剂公司的主管,她老公是国家级的文物修复大师,她家里房、车都不缺,是衣食无忧的富太太。

但我第一次见到她的时候,完全没有想到她能和这样的身份挂勾。2018 年,我眼前的她,情绪低落,皮肤黝黑、毒素爬满皮肤,身材臃肿,状态非常不好,对自己很不自信,连一张照片都不愿意拍。

当时的静儿已经备孕 9 年了,其间流产 3 次,每一次不超过两个月,孩子就不发育了。医院里能做的治疗、手术都做了,她还经常从益阳用车拖整整一后备厢的中药回来喝,可没有一家医院能帮到她,甚至连做试管的申请都被驳回了。她的婚姻也因此出现了重大危机,在离婚的边缘挣扎着。她找到我的时候,我虽然不确定是否能帮她自然怀孕,但我确定她需要减肥、排毒——**只有好的身体,才能孕育出身体好的孩子**。

我给她详细地介绍了吃高品质营养素和减肥的好处，以及我的得到第三方国际认证的产品的成分。原本坚决不想买任何东西的她，心动了，出于生物试剂本职工作的超高认知，当下她立刻决定做一次新的尝试，我连注意事项都还没有说，她就下单了。没想到这一尝试，就给她的生命带来了一道奇迹的光。当时，她不想减肥，只想怀孕，而我力劝她要瘦下来，可以说，她减肥是我逼的。

7 个月后，她瘦了 22 斤，皮肤白了 3 个度，全身的黑色素褪去后，整个人都精神了，脸上露出了久违的笑容。

没想到，还有更大的惊喜！！！

当她再一次去医院检查时，居然有一家生殖科医院，在经过评估后，接受了她的试管申请，她生孩子终于看到了希望。

她高兴得不得了，立刻开始试管准备，打激素针，取卵。她已经顾不得药物的副作用，一心只想人生圆满，生一个属于自己的孩子。调理了 11 个月后，正准备取卵的时候，奇迹真的发生了，静儿居然自然受孕，而且孩子发育得非常好。

确定怀孕消息的第一时间，她泪流满面，给我发来信息，深深地感谢了我。

整个孕期，她要吃大量的药物保胎，那十个月是她心甘情愿与世隔绝的十个月，只为了顺利地生下这个来之不易的“珍贵儿”。

她在 38 岁高龄生下了一个健康、可爱的女儿。

用她的话说，人生终于圆满了。**有钱买不来幸福，但健康可以**，一家人最大的幸福就是健健康康地在一起。

她的成功案例让我产生巨大的成就感，也看到了健康事业超凡的价值。在帮助别人的同时，成就自己，我找到了人生的使命。我想要继续帮助更多人走出痛苦，收获幸福、圆满的人生。

健康要提前规划

弄懂营养学，首先要提升认知

我们常说健康五维，是哪五个维度呢？

1. 良好的情绪；

2. 深度的排毒；

3. 充足的营养；

4. 高质量的睡眠；

5. 规律的运动。

每一个环节都是一个系统工程，环环相扣，层层递进，相辅相成，平衡发展，缺一不可。

健康需要投资的不仅是金钱，还有认知的提升；需要改变的不仅是意识，还有习惯的培养。就拿减肥来说，在如今的快餐时代，减肥的方法琳琅满目，有些看似操作方法非常简单，有些看似见效特别快。比如，跑步 1 个月，减重 20 斤，不需要任何学习，只要坚持就可以了。又比如，21 天代餐减肥法，见效特别快。这些方法真的科学且有用吗？

曾经一个调查报告显示，有 55% 的人希望每个月瘦 10 斤，甚至 20 斤以上，但尝试的最终结果是，快速减到目标体重之后，迎来快速反弹。有些所谓便捷、高效的方法，甚至造成基础代谢的永久性损伤、内分泌失调和肾衰竭等一系列的恶果。

现在很多人说，减肥不就是少吃、多运动吗？你以为真的这么简单、粗暴吗？

减肥是一个系统工程，造成肥胖的原因有很多，**常见的肥胖原因有 6 种：**

1. 身体代谢的问题；

2. 毒素的问题；

3. 压力肥胖；

4. 饮食的问题；

5. 内分泌的问题；

6. 胰岛素问题。

真正有效、持久的减重一定是建立在身体健康平衡的基础之上的，如果选错方法，就会周而复始地出现“溜溜球效应”——每年都在减，却越减越肥。

其实，想要健康地减重，最关键的是这两个要素：一、深层排毒，二、补充营养素。

为什么一定要排毒呢？

我们生活的环境中隐藏着各种毒素，远超出我们的想象。比如，塑料中的 BPA、护理用品中的苯甲酸酯类（一种防腐剂）。最重要的是，我们每日的饮食中也可能含有很多化学物质或污染物，比如农产品上残留的农药，或食物中的反式脂肪和糖。我们的身体是很智能的，如果身体接触的毒素过多，一定是会有反应的，**身体会把这些毒素关起来，关到哪里呢？**

关到我们的脂肪细胞中。那么，在减肥的过程中，要将脂肪燃烧或者分解，身体的毒素水平会迅速上升。这时，身体又要启动一个保护机制，制造更多的脂肪细胞，再把毒素关回去。如果你走对了第一步，先排毒，再减脂，就是走上了一条康庄大道，从起跑线上就赢了。**减肥比的不是速度快，而是看谁笑到最后，对吗？**排毒的目的就是净化我们的身体，释放被囚禁的脂肪，才有利于后期更好地吸收营养素。

想要健康减重的第二个关键点是补充高品质的营养素。我知道，很多人可能觉得营养素是商家为了卖货所制造的噱头。如果，我们能够确保摄入充足天然、无污染、无各种添加剂的有机食材，就能维持身体所需的营养素，那是再好不过的了。

但是，现实环境往往不尽如人意。**一是现在的食物营养含量本身就在下降。**在种植食物的过程中，添加了各种生长剂、激素保鲜剂等，这些都会造成食物的营养含量严重下降。**二是我们身体对营养的需求在不断增大。**我们现在的环境污染越来越严重，空气、水的质量都大不如以前。现在人的压力也越来越大，很多人三餐都不规律，再加上熬夜、吃垃圾食品、缺乏运动，必然会耗费身体的一部分营养去抵抗这些不健康的因素，那我们身体对营养素的总体需求就会比以前更多，在减肥时，也需要更多的营养来分解脂肪。**三是就算我们健康饮食，也很难达到营养均衡**。根据调查，对照最新的膳食指南，很少有人可以达到标准。即使有很少一部分人达到维持健康的基础营养标准，那也不是身体需要的最佳营养。

雷·D. 斯全德医生在《别让不懂营养学害了你》这本书中写道："如果想要达到身体的最佳营养，达标维生素 E，你需要吃掉 33 棵菠菜或者 80 个杧果才可以满足。但，这是我们都做不到的，所以单纯的饮食是不能够满足我们的最佳营养的。"

如果做不到，那高品质的营养素补充就是必要的。没错，是高品质，而不是普通营养素。王涛博士在《失传的营养学：远离疾病》一书中写道："营养素减肥是我见过的最科学的减肥方式。"为什么这么说呢？营养调理不仅会帮助身体减肥，还有明显的塑身作用，这可以说是最高境界的减肥方式。

其实哪里长得不合理，我们的身体最清楚，最想让不合理的地方合理化。但营养素缺乏时，身体虽然知道应该尽快消除大肚子，因为"裤带长寿命短"，但身体苦于没原料、没工具，也会力不从心。

营养补充了之后，身体会自然而然地改造不合理的地方，使其长得合理。用营养素减肥不是单纯的减肥，更有塑身作用，让你该胖的地方胖，该瘦的地方瘦，尽显人体曲线之美。不但不会对身体造成什么伤害，反而会让身体的各器官在减肥过程中恢复到最理想的状态。在欧美国家，营养补充的概念已经被大众所认可和接受。**他们百分之六七十的人都有长期服用营养素的习惯**。

社会在发展，人的意识和观念都在向前，大家对于健康、营养也越来越重视，身边服用营养素的人也在逐渐增多。

《人民日报》报道，中国的 90 后中，一直有补充营养素习惯的占到了 20% 以上。普通人只会在吃和动上盲目地下功夫。我有一个朋友，她减肥

5 年了，一直没成功。我看她经常跳舞，吃得很少，在我们看来非常好的减肥食物，她都不敢吃。经常在朋友圈立 flag，不瘦 10 斤，不换头像，钱没少花，却从来没有看到她真正地成功过。错误的认知，永远得不到正确的结果。

对你而言，重新认识减肥，比重新开始减肥更加重要，也更加迫切。

真正聪明的人，会先学习减肥相关的知识，再根据自己的身体，制订合理的目标、策略，寻找有利的工具，最后再落实到行动上；或者，靠近有正确认知的专业老师去学习。

健康伴随着你的一生，需要提前规划

我经常问我的学员："60 岁时，你想在哪里活动？在医院里打乒乓球，还是去云南征服雪山？是躺在床上无奈地刷着手机，还是去广场上尽情舞蹈？"

你理想的画面是什么样子的？**如果没有了健康，又怎么能奢谈以后**？

我的父亲是一名厨师，从小，他做的菜就是我的快乐源泉。年轻时，他疯狂吸烟，常常喝酒，熬夜，不运动，47 岁确诊高血压，52 岁肺气肿，57 岁慢阻肺，现在 62 岁，每天需要用呼吸机度日。

如果你是健康的，无疑是为你的梦想插上了翅膀。健康，它不是外卖，随叫随到；它也不是标本，永世长存。它是一个储蓄账户，需要定投。

人生就是一个大转轮，包含健康、人际关系、事业、娱乐、生活等各个方面。健康就是那个托盘，它托起你的事业，托起你的关系，托起你的生活，托起你的快乐，让健康成就你的 100 个梦想，有健康，才有其他。

最后，我想呼吁更多的女性觉醒，你的身体就是你自己最大的财富。

健康，是一场修行，外修肉身，内修心性。

在生命的最高意义上，健康不仅仅是没有脂肪的束缚和疾病的痛苦，还能带来一种更高的生的喜悦、一种真正的感恩——对拥有健康身体、能够体验世上许许多多乐趣的感恩。

结束语

有钱很重要，
但是，
让自己值钱更重要。

——薇安